Asia-Pacific Human Rights Review 2006
アジア・太平洋人権レビュー 2006

Efforts to Eliminate Trafficking in Persons and to Protect the Victims
人身売買の撤廃と被害者支援に向けた取組み

●

㈶アジア・太平洋人権情報センター(ヒューライツ大阪)編

なぜ今、人身売買を問題とするのか──特集を組むにあたって

　人身売買といえば、すぐに思い浮かぶのが、18～19世紀の米国南部における綿花プランテーションでの黒人奴隷、たとえばアンクル・トムの話であり、日本では1920年代後半の東北地方の農村で親が生活苦のために娘を売った話である。しかし、今の日本では、人身売買の話は関係ないとの思い込みが広がり、社会的雰囲気となっている。

　ところが、米国国務省の人身売買監視対策室は、世界の人身売買状況（自国である米国を除く）に関する2004年の報告書で、日本について「アジア、ラテンアメリカ、東ヨーロッパから強制労働と性的搾取のために売買される女性と子どもが送り込まれる受入国」で人身売買の「要監視国」（世界で42カ国、なおその下のランクに10カ国）であるとの判断を示し、そこにはヤクザなど国際的犯罪組織が介在していることを指摘した。米国国務省がとくに問題としたのが、日本が主にフィリピン人の女性に発行している興行ビザが、人身売買の隠れ蓑として使われていることであった。

　国際社会はこれ以前から、国際的な人身売買への懸念とその対策の推進に取り組み始めていた。国際連合は「国際的な組織犯罪の防止に関する国際連合条約を補足する人（特に女性及び児童）の取引を防止し、抑止し及び処罰するための議定書」（2000年）を採択していた。国連人権高等弁務官事務所、子どもの権利委員会、国際移住機関（IOM）、欧州評議会なども、国際的人身売買への対策に乗り出していた。

　このような国際的状況の発展に応じて、日本政府は2004年12月に「人身取引」の防止・撲滅、被害者保護などの「人身取引対策行動計画」を策定し、関連法の整備、被害者保護、あるいは国際協力枠組みへの参加などを始めた。たとえば、2005年の前半に、法務省は出入国管理及び難民認定法とその省令について、それぞれその一部を改正し、興行ビザの発行要件を厳格にした。

　人身売買は、世界中に広まっている現象である。それは、アジア・太平洋に特有の現象でない。しかし、東アジア、東南アジア、南アジアでの問題状況は、深刻である。送出国、中継国、受入国の差異はあるが、人身売買のネットワークは、国際的に相互に関連し、複雑に絡み合っている。その様相も、各国の経済発展状況に応じて、急速に変化してきている。人身売買への取組みは、アジア・太平洋地域で全体的な国際的課題となっている。

　人身売買には、明確に性的搾取や強制労働、臓器移植をめざすもの以外に、国際結婚、国際的養子縁組などのグレーゾーンがある。国際結婚・養子縁組が、すべて人身売買とはいえない。しかし、そのなかに、かなりの確率で、人身売買が含まれていることは否定できない。

　ここで、「人身売買」と「人身取引」という2つの用語の差異について、確認

しておきたい。人身売買は、人身を売買の対象とする不当な商取引を意味している。これに対して、人身取引では、取引の方法は、商取引に限定されないことになる。その方法には、暴力行為、脅迫、誘拐、詐欺、欺もう、権力的行動、あるいは人の弱みにつけこむことなども含まれる。正確には、人身取引のほうを使うべきであろうが、これは、あまり使われない耳慣れない用語である。そこで、本特集では、基本的に人身売買という一般的な用語を用いることにした。いずれにせよ、重要なことは、その用語に含められる意味と、その問題とする内容である。人身売買あるいは人身取引で、その対象となる人身とは、身体の全部もしくは一部を指している。全部とは、人間そのものが取引の対象となることであり、具体的には、性的搾取、強制労働・役務、奴隷、債務奴隷などの形態をとる。一部とは、具体的には臓器の摘出を指す。今日、人身取引のうち最も犠牲者が多いのは、性的搾取に向けての女性あるいは子どもの取引である。

　上記のような問題意識をもって、本特集を編集した。第1に、国際組織犯罪の取締りや、人身売買被害者の保護・支援など、国際的枠組みに焦点を合わせる。第2に、各国の問題状況とその取組みを取り上げる。日本については、政府の取組みと、被害者への保護・支援方策が論じられる。アジア各国については、韓国、タイ、ベトナム、フィリピン、ネパールを取り上げるが、各国の人身売買はその周囲の諸国を含み込む地域的な問題でもある。ヨーロッパについては、受入国の人身売買対策の例として、オランダを取り上げる。第3に、グレーゾーンの一例として、英国での国際養子縁組の対応を取り上げる。最後に、アジア各国の法整備と国際機関の取組みについての資料（ウェブサイトを含む）を提示しておく。

　人身売買は、日本社会にとって決して過去の問題ではない。今この問題を解決しておくことは、近い将来に予測されるFTA（自由貿易協定）を通じて、フィリピンなどから入ってくる看護師、介護労働者の人権を保障する社会的システムを構築しておくためにも、緊要なことである。なお、人身売買には、人間の尊厳、自由権、労働権、社会通念、ジェンダー意識、性産業、暴力組織、政治的・行政的腐敗、国家の経済開発戦略、経済のグローバル化など、種々の問題が入り組んでいる。これらの問題を含めた総合的議論が、今後の問題解決にとって、いっそう重要となると思われる。本特集が、このための基礎的事実と基本的議論を提供できていれば、編者として大変に嬉しい。

　2006年5月

レビュー2006編集委員長
初瀬龍平（京都女子大学教授）

はじめに 2

Part 1 Efforts to Eliminate Trafficking in Persons and to Protect the Victims

人身売買の撤廃と被害者支援に向けた取組み

Suppression of Trafficking in Persons as Transnational Organized Crime
10 国際組織犯罪としての人身売買の取締り
大谷美紀子

Analysis of Protection and Assistance for Trafficked Persons from the Human Rights Perspectives
21 人権の視点から人身売買の
被害者保護・支援を検証する
米田眞澄

国別・テーマ別報告

Achievement and Remaining Issues: One Year After the Adoption of Japan's Action Plan of Measures to Combat Trafficking in Persons
28 日本の人身取引対策行動計画策定から
1年の成果と課題
辰巳知恵子

Challenges for Human Trafficking Issues in Japan
38 日本における人身取引の課題
吉田容子

Issue of Sex Trade in Korea: The Enactment of Anti-Sex Trade Acts and their Impact
49 韓国の性売買問題への対応をめぐって
性売買防止法制定とその後
趙 眞卿　訳：朴君愛

Measures against Human Trafficking and Challenges in Thailand: Analysis on the Initiatives for Prospective Revised Anti-Trafficking Law
59 タイにおける人身売買対策と課題
改正人身売買禁止法の動きからの考察
齋藤百合子

Initiatives to Combat Trafficking in Women and Children in Viet Nam
70 ベトナムにおける人身売買に対する取組み
香川孝三

Anti-trafficking Initiatives of the Government and NGOs of the Philippines
78 フィリピンの人身売買に対する
政府とNGOの取組み
藤本伸樹

Nepali Girls Trafficked to India
87 インドへ越境人身売買される
ネパール人少女たち
長谷川まり子

Anti-trafficking Efforts in the Netherlands
94 オランダにおける人身売買に対する取組み
川村真理

International Convention and UK Legislation of Intercoutry Adoption: In Search of "Good Practice"
105 国際養子縁組を検証する「よき方法（Good Practice）」を模索する英国の取組み
柄谷利恵子

114 資料1●アジア各国の人身売買に関する法規制
121 資料2●アジア・太平洋地域における人身売買のデータが記載されている主なウェブサイト

アジア・太平洋人権レビュー2006 目次

第II部 アジア・太平洋地域の人権の動向
Part 2 Development of Human Rights Activities in the Asia-Pacific Region

国連の動向

- 124 *Human Rights Activities by UN in 2005*
  2005年の国連の動き
  田中敦子／石川えり

- 132 *Reporting Status of Asia-Pacific Countries by the Treaty Bodies in 2005*
  **条約委員会による
  2005年のアジア・太平洋地域国別人権状況審査**
  岡田仁子

- 152 *Views on Individual Communication Issued by the Treaty Bodies for 2005*
  人種差別撤廃委員会による個人通報に関する見解
  岡田仁子

- 155 *Beijing plus 10 and Women's NGO and Future of UN*
  「北京＋10」と女性のNGOと国連の将来
  堀口悦子

- 158 *United Nations Activities in the Field of Human Rights up to the Establishment of the Human Rights Council*
  国際連合人権活動の展望
  白石 理

- 163 資料3●社会権規約委員会一般的意見16（2005）
  訳：申 惠丰

- 172 資料4●子どもの権利委員会一般的意見6（2005）
  訳：平野裕二

- 196 資料5●人種差別撤廃委員会一般的勧告31（2005）
  訳：村上正直

アジア・太平洋地域の政府・NGOの動向

- 206 *Towards Biwako plus 5*
  アジア太平洋第2次障害者10年
  これまでを振り返って
  秋山愛子

- 210 資料6●アジア・太平洋国内人権機関フォーラム最終声明
  訳：野澤萌子

Part 3 Other Issues
第III部 個別研究

Challenges for Education Policy of Cambodia
216 カンボジアの教育政策の今後の課題
量から質への転換をめざして
前川実

From Policy to Awareness: Human Rights Education at Ground Level
221 政策から意識へ
現場における人権教育
ジェファーソン・R・プランティリア　訳：岡田仁子

The State of Emergency Declaration in 2005 and the National Human Rights Commission in Nepal
226 ネパールにおける2005年の非常事態宣言と
ネパール国家人権委員会
野澤萌子

アジア・太平洋人権レビュー2006 目次

7

筆者紹介

大谷美紀子●おおたに・みきこ
弁護士　Lawyer

米田眞澄●よねだ・ますみ
神戸女学院大学文学部総合文化学科助教授
Associate Professor, School of Human Sciences, Kobe College

辰巳知恵子●たつみ・ちえこ
外務省国際社会協力部国際組織犯罪室事務官
Official, International Organized Crime Division, Ministry of Foreign Affairs of Japan

吉田容子●よしだ・ようこ
弁護士　Lawyer

趙眞卿●チョ・ジンギョン
タシハムケセンター所長　President, Dasi Hamkke Center, Korea

齋藤百合子●さいとう・ゆりこ
恵泉女学園大学体験学習・FS主任（専門職）
The Chief, Field Study and Community Service Learning Operation Center, Keisen University

香川孝三●かがわ・こうぞう
神戸大学大学院国際協力研究科教授
Professor, Graduate School of International Cooperation Studies, Kobe University

長谷川まり子●はせがわ・まりこ
フリーランス・ライター　Freelance Journalist

川村真理●かわむら・まり
杏林大学講師　Assistant Professor, Kyorin University

柄谷利恵子●からたに・りえこ
九州大学大学院比較社会文化研究院助教授
Associate Professor, Graduate School of Social and Cultural Studies, Kyushu University

藤本伸樹●ふじもと・のぶき
ヒューライツ大阪研究員　Researcher, HURIGHTS OSAKA

岡田仁子●おかだ・きみこ
ヒューライツ大阪研究員　Researcher, HURIGHTS OSAKA

Part 1 Efforts to Eliminate Trafficking in Persons and to Protect the Victims

人身売買の撤廃と被害者支援に向けた取組み

Suppression of Trafficking in Persons as Transnational Organized Crime

国際組織犯罪としての人身売買の取締り

大谷美紀子 ●OTANI Mikiko

1.はじめに

　人身売買は、私人によって行われる深刻な犯罪である。同時に、人身売買は、被害者に対する人権侵害である。国際社会は、古くは1950年代から、奴隷や人身売買という私人による深刻な人権侵害を犯罪として処罰することにより撲滅しようとして、条約を作ってきた。1949年の「人身売買及び他人の売春からの搾取の禁止に関する条約」、1956年の「奴隷制度、奴隷取引並びに奴隷制度に類似する制度及び慣行の廃止に関する補足条約」がその例である。このように、人身売買を犯罪として国家が処罰することにより取り締まるという思想は50年以上前から国際社会に存在したが、そのために作られた条約は、人身売買を犯罪として処罰する義務を締約国に課すだけの簡単なものであり、後述の現代的な国際刑事法の要素を備えない、未成熟なものであった。

　近年、グローバリゼーションに伴う大量かつ容易な人と物の移動と国際的な組織犯罪の深刻化により、あらためて人身売買の問題についての国際社会における関心が高まっている。国際社会が人身売買に効果的に対処するためには、各国が人身売買を犯罪化するという立法的措置だけでなく、人身売買問題についての意識の向上や訓練、そして、犯罪捜査や証拠の収集、訴追、犯人の引渡し等の場面において、国家の主権の壁に遮られることなく、国家が互いに協力して刑事司法の制度と運営を国際的に強化する必要性が認識されるようになった。こうした刑事司法分野における国際的な協力の必要性の認識から、より精緻な国際刑事法条約が発展してきている。

　他方で、国際人権法の発展のなかで、人権保障のための手段としての、人権侵害行為に対する刑事処罰の有効性に対する期待が高まり、犯罪者が処罰から免れることをなくすための国際的な装置が発達してきている。「拷問及び他の残虐な、非人道的な又は品位を傷つける取扱い又は刑罰に関する条約」（拷問等禁止条約）に見られるよう

に、人権侵害行為の犯罪化と処罰を国家に義務づけ、犯罪者を確実に処罰するために管轄権の設定、「引渡しか訴追か」の規則の採用による締約国の訴追義務の拡大等の装置を条約に盛り込む手法がそれである。

2000年に採択された、「国際的な組織犯罪の防止に関する国際連合条約を補足する人(特に女性及び児童)の売買を防止し、抑止し及び処罰するための議定書」(以下、「人身売買禁止議定書」という。なお、本稿中では、単に「議定書」ということがある)[1]は、人身売買を防止し、これと戦うための国際協力を促進するため、国際的な法的枠組みを構築することを目的とした条約である。同年に採択された同議定書の本体条約である、「国際的な組織犯罪の防止に関する国際連合条約」(以下、「国際組織犯罪防止条約」という。なお、補足議定書との関係で、「本体条約」ということがある)は、国際刑事法条約の主要要素である、犯罪の定義と処罰の義務づけ、管轄権の設定、引渡しや捜査共助等についての規定を有しており、議定書は本体条約と一体となって本格的な国際刑事法条約としての要素を備えている。このように人身売買禁止議定書は、国際刑事法条約に分類される条約であるが、同時に被害者の保護についての詳細な規定を有しており、このことから単なる犯罪取締りのための国際刑事法条約であるということにとどまらず、人権保障の機能を果たすことが期待されている。

本稿は、重大な人権侵害行為である人身売買を国際的組織犯罪として取り締まるために国際的な法的枠組みを構築することを目的として作成された人身売買禁止議定書について、その成立の背景および国際刑事法条約としての特徴を紹介するとともに、国際人権条約と比較しながら履行確保制度の仕組みとNGOの役割を論ずるものである。

2.国際組織犯罪防止条約と人身売買禁止議定書

(1)背景

従来、犯罪防止の取組みは、各国が自国の領域内において刑事司法制度を整備、強化することにより行われてきた。しかしながら、とくに1990年代以降、冷戦の終焉と共にグローバリゼーションが急速に進展し、人や物の自由な大量移動や、金融市場のハイテク化といった現象が見られ、薬物犯罪、銃器等の小型武器取引、不法移民の送込み、人身売買を含むさまざまな組織犯罪が国境を越えて行われるようになった。このように増大、深刻化してきた国際的組織犯罪に効果的に対処するためには、各国が自国の刑事司法制度を整備し、強化するといったこれまでの手法だけでは不十分である。また、国家の領域管轄権の原則が障害となって、国

---

[1] なお、日本政府仮訳では、「売買」ではなく「取引」の用語が使われている。同議定書の日本政府訳は、外務省ウェブサイト、http://www.mofa.go.jp/mofaj/gaiko/treaty/treaty162_1.htmlを参照のこと。

境を越えての刑事司法活動は困難である場合が多い。そこで、国際的な組織犯罪に対しては、国際社会全体が協力して取り組むことが不可欠であるとの認識が高まった。

このような認識の下、ヨーロッパや米州といった地域レベルでの国際司法共助の動きや、主要国首脳会議において経済協力開発機構（OECD）の加盟国を中心とするマネーロンダリング（資金洗浄）対策の動きなど、一部の限定的な国際協力が始まった。国連における普遍的なレベルでの国際的組織犯罪への取組みは、犯罪防止刑事司法委員会およびコングレス（次項を参照）を中心に行われてきた。とくに、1994年の国際組織犯罪世界閣僚会議において、国際的組織犯罪に関する「ナポリ政治宣言および世界行動計画」が採択され、国際組織犯罪に対し効果的に対処できるよう国際協力を促進することを目的とした国際組織犯罪防止条約の作成を検討すべく、国連の犯罪防止刑事司法委員会に対し、国際組織犯罪防止条約の効果に関する各国政府の意見を求めるよう提案がなされたことを契機として、国連において国際組織犯罪防止条約および人身売買を含む3つの補足議定書の起草が始まった。

(2)刑事司法分野に関する国連機関とその活動

国連の犯罪防止刑事司法委員会（「コミッション」と呼ばれる）は、人権委員会や女性の地位委員会と同じく、国連経済社会理事会の下部機関として設置された機能委員会のひとつであり、メンバーは、経済社会理事会の選挙によって選ばれる国連加盟国40カ国である。犯罪防止刑事司法委員会の会議は、年に1回ウィーンで開催され、刑事司法分野の条約や基準の作成およびその実施などを行っている。同委員会はこれまでに、被拘禁者処遇最低基準規則をはじめとして、死刑や少年司法、犯罪被害者等に関する重要な人権基準を策定し、国際的な人権基準の設定に貢献してきた。同委員会で作成された人権基準は、経済社会理事会を通して最終的に国連総会決議として採択され、それ自体としては直ちに法的拘束力を有するものではないが、刑事司法分野における重要な国際人権規範として認知されている2)。犯罪防止刑事司法委員会の事務局機能を担っているのは、ウィーンに置かれた国連薬物犯罪事務所（UNODC）である。

なお、国連では1955年以降、5年に1回、「国連犯罪防止及び犯罪者の処遇に関する会議」（「コングレス」と呼ばれる。なお、改称されて、現在は「国連犯罪防止刑事司法会議」）が開催されている。コングレスには、各国の刑事司法の最高責任者、国際機関、NGO、個人専門家が集まり、犯罪防止刑事司法委員会の諮問機関として、その運営や

---

2)国連人権高等弁務官事務所のウェブサイトの国際法のページでは、刑事司法の分野について、コミッションで作成された人権基準を多数挙げている。http://www.ohchr.org/english/law/index.htm参照。

方針に指針を与える役割を果たしている3)。

(3) 条約の起草から採択、発効まで

国連総会は1998年、犯罪防止刑事司法委員会および経済社会理事会の勧告を受けて、国際的組織犯罪の防止のための包括的条約と、これを補足する、人身売買、移民、銃器に関する3つの議定書を起草するために、全加盟国が参加できる開放型の政府間特別委員会の設置を決議した。これを受けて、1999年1月、国連総会の下に国際組織犯罪防止条約起草特別委員会が設置され、1999年1月から2000年末までの約2年間で11回の会期をウィーンで開催した。同起草特別委員会でまとめられた条約案は国連総会に提出され、2000年11月、国連総会決議で、国際組織犯罪防止条約および人身売買と移民に関する2つの補足議定書が採択され、同年12月、イタリアのパレルモで条約署名会議が開催された。なお、3つの補足議定書のうち、銃器に関する議定書は少し遅れて2001年5月に国連総会で採択された。

国際組織犯罪防止条約は2003年9月に発効し、2006年3月現在、締約国は116カ国、人身売買禁止議定書は2003年12月に発効し、2006年3月現在、締約国は97カ国である4)。

3. 国際刑事法条約としての人身売買禁止議定書

(1) 人身売買に対する国際人権法と国際刑事法からのアプローチ

人身売買は、被害者が女性や子どもであることが多く、被害者女性および子どもの人権を侵害する行為である。それゆえ、国際人権法の分野において、「女性に対するあらゆる形態の差別の撤廃に関する条約」(女性差別撤廃条約)5) 6条、および「子どもの権利に関する条約」(子どもの権利条約)6) 35条は、人身売買について規定する。また、2000年には、「子どもの売買、子ども買春、及び子どもポルノに関する子どもの権利に関する条約の選択議定書」(子ども売買・買春・ポルノ選択議定書)が採択された7)。

このように、国際人権法も人身売買の問題を扱ってはきたが、人身売買は国際的な犯罪組織により行われることが多く、加害者と社会的・経済的弱者である被害者との間の圧倒的な力の格差や加害者の被害者に対する支配という構造の中で、被害者を保護し、人身売買を撲滅するためには、国家の積極的な介入が不可欠である。

---

3) 尾崎久仁子『国際人権・刑事法概論』(信山社、2004年) 127頁。その他、コミッションおよびコングレスの歴史と活動については、浦田啓一「国際交渉の現場(1)国連における犯罪防止活動の現場(特集・刑事司法制度の国際化)」法学教室278号 (2003年) 13〜14頁に詳しい。
4) 日本は、国際組織犯罪防止条約については2000年12月に、人身売買禁止議定書については2002年12月に署名し、いずれも、現在までに締結についての国会の承認は得ているものの、批准はしていない。
5) 日本政府訳では、「女性」ではなく「女子」。
6) 日本政府訳では、「子ども」ではなく「児童」。
7) 日本政府訳では、「子ども」ではなく「児童」。同議定書は、2002年に発効、日本は2005年に批准。

一般に国際法は、国家に対して一定の結果の実現を求める「結果の義務」を課し、結果の実現のためにとるべき手段・方法の選択は、個々の国家の判断に委ねている。国際人権条約もその例外ではない。人権侵害者の刑事処罰は人権保障を実現するための強力な手段であるが、これを人権保障の目的達成のための手段として用いるか否かは、基本的には各国家の判断に委ねられている。国際人権条約においては、人権保障の具体的手段として人権侵害者の刑事処罰が規定されることがあるが[8]、人身売買に関する女性差別撤廃条約6条も、子どもの権利条約35条も、締約国の義務としては、「すべての適当な措置をとること」を義務づけるにとどまり、人権侵害者の刑事処罰義務までは規定していない。

　人身売買禁止議定書は、人身売買が国際組織犯罪集団によって国境を越えて行われることが多いことから、国際組織犯罪の取締りを目的とする国際組織犯罪防止条約の補足議定書として作成された国際刑事法条約である。とくに国際組織犯罪集団による人身売買を含む犯罪については、国家や社会がこれを黙認して厳しく取り締まろうとしなかったり、犯罪組織が腐敗によって国家と結びついていたり、さらには、刑事司法制度が不十分であるために国家が効果的な措置をとれないことがある。そのうえ、国境を越えて行われる犯罪については、往々にして国家の領域主権の原則が壁となり、国際社会が協力しなければ効果的な対処ができないため、国家に対し犯罪として刑事処罰を義務づけるだけでは不十分である。このような観点から、国際的な組織犯罪集団によって国境を越えて行われることが多い人身売買について、国際刑事法条約の対象犯罪として、国家に対し犯罪者の刑事処罰を義務づけ、捜査や訴追、裁判のための国際的な協力の対象とすることは、効果的な犯罪取締りという観点から重要な意味を持つ。

　このように、人身売買禁止議定書は、国際組織犯罪防止条約の補足議定書として、条約本体とともに国際的組織犯罪としての人身売買を取り締まることを主たる目的とする国際刑事法条約である。しかし同議定書は、同時に、被害者のうちとくに女性と子どもに焦点を当て、その人権の最大限の尊重と保護、援助を明示的な目的として規定し（2条）、人身売買の被害者の人権の保護を主要な目的として強調している。しかも、人身売買禁止議定書が国際刑事法条約としての特別な装置を備え、犯罪者を確実に処罰しようとすることは、究極的には、女性や子どもを中心とする被害者個人を人身売買という人権侵

---

[8] 尾崎・前掲注3）書62頁は、国際人権条約が締約国に対し、人権保障の結果を実現するために、特定の具体的な方法をとるべきことを義務づけている例として、「あらゆる形態の人種差別の撤廃に関する国際条約」4条が人種差別の扇動等について法律で処罰することを義務づけ、また、6条が条約違反の措置について法律で処罰することを確保し、損害に対して賠償または救済を裁判所に求める権利を確保することを義務づけていることを挙げる。そのほか、拷問等禁止条約4条の犯罪化と処罰義務、5条の管轄権の設定義務、7条の訴追か引渡しの義務等も、条約が結果達成のためにとるべき具体的な方法を義務づけている例である。

害行為から保護し、その人権を保障することに資するのである。この意味で人身売買禁止議定書は、国際人権法としての意義をも有する条約であるということができる9)。議定書前文には、「人、特に女性及び子どもに対する搾取と戦うための規則及び実際的な措置を含む種々の国際文書が存在するにもかかわらず、人身売買のあらゆる側面を取り扱う普遍的な文書が存在しないという事実を考慮し」と述べられているが、議定書はまさに、これまでになかった包括的かつ普遍的な文書として作成されたのである。

(2)国際刑事法条約の目的と特徴

ところで、国際刑事法は、ジェノサイドや人道に対する罪等、国際社会全体に対する重大な犯罪や、薬物犯罪やテロ犯罪等、多数の国に深刻な影響を与える国際的な重要犯罪について、各国の刑事司法による処罰が効果的に行われるよう、また、とくに前者のカテゴリーの国際犯罪については、国際裁判所による訴追と処罰を実現するために、国家の刑事管轄権の配分・調整や捜査・訴追のための国際協力について定める国際法として発展してきた国際法の一分野である。

このようにして発展してきた国際刑事法は、「個人の刑事処罰に関する国際法（実体法と手続法の双方を含む）」と定義され、その目的は、犯罪者を確実に処罰することによって犯罪を取り締まり、防止することである。国際刑事法の内容は、広く実体面および手続面の双方を含む。実体面の内容としては、犯罪の定義、刑法総則、管轄権等の規定である。手続面の内容としては、裁判手続、公訴時効、犯罪人引渡し、司法共助、外国判決の執行、受刑者移送、刑事訴追移管等の規定である10)。

そして国際刑事法条約は、その特徴として3つの主要な要素を含む。第1に、対象犯罪を定義し、締約国に対し対象犯罪が締約国の国内刑法により処罰されることを義務づけることである。第2に、属地主義（犯罪が行われた地の国家が管轄権を有する）の原則を補完するものとして、積極的属人主義（犯罪者が自国民である場合に国籍国が管轄権を有する）や消極的属人主義（被害者が自国民である場合に国籍国が管轄権を有する）、さらには保護主義（自国の安全・存立等の重要な国家法益を侵害する犯罪について法益を侵害された国が管轄権を有する）や普遍主義（犯罪者の身柄が領域内にある国が管轄権を有する）による管轄権の設定を締約国に義務づけ、または、許容し、その調整を定めることである。第3に、犯罪について管轄権を有する国家

---

9) 国連人権高等弁務官事務所が作成した『裁判官・検察官・弁護士のための国連人権マニュアル』の中の「司法における女性」の章において、女性の人権に関する国際文書のリストに、国際組織犯罪防止条約および人身売買禁止議定書も挙げられている。http://www.ohchr.org/english/about/publications/docs/CHAPTER_11.pdf参照（日本語版は2006年6月に(財)アジア・太平洋人権情報センター編で現代人文社より刊行予定)。
10) 尾崎・前掲注3) 書235〜241頁。

が犯罪人の引渡しを求めた場合に、締約国に対し犯罪人の引渡し、または引渡しの請求を受けた国家が訴追のために当局に事件を付託することを義務づけること（いわゆる「引渡しか訴追か」の規則）等を内容とする犯罪人引渡しの制度を定めることである。これらの規定により、対象犯罪を処罰するための国内刑法と管轄権が網の目のように世界中に張りめぐらされ、締約国は犯罪者について訴追か引渡しの義務を負うため、犯罪者はどこに逃げても処罰されることになる。このように、対象犯罪の定義と処罰義務、管轄権の拡大、犯罪人の訴追または引渡し義務の組合せにより、世界中から犯罪者の逃げ場をなくすという装置を設けていることが、国際刑事法条約において最も特徴的であり、中核をなす11)。

(3)国際刑事法条約としての国際組織犯罪防止条約と人身売買禁止議定書の内容

人身売買禁止議定書は、国際組織犯罪防止条約を補足するものであり、本体条約とともに解釈され、議定書に別段の定めがある場合を除き、本体条約の規定が議定書に準用されるから（議定書1条）、国際刑事法条約としての人身売買禁止議定書の内容を理解するには、本体条約の規定の理解が欠かせない。

国際組織犯罪防止条約は、前項で述べた国際刑事法条約の3つの主要な要素のすべてについての規定を有する。第1に対象犯罪の定義と処罰化であるが、本体条約の対象犯罪は、組織的な犯罪集団への参加・共謀、資金洗浄、腐敗および司法妨害、ならびに重大な犯罪（長期4年以上の自由を剥奪する刑またはこれより重大な刑を科することができる犯罪）であって、性質上国際的であり、かつ、組織的な犯罪集団が関与するものである（条約3条)12)。人身売買禁止議定書の対象犯罪は、議定書3条において定義される人身売買であって、性質上、国際的なものであり、かつ、組織的な犯罪集団が関与するものである（議定書4条）。すべての人身売買が対象となるのではなく、議定書が適用されるのは、性質上国際的でありかつ組織的な犯罪集団が関与する場合に限られる点に注意を要する。対象犯罪の処罰化は、本体条約5条、6条、23条、および議定書5条が規定する。第2に、管轄権の設定については、本体条約15条が、そして、第3の犯罪人の引渡しについては、本体条約16条が規定する。

また、本体条約は、管轄権の拡大、犯罪人の引渡し規定により、犯罪地以外で裁判を行う場合が想定され、捜査、訴追、裁判手続において、証拠の収集、文書の送達、証人の移送、外国にいる証人の尋問等についての国際協力の存在が重要となることから、国際司法共

---

11)尾崎・前掲3)書241〜242頁。
12)「組織的な犯罪集団」とは、3人以上の者からなる組織された集団であって、物質的利益を得るため重大な犯罪または条約に従って定められる犯罪を行うことを目的として一体として行動するものをいう（条約2条）。

助についても詳細に規定し、これらの規定はすべて議定書に準用される。さらに、本体条約は、国境を越える組織犯罪対策のための効果的な国際協力体制を構築するという観点から、開発途上国の能力を強化し、開発途上国や移行経済国が条約を実施できるよう、財政的および物質的な援助や技術援助を行うといった国際協力について定めている点が特徴的である。

4. 国際組織犯罪防止条約における履行確保制度

(1) 国際組織犯罪防止条約における履行確保制度の仕組み――国際人権条約の報告制度との比較

2000年4月にウィーンで開催された第10回のコングレスで採択された「犯罪と司法に関するウィーン宣言」では、すでに国際組織犯罪防止条約の起草が始まっていたことから、その交渉の終結に高度の優先性を付与することが謳われた[13]。これに対し、筆者も日本弁護士連合会の代表団の一員として参加した、2005年4月にバンコクで開催された第11回のコングレスでは、本体条約および人身売買禁止議定書はすでに発効していたことから、未批准の国に対しては早期の批准を求めながらも、議論の焦点はもっぱら条約の履行の確保に移っていた[14]。

国際人権法においても、条約作成による普遍的な人権基準の設定と、締約国による国内実施を確保するための国際的な監視、履行確保の制度の構築は、車の両輪のようにいずれも重要である。そこで、国際刑事法条約として作成された国際組織犯罪条約および人身売買禁止議定書について、締約国による条約の実施を確保するための仕組みと機構を見ておきたい。

本体条約は、締約国会議の設置と、その権限について規定する(32条)。締約国会議は、国際組織犯罪と戦う締約国の能力を向上させること、および、条約の実施の推進および検討を目的として設置され(同条1項)、この目的を達成するための仕組みとして、いわゆるグッド・プラクティス(条約上の用語では、「成功した措置」)に関する締約国間の情報の交換の促進や、条約の実施状況の定期的な検討、条約実施の改善のための勧告を行うこと等について定めることとされている(同条3項)。そして、この定期的な検討および実施の改善のための勧告を行うにあたり、締約国会議は、締約国が提供する情報および締約国会議が設ける補足的な検討の仕組みを通じて、この条約の実施にあたり締約国がとった措置およびその際に直面した困難に関する必要な知識を得ると規定されている(同条4項)。締約国は、締約国会議から要請があったときは、この条約を実施

---

[13] A/RES/55/59, Annex、5項。日本語訳は、田辺泰弘・小田章裕「『バンコク宣言』の意義と概要(特集・第11回国連犯罪防止会議)」ジュリスト1297号(2005年)32〜40頁に参考として紹介されている。
[14] A/RES/60/177, Annex、4項。同上。

するための計画および実行ならびに立法上および行政上の措置に関する情報を締約国会議に提供しなければならない（同条5項）。

すなわち、国際組織犯罪防止条約においては、締約国会議が、締約国による条約の履行を確保するための機関と位置づけられ、履行確保の制度としては、締約国が条約の実施状況についての情報を締約国会議に対し提出し、締約国会議がこれを検討して締約国に対し実施の改善のための勧告を行う制度が設けられている。

主要な国際人権条約において、締約国による条約の国内的実施を国際的に監視するために共通に設けられている報告制度の場合、締約国から提出された報告書を審査するのは、個人資格の専門家から構成される「委員会」と呼ばれる条約機関、すなわち専門家組織（expert body）である。他方、国際組織犯罪防止条約においては、上述のとおり、条約の実施状況の検討を行う機関は締約国会議という政府間機関（inter-governmental body）である。両者の最大の相違は、後者においては、検討が仲間同士によって行われる、すなわち、ピア・レビューであるという点にある。

(2)ピア・レビュー

ピア・レビューとは、仲間同士による審査の意味であり、学術論文の審査の手法のひとつである。この用語が国際法の分野で用いられる場合、条約やガイドラインなどの履行状況を国際的に審査するための仕組みを意味する。このような意味で用いられるピア・レビューの仕組みを本格的に構築したのは、OECDである。

OECDでは、1960年代に近代的なピア・レビューの手続が考案されて以来、環境、エネルギー、援助政策、規制改革等のさまざまな政策分野においてこれを活用している[15]。ピア・レビューの手続は、ヨーロッパ連合、国際通貨基金、世界貿易機関といった他の国際機関においても採り入れられてきた。1980年にハーグ国際私法会議において採択された「国際的な子の奪取の民事面に関する条約」について、同条約の発効後、ハーグ国際私法会議が4年ごとに特別委員会を開催し、条約の運用状況や問題点を確認し協議しているのも、一種のピア・レビューといえるだろう[16]。さらに、2005年9月に国連で開催された世界サミットの成果文書[17]で設立が合意され、2006年3月に採択された国連総会決議で機構や権限が定められた人権理事会に

---

[15] Fabrizio Pagani (Legal Adviser, OECD), "Peer Review: A Tool for Global Co-operation and Change" OECD Observer, January 2003, http://www.oecdobserver.org/news/fullstory/php/aid/881/Peer_review.html. たとえば、OECD開発援助委員会のピア・レビューは、開発協力の分野における各加盟国の政策および努力を審査するものであるが、各加盟国は、約4年に1回審査を受ける。http://www.oecd.org/department/0,2600,en_2649_34603_1_1_1_1_1,00.html参照。

[16] 特別委員会の活動については、早川眞一郎「子の奪い合い紛争解決のためのわが国の課題──子の奪取に関するハーグ条約の適用事例に照らして」法学（東北大学）65巻6号（2002年）1〜31頁に紹介されている。

[17] A/RES/60/1.

おいても、新たに、普遍的な定期的審査（"universal periodic review"）という手法が採り入れられることになった18)。この新しい審査の制度は、人権理事会という政府間機関が国連全加盟国の人権保障義務の履行を審査するものである。この新しい審査制度は、専門家によるのではなく国家同士で審査をするという点では、当初ピア・レビューの用語が用いられていたことが示唆するとおり、一種のピア・レビューとしての性質を有する。

(3)NGOの参加

このように、近年、国家による条約その他の国際文書・基準の遵守を国際的に監視する制度としてのピア・レビューの活用が拡大している。専門家機関による審査との比較において、ピア・レビューの効用がどの程度大きいかは一概には評価できないであろうが、今後、ピア・レビューについての横断的な比較研究、成功例の研究などを通して、国際組織犯罪防止条約におけるピア・レビューが効果的なものとなるよう、注視していく必要がある。

本稿ではとくに、ピア・レビューにおけるNGOの役割について問題提起をしておきたい。OECDのピア・レビューについては、メディアの関与と一般市民による監視は不可欠な要素であるとの指摘がある19)。また、ハーグ国際私法会議の特別委員会による条約の運用状況の検討においては、条約の締約国だけでなく、非締約国、関連する国際機関およびNGOも参加している20)。国際人権条約の下での報告制度におけるNGOからの情報提供の役割の重要性については、今やこれを疑う者はいないであろう。

国際組織犯罪防止条約の締約国会議の場合も、締約国以外に、非締約国（署名済みか否かを問わない）、国際機関、およびNGOは、オブザーバーとしての参加を認められている21)。締約国会議は、条約32条2項、および手続規則の規則3に従い、これまでに、2004年（第1回）、2005年（第2回）に開かれている。そして、締約国会議はすでに、人身売買禁止議定書についても、第1回締約国会議において採択された条約の実施状況に関する質問票を各国に送付し、各国からの回答に基づき事務局が作成した分析的報告書22)が第2回締約国会議に提出されるなど、国内的実施の検討を始めている23)。しかるに、第2回締約国会議に参加したNGOは、筆者が所属する日本弁護士連合会を含め、わずか8団体に過ぎない24)。2006年に開催される

---

18) A/RES/60/251.
19) Pagani・前掲注15)論文参照。
20) 早川・前掲注16)論文参照。
21) A/AC.254/43, 規則14-17。
22) CTOC/COP/2005/3.
23) CTOC/COP/2005/8, para.58.
24) 同上Annex II。

第3回締約国会議の仮議題には、条約32条3ないし5項に従い締約国会議の目的を達成するための機構の検討が挙げられているが25)、今後、締約国会議による条約の実施状況の検討におけるNGOの役割についての議論の行く末が注目される。

5. 最後に——人権条約機関と締約国会議の関係

最後に、人身売買禁止議定書の履行確保制度と国際人権条約の下での報告制度との関係についてひと言触れて本稿の締めくくりとしたい。

前述のとおり、子どもの売買は、子どもの権利条約35条に規定され、また、子どもの売買・買春・ポルノに関する子どもの権利条約の選択議定書は、犯罪の処罰義務、管轄権の設定、犯罪人の引渡し、国際捜査・司法共助等、国際刑事法条約の主要な要素についての規定を置いている。このことから、子どもの権利条約についての条約機関である子どもの権利委員会による条約および同議定書の実施状況の審査が、人身売買禁止議定書の実施状況についての締約国会議による検討と何らかの相互的な関連性を持つようになる可能性はないであろうか。同様に、女性差別撤廃条約についての条約機関である女性差別撤廃委員会が、将来、人身売買に関する6条との関連で、報告書審査や一般的勧告等において、人身売買禁止議定書の批准や実施に言及する可能性も考えられる。国際人権法と国際刑事法、さらには国際人道法は、今日ますますその密接な相互関連性が認識されてきているが、「人権、人道、犯罪の相互作用が機関間の関係にも影響を及ぼしつつある」との指摘がある26)。人身売買の問題についても、人権条約機関と国際組織犯罪防止条約の締約国会議との間の協働の可能性に期待したい。

---

25) 同上Annex I。
26) 尾崎・前掲注3) 書249頁。なお、本稿執筆にあたっては、とくに注で出典を明記したもののほか、北村泰三「国境を越える組織犯罪と国連新条約採択の意義——刑事司法管轄権問題の検討を中心に」大内和臣・西海真樹編『国連の紛争予防・解決機能』(中央大学出版部、2002年) 第5章、北村泰三「グローバル化時代における人身取引防止の意義」白門57巻(3)(2005年)61〜77頁、米田眞澄「人身売買防止のための国際条約(特集2・人身売買の根絶を目指して)」自由と正義56巻13号(2005年)93〜99頁を参照した。

Analysis of Protection and Assistance for Trafficked Persons from the Human Rights Perspectives

人権の視点から人身売買の被害者保護・支援を検証する

米田眞澄 ●YONEDA Masumi

1.はじめに

　今日、人身売買は現代奴隷制の一形態であることが多くの国連文書においても認められており、その根絶は、とりわけこの10年間において国際的に最も重要な人権課題のひとつとして扱われている。また人身売買を取り締まり、被害者を保護するための国連条約、地域条約もつくられてきている。そこで本稿では、これらの条約について、人権の視点から人身売買の被害者保護・支援に焦点を当てて考察することにする。

2.人身売買禁止議定書における被害者保護・支援

(1)1949年条約からの進展

　人身売買を扱った初期の国連条約としては、1949年の「人身売買および他人の売春からの搾取の禁止に関する条約」(以下、「1949年条約」という)がある。しかし同条約では人身売買の定義はなされず、「人身売買」は「他人の売春からの搾取」と同義で用いられており、売春の勧誘、他人の売春からの搾取、売春宿の経営等を犯罪行為として処罰することを締約国に義務づけるものであった(1条から4条)。同条約では「被害者」という言葉が用いられてはいるが、締約国は被害者に対して更生と社会的補導のための措置をとることが義務づけられていた(16条)。また、売春を目的とする人身売買の被害者の送還にあたっては、「国内法が定める条件に従い、できる限り」という条件の下で、本国への送還に関する措置を完了するまでの間、生活に困窮するときは、それらの者の一時的保護および扶養のための適当な措置を講ずることが義務づけられているが(19条1項)、国内法に対する違反を理由に「被害者」を訴追することは妨げられない(19条柱書き)とされた[1]。

　1990年代になると、一方では国際的な組織犯罪の防止と取締りの必要性が認識されはじめ、人身売買が国境を越えた組織犯罪のひとつとして取り上げ

21

られるようになった2)。同時に、他方では女性の人権の確保が主要な人権課題として認められるようになり、女性と子どもの人身売買の防止と取締りが求められた。2000年11月15日の国連総会における「国際的な組織犯罪の防止に関する国際連合条約を補足する、人身売買(特に女性および子どもの人身売買)を防止し、禁止しおよび処罰するための議定書」(以下、「人身売買禁止議定書」または「議定書」という)3)の採択は、これら2つの取組み(両者は決してばらばらではなく相互に関連しているのではあるが)を背景として、最終的には女性の人権確保という視点からの取組み要請が、国際組織犯罪の防止と取締りという枠組みに吸収される形で実現したと筆者は見ている。

人身売買禁止議定書は、解釈上あいまいな部分を残しているとはいえ人身売買を初めて定義し(これによって人身売買は他人の売春からの搾取を目的とするものだけではないことも明らかにされた)、被害者の多くは女性と子どもではあるが、男性も被害者となっていることを反映させるなど、1949年条約と比べると大きな進展をみた。

(2)不十分な被害者保護・支援規定

では、被害者の保護・支援についてはどうであろうか。確かに人身売買禁止議定書は、もはや1949年条約のように被害者を更生や社会的補導の対象とはしていない。基本的には被害者を被害者として扱うことが求められている。しかし、議定書の保護規定は、人身売買の処罰化を義務づける規定に比べるとはるかに緩やかな規定になっている。

日本は同議定書の締結についてすでに2005年の162回通常国会で承認を得ているが、本体条約である「国際的な組織犯罪の防止に関する国際連合条約」の国内法整備が難航していることから批准書の寄託に至っていない。日本は人身売買禁止議定書の批准のための国内法整備として、人身売買の加害者処罰とともに被害者保護・支援

---

1) 1949年条約の問題点については、拙稿『「人身売買および他人の売春からの搾取の禁止に関する条約」の批判的考察——女性の人身売買を中心として』阪大法学47巻4・5号(1997年)383〜402頁参照のこと。
2) 国際的な組織犯罪については、1990年の第8回国連犯罪防止会議が組織犯罪に関する決議を採択したことを受けて、1992年の国連総会(第47会期)において組織犯罪と戦うための国際協力を促進することなどを内容とする決議が採択された。そして1994年には組織犯罪世界閣僚会議が開かれ、国際組織犯罪防止条約の作成に向けて動き出していった。一方、女性の人権の確保は1993年の世界人権会議以降、重要課題として取り上げられるようになった。1994年以降は、国連総会において「女性と子どもの人身売買」と題する決議が採択されている。
3) 同議定書は2003年12月15日より発効している。外務省による日本語仮訳は「国際的な組織犯罪の防止に関する国際連合条約を補足する人(特に女性及び児童)の取引を防止し、抑止し及び処罰するための議定書」である(http://www.mofa.go.jp/mofaj/gaiko/treaty/treaty162.htmlにて参照可能)。本稿では、議定書3条(a)が定義する"trafficking in persons"によって含まれる募集・採用、運搬、移送、蔵匿、収受のいずれの行為においても、必ず金銭またはその他の利益の授受が伴っており、人がモノとして売り渡されているという実態を考慮し、「人身取引」という耳慣れない言葉を用いるよりも従来から一般に使われている「人身売買」を訳語として用いることが適切であると考え、あえて「人身売買」と訳している。英語正文のタイトルは、The Protocol to Prevent, Suppress and Punish Trafficking in Persons, Especially Women and Children。当該議定書のテキストはA/55/383あるいはhttp://www.unodc.org/unodc/crime_cicp_convention_documents.htmlにて参照可能。

についても「人身取引対策行動計画」の策定と一定の法改正を行ったが、依然として不十分であることが指摘されている4)。しかし、議定書が定める締約国の義務は最低限満たしているといえよう。それだけ人身売買議定書の定める被害者の保護・支援に関する締約国の義務は緩やかなのである。

たとえば被害者の保護・支援については、まず被害者にとって安心できる場の提供が必要となる。被害者が外国籍者である場合は母語によるケアが必須となる。医療的措置を必要とする者もいる。しかし、これらの保護措置に関する人身売買禁止議定書の規定（6条3項）は、「締約国は、……人身売買の被害者の身体的、心理的及び社会的な回復のための措置をとることを考慮する」となっており、ただちに「措置をとること」を義務づけるまでには至っていない。また人身売買の被害者を国内法違反を理由として処罰しないことが、人身売買の被害者保護に取り組むNGOなどから強く求められていたが、これについてはなんら規定されなかった。議定書には、1949年条約のように処罰を妨げないとする規定こそないが、規定がないということはその可能性を認めていることと同じである。

(3)求められるガイドラインの活用

そのため、議定書の起草過程にも積極的に関わってきた国連人権高等弁務官事務所は、「人権および人身売買に関して奨励される原則及び指針」(E/2002/68/Add.1、以下「ガイドライン」という)5)を2000年に作成し、2003年に経済社会理事会に提出し、各国が人身売買の防止と根絶に取り組むにあたって人身売買された人々の人権を最優先にすべきことを強調している。ガイドラインは、人身売買された人々が、経由国および目的地国への不法入国または不法滞在、もしくは人身売買された人々として置かれた状況から生じた直接的な結果として関与した違法行為を理由に収容されたり、告発されたり、訴追されてはならないことを繰り返し規定している。また、議定書には規定のない人身売買の被害者の認定についても規定している。被害者の認定が正確になされるためには積極的な調査が必要であり、そうでなければ容易に密入国者とされてしまうであろうことを指摘している。そのため国家には迅速かつ正確な認定を行う義務があり、認定手続を定めるとともに、認定に携わる担当官に適切な訓練を行うこと

---

4) 被害者保護・支援に関する国内対策の問題点については、吉田容子「国内対策の現状と課題」および青木理恵子「国内対策の現状と課題――社会保障面から」自由と正義56巻13号（2005年）76〜92頁を参照のこと。人身売買の問題に取り組むNGOが連帯して2003年10月に設立された人身売買禁止ネットワーク（JNATIP）を中心とした積極的な働きかけもあって、2005年の163回特別国会には「人身取引等の防止及び人身取引等の被害者の保護に関する法律案」が野党から提出されたが審議未了となっている。
5) 同文書の日本語訳については、吉田容子監修、JNATIP編『人身売買をなくすために』（明石書店、2004年）184〜206頁を参照のこと。また、ガイドラインの重要性については、拙稿「人権を最優先に人身売買の根絶策を――人身売買禁止議定書と人権高等弁務官ガイドラインについて」部落解放548号（2005年）47〜55頁を参照のこと。

が重要であるとする。

さらに、人権委員会が2004年11月に人身売買、とくに女性と子どもの人身売買に関する特別報告者として任命したMs. Sigma Hudaも、同委員会に最初に提出した報告書6)において、ガイドラインの履行を各国での人身売買対策状況を評価する際に留意する意思を明らかにしており、議定書はもとよりガイドラインおよび関連するその他の人権条約が特別報告者による報告と勧告のベースとなると結論づけている。ガイドラインには法的拘束力はないが、ガイドラインに沿った被害者の保護・支援策を講じることが、議定書が掲げる目的を達成するためには必要であると筆者は考えている7)。

人権に基礎を置く被害者の保護・支援により重点を置いた条約としては、2005年5月3日に欧州評議会8)で採択された「人身売買に対する行動に関する欧州評議会条約」(以下、「欧州条約」という)が注目される(2005年12月末現在、署名国数25、批准国数0で未発効)。この条約は、欧州評議会の加盟国ではないが草案作成に参加したオブザーバー国である日本にも署名のために開放されている(欧州条約42条1項)9)ことから、今後日本における被害者保護・支援の充実を進めるうえでも参考となると思われる。そこで、次に欧州条約における被害者保護・支援について考察することにする10)。

3.人身売買に対する行動に関する欧州評議会条約

(1)欧州条約の特徴

先に述べたように欧州条約は、国連がつくった人身売買禁止議定書よりも被害者の保護・支援により重点を置いている点に特徴がある。このほかにも、条約の適用範囲が議定書よりも広いこと、条約上の規定を履行するにあたって非差別平等原則を定めていること、条約履行監視制度を設置していることなどが特徴として挙げられる。

---

6) E/EN.4/2005/71.
7) 人身売買禁止議定書の問題点については、拙稿「『国際的な組織犯罪の防止に関する国際連合条約を補足する人身売買、特に女性および子どもの人身売買を防止し、抑止しおよび処罰するための議定書』採択と日本の取組み——人身売買の処罰と被害者の保護を中心として」世界人権問題研究センター研究紀要10号(2005年)179～201頁を参照のこと。
8) 欧州評議会は、1949年に設立されたヨーロッパで現存するものとしては最も古い国際機関である。冷戦終結後、東欧諸国および旧ソ連諸国の加盟を順次認めたため加盟国数は46にのぼる。欧州審議会は人権、議会制民主主義および法の支配の擁護を目的のひとつに掲げており、欧州人権条約、欧州社会憲章など人権確保のために数多くの条約を策定していることで知られている。
9) 「この条約は批准され、受諾され又は承認されなければならない。批准書、受諾書又は承認書は、欧州審議会の事務総長に寄託する」(42条2項)。2005年12月末現在、署名国数は24、批准国数は0であり、未発効である。条約の発効には少なくとも欧州審議会加盟国8カ国を含む10カ国の批准が必要である。
10) 内容の紹介にあたっては、『条約についての説明報告書』(Council of Europe Convention on Action against Trafficking in Human Beings and its Explanatory Report (Warsaw, 16.V.2005), http://www.coe.int/traffickingにて参照可能)を参照した。地域条約としては、ほかに2002年1月に南アジア地域協力連合で採択された「売春を目的とする女性と子どもの人身売買の防止および根絶に関する条約」があるが、人身売買の目的が売春に限定されているうえ、被害者の保護・支援について特筆すべき規定はない。

欧州条約は、人身売買の定義については国連で採択された人身売買禁止議定書の定義を採用している（4条）。しかし、議定書が適用範囲を性質上国際的なものであって、かつ、組織的な犯罪集団が関与するものに限定しているのに対して、国際的であるか国内的であるかにかかわらず、かつ組織犯罪が関与するか否かにもかかわることなく、あらゆる形態の人身売買を適用範囲としている（2条）。また、条約上の規定を履行するにあたって非差別平等原則が規定されており、とりわけ被害者が被害者の権利を保護し促進するための措置を享受するにあたって、性、人種などを理由とする差別なく保障されなければならないとしている（3条）。

　条約の目的も議定書と同じく、①人身売買を防止し、これと戦うこと、②人身売買の被害者の人権を保護すること、③人身売買に対する行動について国際協力を促進すること、を掲げているが、そこには男女平等の保障という視点が盛り込まれている。とりわけ、人身売買の被害者の人権保護に関しては、効果的な捜査と訴追の確保と同様に男女平等を保障しつつ、被害者および証人を保護・支援するための包括的な枠組みをつくることをめざしていることが明示されており（1条b）、人身売買の防止について定めた5条では、とくに人権に基礎を置いたアプローチの促進と、人身売買を防止するための効果的な政策および計画の開発、履行、評価にあたってはジェンダーの主流化と子どもに敏感なアプローチの採用を義務づけている（5条3項）。人身売買を生み出す需要の抑制のための措置をとることを締約国に義務づける6条は、そのような措置のひとつとして、性差別が受け入れがたい性質のものであり、それによって引き起こされる悲惨な結果や男女の平等とすべての人間の尊厳と保全を強調した学校教育の中で子どもたちのためになされる教育プログラムを含む予防的措置を挙げる（6条d）。

(2)被害者の保護・支援

　被害者の保護・支援について、ここでは、被害者の認定手続、被害者に与えられる支援措置、回復および熟慮のための期間、在留許可および被害者の非処罰について定めた規定について述べる[11]。

(a)被害者の認定

　被害者の認定については10条に定められている。締約国は、人身売買の防止や被害者の認定と支援について訓練された有能な者に認定権限を与えなければならない。また女性や子どもの被害者が置かれている特別な状況を考慮した適正手続において被害者が認定されるためにさまざまな当局（警察

11）欧州条約は「男女平等を保障する被害者の権利の保護と促進のための措置」と題する3章において10条から17条までの規定を置く。同条約については、前掲注10）『条約についての説明報告書』で条項ごとに詳しく説明している。そこでは3章には、すべての被害者に適用される条項（10条、11条、12条、15条および16条）と、とくに受入国領域内に非合法な状態で在留しているか、もしくは在留は合法であるが短期滞在許可を伴っている被害者に適用される条項（13条および14条）があると説明している（para.124）。

官、税関職員、入国管理局職員など被害者と接触を持つ公務員)との間の相互協力と、NGOなどの関連する支援機関との協力を確保することが締約国に義務づけられている。また、適当な場合には他の締約国および関連支援機関との協力の下で被害者を認定するために必要と思われる立法およびその他の措置をとること、当該者が人身売買の被害者であると権限ある当局が信じる合理的理由があれば、被害者の認定手続が完了するまではその領域から追い出してはならないことが定められている。また、その間、次に述べる12条1項および2項が定める支援が受けられるように確保しなければならない。

(b)支援

被害者の具体的支援については12条が定めているが、ここでは領域国に違法に在留する被害者や、被害者認定手続中の者にも適用のある1項と2項について紹介する。締約国は、被害者(認定手続中の者も含む)の身体的、精神的および社会的回復を支援するために必要と思われる立法またはその他の措置をとることを義務づけられている。そのような支援に最低限含まれるものとして5項目が挙げられている。すなわち、①適切かつ安全な宿泊施設など精神的および物質的支援を通した生存を確保できる生活水準、②緊急の医療的処置の利用、③通訳サービス、④理解できる言語でのカウンセリングおよび情報(とくに法的権利や利用可能なサービスについて)、⑤犯罪者の刑事訴追の適切な段階で被害者の権利や関心について述べられたり考慮されたりできるための支援、⑥子どもが教育を受けられるようにすること、である(12条1項)。さらに締約国は被害者の安全や保護のニーズに適切な考慮を払わなければならない(12条2項)。

(c)回復と熟慮のための期間

13条は、締約国に対して被害者であると信じるに足りる合理的理由があれば、公の秩序を理由とするか、もしくは当該者が被害者としての地位を有するという主張が不適切であることが判明した場合を除いて、少なくとも30日間の回復と熟慮のための期間を国内法において定めることを義務づけている。この期間中は、締約国は当該者の意思に反していかなる退去命令をも執行してはならず、当該者がその領域内にとどまることを許可しなければならない。回復には被害者が負った身体的外傷を治療することによる回復のみならず、最低限の精神的安定を回復することも含まれる。熟慮とは、人身売買者の訴追に関して権限ある当局に協力するか否かを決めるにあたってよく考えることである。被害者は自己およびその家族などが人身売買者からの報復を受けないことを確認することができなければ、訴追に積極的に協力しないであろうことが予想される。そこで、このような期間を設け、12条の定める必要最低限度の保護と支援を被害者がいる領域国から受けられるように確保している。そうすることによって、被害者が自らすすんで人

身売買者の訴追に協力するようになることがめざされている。

(d)在留許可

14条では、締約国は、権限ある当局が、次の2つの理由のいずれかに該当する場合であって、かつ権限ある当局が被害者の滞在が必要であるとみなした場合には、被害者に更新可能な在留許可を与えることが義務づけられている[12]。1つは被害者の個人的状況からそのように判断される場合であり、もう1つは捜査もしくは刑事訴追手続に際して当局に協力する場合である(14条1項)。この規定は、在留許可が人身売買者の捜査や訴追に協力する場合にだけ与えられるわけではないところに特徴がある。

(e)被害者の非処罰

26条は、締約国が国内法制度の基本的原則に従って、違法な活動に関与したことを理由に被害者を処罰しない(そのような関与を強いられていた範囲で)可能性を定めることを義務づけている。この条項は、その関与が人身売買の結果、強制されたものである場合には、被害者を処罰しないことがあることを刑法または刑事訴訟法もしくはその他の方法で規定することを義務づけるものである[13]。

4.おわりに

以上みてきたように、欧州条約は、議定書よりも被害者保護・支援の点で充実している。とりわけ国境を越えた人身売買に関しては、アジア・太平洋地域においてもこのような被害者保護・支援に重点を置いた地域条約または2カ国間条約もしくは行動計画をつくっていくことはできないか検討することが必要である。また、被害者が再び被害にあわないように受入国と送出国が連携して、被害者の回復と再統合のために協力することも必要である。

---

[12])ただし、在留許可の期間については定めていない。
[13])前掲注10)『条約についての報告説明書』para.247参照。

●国別・テーマ別報告

Achievement and Remaining Issues: One Year After the Adoption of Japan's Action Plan of Measures to Combat Trafficking in Persons

日本の人身取引対策行動計画策定から1年の成果と課題

辰巳知恵子 ●TATSUMI Chieko

1.はじめに

　グローバル化の進展に伴って人の移動が以前にも増して活発化しているなか、その負の部分として国境を越える犯罪が横行している。とくに昨今の日本は、アジア諸国のみならず中南米や東欧諸国の女性が売春等の目的で送り込まれる人身取引の目的地となっていることを踏まえ、政府は2004年12月に包括的な人身取引対策行動計画を策定し、刑法改正や被害者保護策の強化を実施するなど人身取引問題対策を本格化した。

　同行動計画策定から1年半弱が経過した今、わが国における人身取引問題に関する国内外対策の実施状況およびその有効性について検証するとともに、今後の課題について考察したい。

2.わが国における人身取引の状況

　警察庁が発表している人身取引事犯の統計によると、2001年から2005年の5年間にわが国で認知した人身取引被害者数は合計397名、検挙件数は319件で、被害者は全員外国人である（表参照）1)。わが国における人身取引の典型的なケースとしては、現地においてブローカーや知り合い等によい仕事があるとだまされた女性が、日本に入国後旅券や帰国のための航空券を没収されて架空の借金（400〜500万円程度）を負わされたうえで、暴行を受け、あるいは監禁されるなどしながら性風俗営

---

1)性転換手術を受けていた男性1名のほかはすべて女性であり、彼女らは売春の強要等の性的搾取を受けていた。

表●人身取引事犯の現状

	2001年	2002年	2003年	2004年	2005年	計
検挙件数	64	44	51	79	81	319
検挙人員	40	28	41	58	83	250
被害者総数	65	55	83	77	117	397
インドネシア	4		3		44	51
フィリピン	12	2		13	40	67
タイ	39	40	21	48	21	169
台湾	7	3	12	5	4	31
ルーマニア					4	4
コロンビア	3	6	43	5	1	58
韓国				3	1	4
オーストラリア					1	1
エストニア					1	1
ロシア				2		2
ラオス				1		1
中国		4	2			6
カンボジア			2			2

出所●警察庁

業等で性的サービスの提供・売春を強要されるというものが挙げられる。また、被害者が逃げようとすれば本国にいる親や子どもを殺すと脅され、警察等に駆け込んでも逮捕されて強制送還されるだけだとだまされるなど、心理的な圧迫によって隷属状態に置かれて性的な搾取を受け続ける場合もある。

ここでいう「よい仕事」というのは、売春、ストリップ、ホステス等の性風俗営業等の仕事もあれば、レストラン等のウェイトレス、家事手伝い等の仕事もあ

る。被害者のうち、性風俗営業等の仕事に従事することを承知で来ている者も少なくないと思われるが、このような過酷な環境下で働かされることまでは承知していなかった者が多いとみられる2)。

3.政府の取組み
──人身取引対策行動計画の策定

政府は、わが国の人身取引の現状

---

2) たとえば、被害者は性風俗営業等の仕事についてスナックやナイトクラブ等で男性に給仕しながら時に身体を触られる程度のものと考え、自分の意思に関係なく、客との売春を陰に陽に強制されるものであるとまで考えていなかったものの、実際には売春を断ると厳しいペナルティを課されるなど、事実上性的搾取を受けざるをえない状況に置かれるケースも多い。また、あるケースでは、スナック等の店に数回以上来店した客は、プラス4,000円の支払いで店の女性とデートができることになっており、他方、女性側は、自分の意思に関係なく客とのデートおよびデート後にその客を同伴して来店するというルールを義務づけられて、客はデート後来店時にさらに入店料6,000円を支払う仕組みになっている。この仕組みにおいては、客は合計1万円を店に支払うことによって店の女性とデートができ、デート中に売春の強要やその他の性的搾取を要求する。他方、女性側はルールに従わなければ、店からペナルティを課されて借金地獄に陥るか、逃げようとすれば危害を加えるなどと脅迫されるため、その仕組みの中で客の要求に従わざるをえず、性的搾取を受ける環境に身を置き続けることになると考えられる。

を踏まえ、多面的な取組みが必要な同問題に効果的に対処すべく、2004年4月、内閣に人身取引対策に関する関係省庁連絡会議を設置し、半年以上にわたる協議・検討の結果、同年12月に人身取引の防止・撲滅および被害者保護を含む総合的・包括的な「人身取引対策行動計画」を策定した。

以下、人身取引対策行動計画の主な施策について述べる。

(1) 関連法の整備

政府は、人身取引に関連する法整備に着手し、2005年の第162回通常国会において、「国際的な組織犯罪の防止に関する国際連合条約を補足する人(特に女性及び児童)の取引を防止し、抑止し及び処罰するための議定書」(以下、「人身取引議定書」)の締結の承認を得るとともに、人身取引議定書上の要請に基づき、人身売買罪の新設や臓器摘出等を目的とした生命・身体加害目的による略取行為等の犯罪化を含む刑法の改正および人身取引されたことを在留特別許可事由に加えることなどを盛り込んだ「出入国管理及び難民認定法」(以下、「入管法」)の改正を行った。

さらに、同年の第163回特別国会においては、風俗営業等に係る人身取引の防止策として、風俗営業者等に対し、接客従業者の国籍や就労資格等を確認する義務を課し、これに違反した者を処罰することなどを含む「風俗営業等の規制及び業務の適正化等に関する法律」(以下、「風営法」)の改正が行われた。これら一連の法整備によって人身取引対策のための法的枠組みが整ったといえる。

(2) 「興行」の在留資格厳格化

また、「興行」の在留資格で入国した外国人芸能人のうち、在留資格認定の前提となった興行活動に従事せず、性風俗営業店等においてホステス等の資格外活動で不法就労している者が相当数存在し、なかには売春の強要等の性的搾取を受けるなど、人身取引被害者となっている例も見られた。このことは、「興行」の在留資格でわが国に入国する外国人芸能人のなかには、必要な能力を有していないにもかかわらず、外国の国等により芸能人として認定されているために、わが国の在留資格認定証明書が交付されること等に関連していると考えられたことから、政府は、2005年2月、興行の在留資格で上陸しようとする外国人に関する許可基準を定める法務省令の一部を改正し、上陸を認めるための許可基準のひとつであった「外国の国等が認定した資格を有すること」との規定を削除することにより、興行の在留資格が悪用されないよう、上陸許可基準を厳格化した。

(3) 被害者保護の推進

政府は、被害者が過酷な状況に置かれていたことに十分配慮し、保護する対象としてその施策を強化するため、被害者に対し、すでに述べた在留特別許可の付与のほか、公的施設である婦人相談所(シェルター)において衣食住

等の一時保護を与えた後、国際移住機関（IOM）を通じて、帰国費用に乏しい被害者に対してはこれを支援するなどの措置をとった。また、被害者保護のシェルターを運営している民間のNGOに対し、一時保護委託制度を通じて一部資金援助を行うこととした。さらに、このような被害者保護のシステムを被害者本人および関係者等に周知徹底する必要性に鑑み、被害者を保護する旨および政府機関の連絡先を明記したうえで、「私は人身取引の被害者です。警察に連絡してください」とのメッセージを7カ国語（日本語、英語、タガログ語、タイ語、スペイン語、ロシア語、中国語）で載せたリーフレット100万枚を、在京大使館、NGO、教会関係者等の協力も得つつ配布しており、日本語を解さない被害者でも通行人等の一般市民に助けを求めることができるようにした。

(4)政府協議調査団の派遣

2004年9月、政府は同年12月の行動計画の策定に先立って、わが国で被害者が多く認められるタイおよびフィリピンに向け、外務省、内閣官房、警察庁、法務省および厚生労働省の人身取引対策担当者を構成メンバーとする政府協議調査団を派遣し、先方の政府関係機関、NGO、国際機関およびカトリック教会等の宗教関係者と人身取引の現状や効果的な防止策につき協議を行った。

また、政府は行動計画策定後も、2005年1月にコロンビア、同年7月にロシア、ルーマニア、ウクライナ等に同調査団を派遣したほか、人身取引対策を推進しているバチカンに対し、防止策や保護策について協力を要請するとともに、人身取引対策担当者をペルー、インドネシアおよび韓国等に派遣した。

さらに国内においても、2006年4月、改正刑法に基づく人身売買事件が摘発された長野、群馬および栃木の3県を人身取引対策担当官が訪問し、現地の警察、婦人相談所と協議および被害者の稼働先等を視察した。

この政府協議調査団をはじめとする人身取引対策担当者の現地訪問は、人身取引の状況についていっそう理解を深めることに資するとともに、先方とコンタクトを緊密にし、内外の関係機関等との連携のいっそうの強化につながっている。また、政府はさまざまな国際協力枠組みに貢献しており、たとえば人身取引問題に関する地域協力枠組みである「バリ・プロセス」[3]においては、情報共有分野の調整役を担当しているほか、2005年6月には、東京において作業部会を開催し、関係各国等と効果的な人身取引対策につき協議した[4]。加害者側が国境を越えて活動を広げていることから、政府は、その撲滅に向けて加害者以上の緊密かつ効果的な国

---

[3] 不法移民・人身取引および関連する国境を越える犯罪に関する地域協力枠組み。2006年4月現在、42カ国、IOM、UNHCR（国連難民高等弁務官事務所）が参加している。
[4] 人身取引撲滅のための関係省庁間による行動計画策定に関する作業部会で、40カ国以上にのぼる政府、国際機関およびNGOが参加した。

際協力体制を整えることが不可欠であろう。

(5)人間の安全保障基金等の活用

また、政府は、ODAやわが国の主導により国連に設置された「人間の安全保障基金」を通じて、人身取引防止の啓発教育や被害者保護等のさまざまな支援を行ってきている。たとえば、コロンビアにおいては、ODAの「草の根・人間の安全保障無償資金協力」を活用して、人身取引防止のためのパンフレットの作成等を支援し、同パンフレットはNGOが実施する教育啓発に使用されている。また、被害にあいそうな者を水際で救うため、コロンビア国内の主要空港に情報発信デスクを設置し、人身取引犯罪の危険性および行先国での警察・大使館の連絡先等広汎な情報提供を行うなどしており、わが国政府によるこれらの協力は、コロンビア政府をはじめ関係各所より高い評価を受けている。また、政府は国連機関と連携し、「人間の安全保障基金」を通じて被害者保護や職業訓練等のプログラムを積極的に支援しているほか5)、2004年12月に起きたスマトラ沖大地震およびインド洋津波被害に際しては、国連児童基金（UNICEF）等を通じ、子どもの人身取引防止対策を含む「津波被災子ども支援プラン」を実施した。

4.行動計画の有効性

2004年12月に政府が行動計画を策定してからすでに1年半弱が経過したが、政府が講じた対策の有効性を検証していくことは、効果的な人身取引対策を今後も継続して講じていくうえで重要である。この点、行動計画は、以下の2点において有効であったと考えられる。

(1)犯罪の顕在化

まず、行動計画策定以来、検挙された加害者数や認知された被害者数が増加傾向にあり、犯罪の顕在化を促した点が挙げられる。これは、犯罪自体が増加している影響との見方もありうるものの、2005年以降の被害者保護数の増加傾向からすると、政府の諸施策の結果、今まで地下に潜っていた犯罪やその被害者が表に現れてきたことも影響していると捉えるのが適当であろう。とくに交番、入国管理局、NGOへ助けを求めて逃げ込んでくる被害者数が増加しており、被害者に政府の保護策が浸透しつつあることをうかがわせる。

婦人相談所が保護した被害者数は2004年度には24名であったが、2005年度は、その4倍以上の112名にのぼっている（図参照）。また、2005年に在留特別許可を付与された不法滞在者の被害者数は47名にのぼり、2005年5月

---

5) 最近（2006年3月）では、同基金を通じ、ILO（国際労働機関）によるタイ・フィリピンにおける「帰還したトラフィッキング被害者の経済社会的能力強化事業」のプロジェクトに約200万米ドルの支援を行った。

図●婦人相談所で保護した被害者数

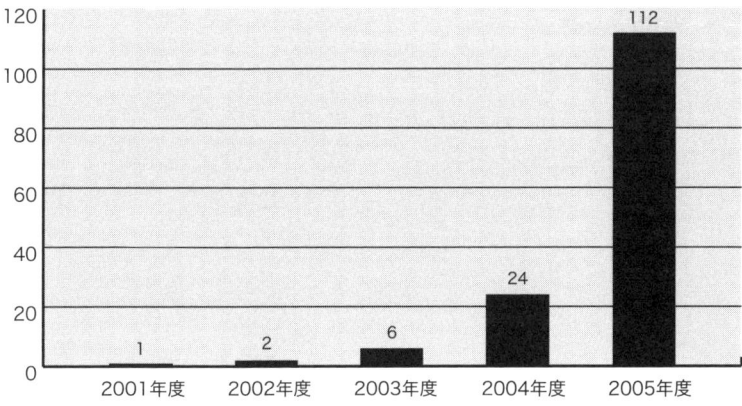

から2006年3月末までの11カ月の間でIOMの支援によって無事に帰国し、帰国後社会復帰のための支援を受けた被害者は67名にのぼっている6)。

(2)関係省庁間の連携強化

行動計画が有効と考えられる第2の点は、関係省庁間の緊密な協力体制の具現化の点にある。すなわち、人身取引問題に適切かつ効果的に対応するためには、各施策を別々に実施するのでは十分でなく、総合的かつ連携して取り組むことが必要であるが、行動計画は、まさしくこの点に留意して、総合的・包括的な人身取引対策を講じることとし、関係省庁間にまたがっている諸施策の整合性および各機関の間の確実な連絡体制の確立等に配慮しつつ策定されているため、政府の効果的かつ一貫した人身取引対策が可能となっている。

この観点から、行動計画の着実な実行を可能にしている要因として、内閣が主導する人身取引対策に関する関係省庁連絡会議の設置が大きいと考える。同連絡会議は、数カ月に1度の割合で各省庁の局長レベルの会議、その下部機関として1～2カ月に1度の割合で課長レベルの会議を開催し、さらにその下の担当者レベルに至っては日々協議を行っている。この3段階の各レベルにおいて必要事項の協議および進捗状況の確認を行い、またNGO等とも協議しつつ施策を決定しており、同連絡会議が行動計画実施の推進力となっている。

ここで、行動計画の実施による人身取引事案への総合的な取組みおよび省庁間協力の一例として、インドネシア人の人身取引事例につき言及したい。2005年3月末、売春を強要されていたインドネシア人2名が栃木県内の交番

---

6) 内訳はフィリピン33名、インドネシア25名、タイ6名、台湾2名、コロンビア1名。社会復帰のための支援には、治療、カウンセリングおよび職業訓練の提供などが含まれる。

に駆け込み、保護を求めた。彼らは不法入国者であったが、警察や入国管理局から被害者と認定され、在留特別許可を付与され、婦人相談所および民間シェルターで保護された[7]。加害者は逮捕、起訴されるとともに、被害者はIOMの支援によって無事母国に帰国し、その後IOMインドネシア事務所によって帰国後の社会復帰のための支援が行われた。このように、関係省庁間の連携・協力の下、行動計画が着実に実施されている事例が増加している。

5.今後の課題
――行動計画の見直し

他方、人身取引は国際的な組織犯罪集団等により、あらゆる手段を用いて計画的に行われるものであり、また、加害者側は必ず抜け道を探し、新しい手口で人身取引を続けようとするものであるから、多面的かつ柔軟な対応が不可欠である。たとえば、在留資格「興行」の審査厳格化を行えば、代わりに短期滞在や偽装結婚等による配偶者の在留資格で入国しようとする者が増え、また被害者による訴えが増加すれば、初めから借金等で働くほかない女性を丹念に捜し出して連れてきて、逃げることもできず売春せざるをえない状況をつくるなど、人身取引が複雑化・巧妙化しているとの指摘もある。したがって、政府としては今後の状況に応じ、行動計画の施策を再検討する柔軟性が求められる。

また、国際的な組織犯罪集団が得る不当な利益は、一個人の犯罪で得られるそれとは比較にならないほど巨額であると考えられる。同犯罪集団がそのような収益を掌中に納めた場合、さらなる犯罪に投資されるだけでなく、彼らにとって有利な状況を維持・拡大するためにそれが使われる可能性は否定できず、また、そうして確立した状況が根を張り、社会の安寧を根本から蝕んでいくこととなる。

したがって、政府としては今後も継続して効果的な対策を講じ、国際的な組織犯罪集団等による人身取引事案に適切に対処できるよう、行動計画の検証・見直しを継続的に行っていく必要がある。その際には、性風俗営業等に対する規制および取締り、出入国管理行政、犯罪被害者対策、社会啓発の観点を考慮しつつ、以下の対策を行うことが適当であろう。

(1)防止

わが国において人身取引被害者と認知された者は、現時点ではすべて外国人であり、多くは不法滞在または「興行」の在留資格で、性風俗営業等において不法就労させられていること、また加害者も外国籍の者が関与していることに鑑みれば、人身取引の効果的な防止策は、わが国の出入国管理行政と密接に関連があるといえる。とくに、適法

---
[7]同民間シェルターに対しては一時保護委託費が支給された。

な人の移動を阻害することなく、加害者や被害者となる可能性の高い者の入国を阻止する水際対策が重要である。この点、偽変造文書対策を含む厳格な出入国審査を実施するほか、不法就労目的等での入国を防止するため、悪用される可能性の高い在留資格「興行」のさらなる審査厳格化を行うことによって、潜在的な被害者の入国を阻止することができよう。

たとえば、2004年には新規就労を目的とする約135,000人の外国人が「興行」の在留資格で入国しているが、この「興行」の在留資格は、演劇、演奏、スポーツ等の興行に係る活動やその他の芸能活動を対象としており、たとえばスポーツ選手、オーケストラ団員もこの資格で滞在しているし、ショー等を行っているダンサーや歌手も同様の資格で滞在している。人身取引に関してはとくにダンサーや歌手が、性風俗営業等においてホステスまたはストリップ・ダンサーとして資格外活動を行いつつ被害者となっていることに鑑みれば、たとえば、興行のカテゴリーを細分化し、スポーツ選手等とダンサー等の在留資格を区別したうえで、後者の審査のさらなる厳格化に踏み切ることは効果的であろう。

また、人身取引に関する社会啓発や買春の需要削減も中長期的には人身取引防止策として効果的であると考える。国民ひとりひとりが人身取引という重大な犯罪および人権侵害を決して許さないという認識を持つこと、また人身取引が一般市民にとって無関係ではないと認識することは、すべての問題解決につながる。その観点から、政府はメディアやNGOとさらに協力し、人身取引シンポジウムの開催や広報パンフレットの配布など、広く意識向上のための啓発事業を展開し、人身取引を身近な問題として捉える意識改革を社会に促す必要があろう。また、買春に手を出すことは人身取引という犯罪に加担する側面がありうることからすると、買春行為に対する意識を改革することも効果的であろう。

(2) 取締り・処罰

被害者は性風俗営業等において売春の強要等により性的搾取を受けている例が圧倒的であることに鑑みれば、今後、ストリップ劇場等の性風俗関連特殊営業を含む性風俗営業等全般に対する規制の強化とともに、性的搾取が行われないようさらに取締りを強化していく必要がある。また、わが国において犯罪に手を染める外国人のなかには不法滞在者も含まれており、時には暴力団等と結託して犯罪を敢行している例も見られることから、これら犯罪の温床となる不法滞在者の削減も効果的であろう[8]。

この点に関して政府は、2003年の犯罪対策閣僚会議において策定した「犯罪に強い社会の実現のための行動計画」の中で、5年間で不法滞在者を半

---

[8] 2004年現在、わが国における不法滞在者は約24万人と推計されている。

減させる目標を打ち出しており、現在その実現に向けて鋭意努力中である。また、同施策を実施する過程で、不法滞在者の中に埋もれている人身取引被害者を発掘することも可能となることから、被害者保護にも資すると考えられる。

また、2005年10月、インドネシア人女性を200万円で売り渡したインドネシア人と買い受けた台湾人が、同年7月の刑法改正で新設された人身売買罪の初適用によって逮捕・起訴されたほか、2006年3月～4月、群馬県および栃木県においても人身売買罪によって被疑者が逮捕・起訴されている。今後、人身売買罪によるさらなる加害者処罰が期待される。

(3)被害者の保護

被害者保護に関しては、行動計画では不十分であり、被害者保護・支援のためには、被害者の保護に特化した法律を制定し、被害者を保護する専門の機関等を設置するべきであるとの意見がある。この点に関しては、婦人相談所における被害者の保護数が急増していることから、政府は被害者の今後の増加数や保護状況を見つつ、まずは婦人相談所における保護を万全とするためにその機能を強化する必要があろう。さらに、人身取引被害者も犯罪被害者である以上、犯罪被害者一般に対する政府の対応という、より広い範疇の中でその保護策を検討する必要があると考える。

わが国は、2004年12月に犯罪被害者等基本法を制定し、内閣府に「犯罪被害者等支援推進会議」を設置し、2005年12月に同会議において策定された犯罪被害者等基本計画に従って、被害者の精神的・身体的被害の回復に向けた措置、損害の賠償の実現に向けた支援、国等による経済的支援のあり方を検討しつつ、これを実行に移していくこととされており、現在、検討会において具体的な検討が開始されている。人身取引被害者保護の施策は、この犯罪被害者等基本計画における施策と重なる部分が多いため、人身取引被害者の保護は、今後、この基本計画に基づく施策との整合性を加味したうえで議論を深めていくべきであろう。

(4)諸外国とのいっそうの協力強化

人身取引に効果的に対処していくためには、諸外国との緊密な連携が不可欠であることは前述したが、とくに人身取引防止や加害者処罰においては、入国管理当局や警察等の法執行機関相互の情報交換が重要である。この点、入国管理当局は今次の法改正により、外国の当局に対し人身取引に関する情報等出入国管理情報を直接提供することができるようになった。警察においても、都道府県の人身取引担当者が外国の警察を訪問し、直接の協議等を通じて加害者についての情報交換を行っている。

今後、政府協議調査団等を通じて培ったネットワークをもとに、たとえば二国間のタスクフォース設立等を通じて諸外国との協力をいっそう強化し、

防止、処罰および保護の3分野において、より緊密な政府間協力の実現に向け引き続き尽力していく必要がある。

6.おわりに

人身取引は重大な犯罪かつ人権侵害であるが、わが国における人身取引が性的搾取目的によるものが多いことに鑑みれば、HIV/AIDSを含む性感染症問題や、被害者と日本人との間に生まれる子どもに係る諸問題等、性的搾取の副次的な問題についても注視する必要がある。

また、わが国が人口減少時代を迎えるなか、外国人労働者の受入れ問題を検討する際にも、人の移動の負の部分である人身取引という犯罪について適切に対処できなければ、外国人の望ましい受入れ体制を整えることは困難となる。その意味で、人身取引問題は単に犯罪や人権侵害であるというにとどまらず、わが国の社会や文化等のさまざまな問題と関連しているといえる。

わが国は、そのような副次的問題をも見据え、諸外国とともに人身取引の防止・撲滅に向けて戦うことによって、わが国の社会の安寧秩序を保てることおよび国際社会の信頼を得られることを認識し、今後も人身取引問題に対して断固たる処置を講じていくべきである。

※筆者は外務省国際組織犯罪室の人身取引問題担当官であるが、本稿は外務省あるいは日本政府の立場を説明したものではなく、あくまで筆者個人の見解をまとめたものである。

● 国別・テーマ別報告

Challenges for Human Trafficking Issues in Japan

日本における人身取引[1]の課題

吉田容子 ●*YOSHIDA Yoko*

1.はじめに

　人身取引対策は、通常、加害者処罰、被害者保護、被害防止の3面から論じられ、かつこれらを有機的に連関させた総合的・包括的対策が必要であると指摘されている。筆者も同感であるが、さらに、いかなる対策をとろうとも一度発生してしまった被害の完全な回復は困難であるという現実を直視するならば、加害者処罰に重点を置く対策は不十分であり、被害者の保護支援と被害の未然防止にこそ最大の努力をすべきものと考える。

　この観点から、以下に、まず日本における法と行政施策の現状を概観し（2～4）、次に残された課題を検討する（5）[2][3]。

2.加害者処罰の現状

(1)従来の法制度

　従来、日本には、人身取引を定義し、これを一般的に（客体や目的のいかんを問わず）禁止し処罰の対象とする規定はなかった。もっとも、一部の人身

---

1) 人身取引とは、①搾取の目的で、②暴行・脅迫、欺罔、権力の濫用、脆弱な立場に乗ずること、他の者を支配下に置く者の同意を得る目的で行われる金銭その他の利益の授受のいずれかを手段として、③人を獲得し、輸送し、引き渡し、蔵匿し、または収受する行為、である（人身取引議定書3条）。本稿が対象とする行為を指して、一般には「人身売買」という言葉が用いられるが、「売買」という言葉は金銭その他の経済的利益の授受をイメージさせる。しかし、「人身取引」の手段は、②記載のとおり、金銭その他の経済的利益の授受に限られない。そこで法的には、②の手段のすべてを含む概念として「人身取引」という言葉を用い、金銭その他の経済的利益の授受を手段とする場合のみを指して「人身売買」という言葉が用いられる。
2) 本稿は拙稿「国内対策の現状と課題」自由と正義56巻13号（2005年）に加筆修正したものである。日本における被害実態や国際条約については、同誌「特集2　人身売買の根絶を目指して」掲載の斎藤・武藤・青木・米田各論文を参照。なお、「人身取引」の被害者は女性や子どもに限られず、その目的も性的搾取に限られないが、日本は「性的搾取を目的とする女性の人身取引」の受入大国であり、本稿はこの場合を念頭に置く。
3) 日弁連両性の平等に関する委員会主催シンポジウム「人身売買受入大国ニッポンの責任──被害者保護支援の施策と被害者保護」（2005年3月）の基調報告書、およびその引用文献・参考文献を参照されたい。2005年2月現在の状況をまとめている。

取引行為、人身取引の過程で生ずる行為、人身取引の目的である搾取行為を処罰する規定は存在したが、「国際的な組織犯罪の防止に関する国際連合条約を補足する人(特に女性及び児童)の取引を防止し、抑止し及び処罰するための議定書」(人身取引議定書)が定義する人身取引のすべてをカバーすることはできなかった。しかも、刑事基本法である「刑法」の略取誘拐罪や傷害罪・監禁罪等が適用されることは実際にはなく、入管法、派遣法、職安法、売春防止法等を適用して少数の加害者が起訴されるにとどまり、量刑も軽かった。

また、刑事訴訟における証人等の保護については、刑法、組織的犯罪処罰法、刑事訴訟法等に証人への威迫・面談強要等を禁じた規定があった。しかし、いずれも裁判所構内での保護であって一歩外に出れば保護は及ばず、人定事項を秘匿する制度はなく(ただし被疑者・被告人の権利との調整は難問)、出身国等に残る家族ら関係者を保護する制度もなかった。

(2)人身取引議定書批准に向けての法改正

法務省は人身取引議定書の批准に向けて刑法等の一部改正を検討し、2005年6月に改正法が成立、同年7月に施行となった。その概要は次のとおりである4)。

(a)刑法の改正
①人身売渡罪、人身買受罪の新設(226条の2)
②生命・身体加害目的による略取誘拐行為の犯罪化(225条、227条3項)
③被略取者等の輸送、引渡し、蔵匿行為の犯罪化(227条1項)
④国境を越える略取行為等の処罰拡大(226条、226条の2第5項、226条の3)
⑤未成年者略取誘拐罪の法定刑上限を5年から7年に引上げ(224条)
⑥逮捕・監禁罪の法定刑上限を5年から7年に引上げ(220条)

(b)組織的な犯罪の処罰及び犯罪収益の規制等に関する法律(組織的犯罪処罰法)の改正
①組織的な逮捕・監禁罪の法定刑の上限を7年から10年に引上げ(3条1項4号)
②(a)で新設する罪等を犯罪収益等の前提犯罪に追加(2条2項別表二7)

(c)出入国管理及び難民認定法(入管法)の改正(被害者保護や被害防止については後述)
①不法入国等の援助の罪の法定刑のうち罰金の上限を200万円から300万円に引上げ(74条の6)
②他人の不法入国等の実行を容易にする目的で行う難民旅行証明書等の

---

4) 法務省ウェブサイトhttp://www.moj.go.jp参照。この法改正自体には各党とも異論はなく、国会での審議はもっぱら被害者保護対策の必要性と内容であった。そして、参議院・衆議院ともに被害者保護のいっそうの進展などを内容とする付帯決議が付せられた(国際人流2005年7月号)。

不正受交付、偽造旅券等の所持等に関する罰則規定の新設(74条の6の2)

(d)刑事訴訟法の改正
①わいせつ・結婚目的の人身買受罪等の被害者をビデオリンク方式の証人尋問の対象被害者に追加(157条の4第1項)

(3)風俗営業法の一部改正

警察庁は風俗営業法の一部改正を検討し、2005年10月に改正法が成立、2006年5月に施行となった。その概要は次のとおりである(被害防止については後述)5)。
①人身取引に関する罪を風俗営業の欠格事由とする(4条1項2号ロ)
②性風俗営業者等に対し、客に接する業務に従事する者の就労資格確認と記録保存を義務づけるとともに、その違反に対して罰金を科す(36条の2)

(4)取締りの現状

『平成17年警察白書』66〜68頁によれば、人身取引事犯の検挙件数は44件(2002年)から79件(2004年)、検挙人数は28人(2002年)から58人(2004年)、起訴人員も26人(2002年)から48人(2004人)に増加し、受入れブローカーやあっせんブローカーの検挙も増えている。2004年に確認された被害者は7カ国・77人ですべて外国人女性であった。ただし、依然、その量刑は軽い6)。

2005年10月には、同年8月に営利目的でインドネシア国籍女性を200万円で売買した容疑で、インドネシアと台湾国籍の3人が逮捕・起訴された(同年9月に別のインドネシア国籍女性を売買した容疑で同年12月に追起訴)。改正刑法の人身売買罪の初の適用例である7)。

3.被害者の保護・支援の現状

(1)法的地位
(a)刑事処罰の対象

人身取引被害者は、被害者である前に、まずは刑事処罰の対象である。

被害者らの行為は、外形的には、刑法(偽造公文書行使、公正証書原本等不実記載等)、売春防止法(公然勧誘等)、入管法(不法入国、超過滞在、資格外就労等)、外国人登録法(不申請等)等が処罰対象とする行為に該当することが多い。その場合、これまでは、自らの「意思」で日本の刑罰規定に違反

---

5) 警察庁ウェブサイトhttp://www.npa.go.jp参照。
6) 東京地裁平成15年3月28日判決は、コロンビア人女性多数をストリップ劇場に送り込んでいた被告人(通称ソニー)に対し、入管法73条の2(不法就労助長罪)および職業安定法63条2項違反により、懲役1年10月(実刑)を宣告した(確定)。注7)事件の判決が出るまでは、筆者が知るかぎりこれが最も重い量刑である。
7) 2005年10月26日付共同通信、2005年12月7日付毎日新聞。このうち、被害者女性2人を買い受けたスナック経営者に対し、2006年3月28日、長野地方裁判所は懲役5年の判決を言い渡した。なお、2006年3月には、群馬と栃木でも、人身売買罪を適用してブローカーと飲食店経営者が逮捕された。

した「被疑者」として扱われ、逮捕され、起訴され、有罪判決を受けることが多かった。

ただし、近時、短期間の在留期限超過など軽微な入管法違反だけなら逮捕はするが起訴はしないという運用が広げられていた8)。人身取引被害者の保護の必要性が認識されるようになった最近は、さらに、自ら警察に保護を求めた被害者は逮捕することなく保護するという取扱いがなされている。これは前進である。しかし、法律上、処罰対象であることに変わりはなく、「被害者」として保護される否かは警察の判断にかかっており、強制捜査の過程等で発見された被害者が逮捕されている可能性は、依然、高い9)。

(b)退去強制の対象

また、人身取引被害者は、依然、退去強制の対象である。

入管法は、外国人が入管法所定の手続に違反して日本に入国した場合、許可された在留期限を超過した場合、他の犯罪で1年以上の懲役または禁錮の実刑判決を受けた場合等は、退去強制の対象であると定める(24条)。適法な在留資格を有しない外国人に対する救済制度である「仮放免」制度と「在留特別許可」制度は、いずれも法務大臣の広範な裁量による恩恵的制度であって外国人の権利ではないとされ、実際にも許否の基準は明確ではなく、不許可の理由も明らかにされないことが多い。

もっとも、2005年6月の入管法一部改正により、人身取引の定義規定が新設され(2条7号)、人身取引の被害者であれば在留特別許可の取得が可能であることが明示された(50条)。この改正前から、入管が人身取引被害者であると認めた者に対しては在留特別許可により「特定活動」の在留資格を付与する、という運用もなされてきた10)。これらも前進である。しかし、在留特別許可の許否は法務大臣の裁量にかかるという法的枠組みに変化はなく、依然、被害者であっても退去強制の可能性が残る。3.(1)(a)と同様、自ら警察等に保護を求めた者は入管法上も被害者として保護の対象とされる可能性があるが、そうでない被害者は保護の対象から外れ、退去強制されるおそれが強い。強制捜査の過程で発見された被害者らに対し、出国命令制度(一定の要件の下で適法な出国とする制度、入管法55条の2以下)の適用も困難である。

(2)心身の回復のための施策
(a)シェルター、住居

被害者の心身の回復のためには、まずは十分な能力を持つスタッフのいる安心かつ安全な環境で心身を休める必要がある。しかし、唯一の公的シェル

---

8) 入管法65条を適用し、司法警察員は被疑者を送検しないで入国警備官に引き渡すことができる。ただし、この取扱いが人身取引被害者の人権に配慮したものであるかは不明。
9) 前掲注1)「自由と正義」特集の中で、斎藤がその例を指摘している(69頁)。
10) 当初は「短期滞在」の在留資格が付与されることもあったが、その後「特定活動」に統一されている。

ターである婦人相談所は、これまで人身取引被害者をほとんど受け入れてこなかった。数少ない民間シェルターがたいへんな努力と犠牲の下に被害者を受け入れてきたが、適法な在留資格を有しない被害者のための公的助成はなく、つねに財政的にたいへん厳しい状態が続いていた。

相次ぐ批判を受けて、国は人身取引被害者の一時保護を婦人相談所で行うこととし、2004年8月、各都道府県にその受入れを要請した11)。また、国は、人身取引被害者が婦人相談所経由で民間シェルターに入所した場合に、一時保護委託費（1日1人あたり約6,500円）を国と都道府県とで半額ずつ負担する制度を設け、2005年4月から実施している。

厚生労働省によれば、2001年4月1日から2005年11月1日までの4年半で、全国17都道府県の婦人相談所で計114人（うち54人は東京および関東地方）の人身取引被害者を保護し、通訳を準備し、医療やカウンセリングも実施したという12)。しかし、この資料からは、婦人相談所での滞在日数と移転先、スタッフ・カウンセラーの知識経験・言語能力、通訳の知識経験・背景理解の程度・対応時間と日数、傷病内容と医療内容、費用負担、婦人相談所から国への要望等は、明らかではない。

婦人相談所は売春防止法34条に基づいて各都道府県が設置する施設であるが、実際は、DV・貧困などなんらかの事情で保護を必要とする女性のための唯一の公的シェルターとして転用されている。ただ、一時保護の滞在期間は原則2週間（延長しても4週間程度）に限定され、医療やカウンセリングの体制も十分ではなく、人員や施設面での不備も指摘されてきた。衣食住の提供はできても、それ以上の保護支援のプログラムや資金は持たず、被害の背景や被害者の事情に対する十分な理解を持つスタッフも不足し、適切な通訳の常駐もない。人身取引被害者を同所で保護支援することには限界がある。

あくまでも同所を人身取引被害者の保護支援の中心機関とするのであれば（ただし、国は緊急一時保護施設としての婦人相談所利用を考えているだけで、被害者保護支援の中心機関と位置づけているわけではないと思われる）、国として相当の人的・物的・財政的補強を行うべきであるが、その予定はない。主として現場のスタッフの熱意に立脚する施策は、国の対策としては本来不備であり、現場は困惑している。これ

---

11)厚生労働省雇用均等・児童家庭局家庭福祉課長「婦人相談所における人身取引被害者への対応について」雇児福発第0816001号平16年8月16日。警察庁生活安全局生活環境課長「人身取引被害者の取扱いについて」警察庁丁生環発第226号平16年8月16日。
12)2005年10月～11月に行われた移住労働者と連帯する全国ネットワーク（移住連）の対省庁交渉における厚生労働省雇用均等・児童家庭局家庭福祉課からの文書回答。ただ、2005年5月25日開催の「人身取引に関するNGOとの意見交換会」において厚生労働省から提供されたデータによれば、婦人相談所で一時保護した人身取引被害者は、2001年度1人、2002年度2人、2003年度6人、2004年度24人であるから、2005年4月1日～11月1日の約7カ月間に81人が保護されたことになるが、これはいささか多すぎると思われる。再度、内容を精査する必要があると考えられる。

までも、婦人相談所が緊急一時保護を行うことはあっても、専門的ないし相当期間の保護はできず、専門的な受入れができる民間シェルターに保護を委託してきたが、国の「行動計画」施行後も状況は同じである13)。民間シェルターに過剰な負担を押しつける事態は、まったく変わっていない。

　国が民間シェルターの負担軽減策のひとつとする一時保護委託費にしても、都道府県が一時保護委託費を支払った後に国がその半額を補填する制度であるから、都道府県が予算不足を理由に一時保護委託費を支払わなければ、結局、民間シェルターには1円も入らない14)。都道府県が一時保護委託費を支払った場合も、実費としても十分でないし、民間シェルターが最も必要とする恒常的な施設維持費・人件費等への直接的な支援は、依然、まったく行われていない。

(b)被害者に対する医療や生活費等

　被害者に対する医療や生活費等の保障も、依然、行われていない。

　被害者はきわめて過酷な状況の中で心身に相当のダメージを負い、医療やカウンセリングが必要なケースが多く、生存に直結するケースもある。しかし、「社会保障は原則としてその者の国籍国が責任を負うべきである」というドグマの下、生活保護法は適用対象を「国民」に限定し（1条）、国は外国人への準用を「永住者」「定住者」「日本人の配偶者等」等の長期安定した在留資格を有する者に限定し、地方自治体もこの基準に従い厳格に同法を運用している15)。人身取引被害者の多くは適法な在留資格を有さず、またはこれを有していたとしても「興行」「短期滞在」等の在留資格であるため、生活保護法が準用される余地はない。入管が被害者と認めて在留特別許可を認める場合も、許可される在留資格は「特定活動」または「短期滞在」であり、この場合も生活保護法の準用は拒否される。

　したがって、医療扶助は利用できず、ほかに医療費等の援助制度もほとんどない16)。そのため、被害者は治療を受けずに我慢し症状を悪化させることが多く、治療を受ける場合の医療費は、民間シェルターが乏しい財源から捻出する、カンパを募る、事実上病院が負担するなどの実情であった。

　国は、この点を「婦人相談所の嘱託医」と「無料低額診療事業実施医療機

---

13)前掲注12)の意見交換会におけるデータによれば、婦人相談所における平均滞在日数は5.6日であるが、わずか数日で帰国手続が整うことはなく、ほかに公的受入先もないのであるから、多くの被害者が民間シェルターに回されていることが容易に推測できる。民間シェルターからも、転送が常態であることが報告されている。
14)民間シェルターからは、すでにそのような例が報告されている。
15)厚生省（当時）は「生活保護法における外国人の取り扱いに関する件」（昭和25年6月19日社乙初92号）と「生活に困窮する外国人に対する生活保護の措置について」（昭和29年5月8日社発382号）を発し、各自治体の判断の下、事実上、外国人に対し生活保護法が準用されてきた。ところが1989年の入管法改正を受け、1990年10月、厚生省（当時）主催生活保護指導職員ブロック会議において「昭和29年通知にいう生活保護法準用対象となる外国人は、入管法別表第二に記載の者（永住者、日本人の配偶者等、永住者の配偶者、定住者）に限られる」との口頭指示がなされ、以後、この口頭指示による運用がなされている。
16)前掲注2)自由と正義特集中、青木論文参照。

関の紹介」でカバーするとして、後者については2005年3月、各自治体および実施機関宛てに人身取引被害者も同制度の対象である旨通知した17)。しかし、実施機関が各シェルターの近くに所在するとは限らないし、実施機関にはつねに無料低額診療事業を実施する義務はなく18)、とくに重傷・重症等、多額の医療費を要する場合に治療を受け続けることができるとの保障はまったくない。そもそも本制度は、税金軽減と引替えに医療費差額を当該医療機関の負担とするものであり、国がなすべき事業を民間に肩代わりさせていることにほかならない。

　生活費についても、国は生活保護法の準用を依然拒否しており、ほかにこれを填補する制度もない。

　犯罪被害者給付法による給付は、死亡・重病傷・後遺症を受けた犯罪被害者に対する恩恵的措置とされている。そのうえ、給付金の支給対象から「日本国籍を有せず、かつ日本国内に住所を有しない者」が除外されており（3条）、人身取引被害者が給付を受ける可能性はほとんどない。

(c)法的権利の回復

　法的権利の回復も、依然、困難である。

　被害者の法的地位の把握や権利回復等のため、弁護士による法的援助の必要性は高いが、総合法律支援法に基づく民事裁判等の費用援助制度は、利用可能な外国人を「適法に在留する者」に限定し（同法30条1項）、多くの被害者は利用できない。30条2項に基づき、国が司法支援センターに「適法な在留資格を有しない外国人の民事・刑事その他必要な法的サポートを行う事業」を委託することはできるが、そのような動きも今のところみられない。

　また、損害賠償請求や未払賃金請求は理論的には可能であるとしても、加害者の特定やその財産把握、証拠方法の収集、被害者の日本滞在可能期間、弁護士との継続的連絡等の問題があり、現実の回収はきわめて困難である。

(d)被害者の帰国支援

　被害者の帰国支援は、適法な出国の場合はIOM（国際移住機関）を通じて行い（日本政府が資金提供）、退去強制の場合は国費送還の予算措置がとられている。

(e)コンタクト・ポイント

　以上のように国の被害者保護支援策は不十分であるが、それでさえ、受けられるのは幸運な一部の被害者にすぎ

---

17)厚生労働省社会・援護局総務課長通知「社会福祉法第2条3項に規定する生活困難者のための無料又は低額な料金で診療を行う事業における人身取引被害者等の取扱いについて」（平成17年3月8日、社援総発第0308001号、同0308002号）。

18)無料低額診療事業は社会福祉法2条3号に基づき、生活保護受給者および無料または低額診療（10%以上の減免）を受けた患者延数が取扱い患者延数の10%以上であること等の要件を満たした病院または診療所に対し、「第2種社会福祉事業」として税額控除を行うものである。この事業を行う医療機関は全国に232カ所ある（2003年厚生労働省統計）。

ない。被害者が公的機関に保護を求める際にいったいどこに申し出たらよいかにつき、国はコンタクト・ポイントを警察（交番）とし、「女性警察官が事情聴取を行うなど被害者としての対応をするので積極的に申し出てほしい」と言う[19]。

確かに、被害者が自ら加害者のもとを逃げ出し警察に保護を申し出た場合には保護される例が増えているが、風俗店への強制捜査の際などに発見された者は、たとえ人身取引被害者であっても警察が直ちにこれを確認できなければ、いったん、入管法違反等を理由に逮捕・勾留されている可能性が強い。その後の捜査により警察がその者を人身取引被害者と認めれば保護の対象となるが、そうでない限り保護の対象から外される。

(f)その他

国の対策は、被害者は「一時保護の後、早期に帰国させる」という方針に対応するものである。しかし、仮に被害者の多くが早期の帰国を望むとしても、同時に心身のダメージや経済的損失の回復も強く望んでおり、またこれらの回復抜きで帰国しても出身社会に復帰できるとは限らず、再度被害にあう危険性も大きい。被害者の保護支援だけでなく、再度の被害防止、加害者処罰の実効性確保のためにも、日本でなすべき回復措置は最大限これを実行すべきである。そのために「一時保護」を超えた相当期間を要する場合が考えられるが、国には「一時保護」の後の保護支援策はない[20]。

(3)責任機関

人身取引被害者の保護・支援を責任を持って行う政府機関は存在しない。「人身取引対策関係省庁連絡会議」は各省庁間の調整機関であり、それ自体が責任機関ないし専門機関ではない。しかし国は、今後もこの連絡会議が対策を主導していくとしている[21]。

4.防止対策の現状

(1)日本の姿勢

人身取引防止のためには、その取引過程に切り込み阻止するだけでなく、送出側のプッシュ要因と受入側のプル要因を解消させる必要がある。また、法整備だけでなく、潜在的被害者への情報提供、潜在的加害者や一般人への啓発等も重要である。

日本は、とくに「性的搾取を目的と

19）政府は被害者用に7カ国語で「110番」などの緊急連絡先を記載したリーフレット100万部を作成し、在外公館の査証申請窓口、日本国内の入管、自治体の窓口、レストラン、食品売場等に配布している。しかし、被害者がこれを入手し持ち続けることには、相当の困難が予想される。
20）「人身取引対策行動計画」には「一時保護」についての記載はあるが、その後どうするかについての記載はまったくなく、被害者の回復に必要な施策は帰国後に当該政府の主導の下に行うことが予定されている。もっとも国は「一時保護の期間を2〜4週間に限定せず弾力的に対応する」とも説明するが、被害者はただ滞在できればよいというのではなく、衣食住の提供以外の積極的回復プログラムがまったくないことが問題なのである。
21）政府の「人身取引対策行動計画」は、内閣官房ウェブサイトhttp://www.cas.go.jp/jp/seisaku/jinsin/kettei/041207/keikaku.html参照。

する女性の人身取引」について、世界有数の受入大国であると批判されてきた。人身取引の背景には経済格差があるが、それだけなら被害者は性産業に集中することはない。経済格差を性的搾取に容易に転化させているのは、「10兆円産業」といわれて久しい性産業の膨大な需要である。この需要の抑制は、受入国日本の責任であり、また日本にしかできないことである。

しかし、風俗営業法は公安委員会への届出または許可により性搾取営業を公認しており、売春防止法は自ら「二重の基準」を公認し、被害者の人権より「善良な性風俗」の維持を重視している。このような法を背景に、社会意識としても、買春やポルノのずば抜けた許容度がまったく放置されている。人身取引の実態やその原因についての周知、教育・啓発もほとんどなされてこなかった。

⑵若干の法改正

2004年以降、国はいくつかの防止対策を講じている。その中心は入国審査や在留中の活動チェックの厳格化等による水際での防止であり、そのひとつが在留資格「興行」に係る入管法基準省令の改正である（2005年3月15日施行、さらに2006年春にも省令改正の予定）。また、旅行業・運送業者等への啓発や協力要請、社会啓発としてのポスター作成、新聞・雑誌への広告、テレビ・ラジオでの広報等も実施されている。

しかし、需要の抑制に向けての法改正は、①性風俗関連特殊営業の規制の強化（デリバリーヘルスの受付所について営業禁止区域等の規制を設けるなど）、②風俗営業等に関し客引きの規制や広告物配布等を規制するなど、風俗営業法がわずかに改正されたにすぎない。

5.残された課題

⑴加害者の処罰

構成要件の整備はひとまず完了である。しかし、これを有効に機能させるためには、人定事項保護の検討も含め、証人・関係者等の保護対策のさらなる検討が必要である。

⑵被害者の保護・支援
(a)法的地位の安定

被害者の行為がなんらかの処罰規定に違反する場合であっても、それが人身取引の被害者として置かれた状況と直接的な因果関係のある行為である場合には、処罰は抑制的でなければならない[22]。また警察は、なんらかの処罰規定違反の「被疑者」であっても、その者が同時に「人身取引被害者である可能性がある者」である場合は、保護を優先させるべきであって、まずは被害者保護を行う専門機関にその者の

---

22) 国連人権高等弁務官事務所（UNOHCHR）が国連経済社会理事会に提出した「人権及び人身売買に関して奨励される原則及び指針」http://www.unhchr.cog/english/issue/trafficking/index.htm参照。

保護を要請し、以後の捜査も任意かつ慎重に行うべきである。

適法な在留資格を有しない外国人が人身取引被害者である場合、その保護と自立支援のためには、適法な在留への変更は、法務大臣の裁量に許否の判断を委ねる在留特別許可制度によるのではなく、権利としての在留を認める制度が必要である。具体的には、①暫定的な仮滞在制度、②人身取引被害者認定を受けた者への「定住者」在留資格の付与、③入管から独立した第三者機関が審査する不服申立制度、を内容とする人身取引被害者認定制度(仮称)の創設を検討すべきである[23]。その際、加害者処罰への協力を在留資格付与の要件とすべきではない。

(b)「被害者」の認定

人身取引被害者であるか否かを短時間で判断することは、必ずしも容易ではない。加害者の手口や被害者の心理状態まで十分に理解した専門家が、時間をかけ、被害者の信頼を得たうえで、はじめて真実は明らかになる。警察官が警察署内で短時間事情を聴取して判断するのは不適切であり、被害者の可能性がある以上、いったんは保護し、ゆっくり時間をかけて専門家が判断すべきである[24]。

(c)保護のための施策

①専門機関の設置

人身取引被害者は日本各地におり、被害者と地理的に近い機関が迅速に緊急保護を行うために、まずは全都道府県にある婦人相談所を活用することには意味がある。しかし、婦人相談所での保護支援には前述のとおり限界があり、あくまでも「緊急一時保護」のための施設として位置づけるべきである。「その後の保護支援」のために、国はその責任と資金を用いて、専門的スタッフを配置し被害回復に向けたプログラムと資金を持つ専門機関としての人身取引被害者支援センター(仮称)を設置すべきである。

また、民間シェルターには、長年にわたり知識・経験が集積され、優秀なスタッフがいる。したがって、支援センターの設置前は被害者保護を担当する専門機関として、支援センター設置後は支援センターと連携して被害者保護を行う主要機関として、きわめて重要な役割を果たす。国は民間シェルターに対し、施設維持費・人件費等の直接的かつ十分な財政援助を行うべきである。

②被害者の救済機関へのアクセス

国は、警察(交番)をコンタクト・ポイントとするが、これまで「法違反者」として人身取引被害者を取り扱ってきた警察が、被害者の信頼を得ることは容易

---

[23] 日弁連「人身取引の被害者保護・支援等に関する法整備に対する提言」第2・3(2)(2004年11月19日)。
[24] 前掲注3)日弁連両性委員会シンポ基調報告書IV VI参照。警察が女性達を発見した時点で、物理的監禁状態にあったり暴行の痕が明白であった場合、あるいは未成年者であった場合は、「被害者」であると判断されやすいと思われるが、そうでない場合は「被害者」ではないと判断されるおそれがあり、いずれにしても現場の警察官の判断に大きく左右される。

ではなかろう。被害者か否かの判断をもっぱら警察に委ねる制度の下では、なおさらである。被害者が安心して連絡をとることができるよう、人身取引被害者支援センターが簡単で覚えやすい番号の多言語ホットラインを開設し、かつ支援センターが被害者か否かの判断を行う、という制度に改めるべきである。

③社会保障関係法の適(準)用など

被害者の回復のためには、衣食住の提供だけでなく、医療、カウンセリング、法的援助、滞在中の経済的援助、教育、職業訓練等が必要である。そのすべてを日本で行うことが必要かつ適切であるとは限らないが、少なくとも医療、カウンセリング、法的援助、滞在中の経済的援助と、教育、職業訓練のうち日本で行うのが適切なものについては、国の責任と負担で行うべきである。その際、生活保護法をはじめとする社会保障法の適(準)用が最も望ましいが、仮に当面これが困難であるのなら、人身取引被害者のための特別の措置を法で定めることを検討すべきである。

④保護支援に関する法律の制定

人身取引被害者の保護支援は本来、国の責任においてなされるべきものである。そして、人身取引被害者支援センター(仮称)の設置、民間シェルターへの財政援助、一時保護中およびその後に「定住者」等の長期の安定した在留資格を取得できるまでの間の住居・医療・生活費等の保障等のためには、その根拠となる法律が必要である。これらは、被害者の保護支援対策を包括した特別法として制定すべきである。

⑶ **被害の防止**

一度生じた被害を完全に回復することはきわめて困難であり、被害防止対策はきわめて重要である。人身取引は、送出国・受入国双方における経済格差だけでなく、社会的・経済的・性的差別の存在も絡んで、複雑な様相を呈している。したがって、人身取引防止のための対策も、根本原因や背景を視野に入れた総合的・包括的なものでなければならない。日本においては、とくに性産業の膨大な需要を抑制するための施策が不可欠であり、風俗営業法や売春防止法の大幅な改正など、抜本的施策の検討が必要である。

●国別・テーマ別報告

Issue of Sex Trade in Korea: The Enactment of Anti-Sex Trade Acts and their Impact

韓国の性売買問題への対応をめぐって
性売買防止法制定とその後

趙眞卿 ●*Cho, Jin Kyeong*

1.性売買防止法の制定

2004年3月22日に制定、同年9月23日施行の「性売買防止法」は、1961年制定の淪落行為等防止法(以下、淪防法)に代わるものであった。新しい法は、性売買斡旋等行為の処罰に関する法律(以下、処罰法)と性売買防止および被害者保護に関する法律(以下、保護法)からなる1)。

(1)性売買防止法制定前の韓国の状況

韓国の歴史において性売買2)が公認され国内に広がるのは、日本の植民地統治時代である。日本は、朝鮮半島への植民地化を進めていた1904年に「京城領事館令第3号」を発令し、専門職業として娼妓と娼婦を公認した。日本は、公娼制度を朝鮮に導入して、植民地支配を円滑にするとともに大陸侵略の際も軍人の性的欲求を解消しようとしたといえる。1920年代の不景気により私娼が盛んになり始めた。私娼は脱税が可能であり、生活苦にあえぐ女性がセックス産業に流れやすかった。日本の性文化と朝鮮の家父長的な性文化、亡国の状況にあって、厭世的・虚無的な心理状態が結合し、日本の公的な性売買文化とそこから派生した不法な私娼までが抵抗なく受け入れられ、

---

1)この2法を合わせて性売買特別法ということが多いが、法制定を要求した諸団体は、特別法には一時的というイメージがあるので、防止法と呼ぶことにしている。
2)性売買と人身売買の関係であるが、人身売買とは、脅迫や物理的力、強圧あるいは強制、詐欺や嘘の広告などを通じて、人を募集、拉致、隠匿させたり、移動させること、あるいはこのような行為を助長することをいう。こうした意味で韓国で行われている日常的な性売買は、人身売買だと見ることができる。大部分の女性は、「高給保証、寝食提供、初心者歓迎」などという広告を見てセックス産業に入る。入れば業者からもらった「前払金」に高利がつき、法外な罰金制度によって借金が増える。借金返済のために女性は絶えず性売買をしなければならず、業者は借用証を作り、これをもって女性を脅迫し性売買を強要する。女性に利用価値がなくなればこの女性は、業者同士で転売する。このとき紹介料が取られて、女性の借金に上乗せされる。

その結果、性売買が男性たちに広まっていった3)。

第2次世界大戦後、日帝が朝鮮を去った後、新しい統治者として入ってきた米軍政は、1946年法令70号「婦女子の売買またはその売買契約の禁止」で、女性と少女の売買を禁止した。しかし、この法は、公娼地域内の性売買自体を禁止するものではなかった。続く1947年、法律第7号「公娼制度等廃止令」を制定して全国で公娼制度を廃止した。その結果、私娼という別の文化が吹き荒れることになった4)。

1950年代、朝鮮戦争後、女性たちは生きるために性売買をし、私娼はいっそう広がった。休戦協定が締結され国土が分割された。南（韓国）では、体制維持のため米軍の駐屯が容認され、これとともに国家が管理する特別な性売買地域（基地村）が作られた。1961年に誕生した軍事独裁政権は、政権奪取の正当性を国民に説得するため5)「淪防法」を制定して、性売買を個人のモラルの問題とした。そして堕落した女性が性売買を選択するものとし、女性には厳格に性売買を規制した。

その一方、独裁政権は経済復興の名の下、自国の女性たちをセックス観光に駆り立て、分断維持のため駐韓米軍の「なぐさみもの」として使った。そして40年余、国家が性売買を黙認さらには助長した結果、セックス産業は、政府との癒着と庇護の中で巨大ビジネスに成長し、女性の体で接待をするという慣習が企業に根づいた。法は、完全に死文化され、性売買は、巨大産業の様相を帯びてきた。ついに韓国より貧しい国から女性たちが韓国の性売買市場に送り込まれるという事態になっている。セックス産業にとんでもない利潤をもたらしている要因は、さらに多くの人と業者が参入したということである。グローバル化によって国境を越える資本や人が増加し、韓国は、性売買目的の人身売買の「目的国」あるいは経由国となった。

(2)性売買防止法の制定をもたらした一連の状況と事件

淪防法下の性売買女性に対する保護は皆無であったといってよい。この法の下では、女性たちは、人身売買や暴力や脅迫を受けていても、性売買行為をしたという理由で無条件に処罰された。また性売買強要の手段である「前払金」を返済できなければ、無条件に「詐欺」で処罰され、随時「手入れ」が行われ、監獄よりひどい「保護所」において強制的に「精神改造」され、転業のための技術訓練を施された。性売買女性にとって、法は保護を受けるためのものではなく、とにかく避けたいものであった。このためセックス産業に送り込まれた女性は死ぬまで脱け出すことができず、

---

3) ピョン・ファスン、ファン・チョンイム『産業型売買春に関する研究』（女性開発院、1998年）。
4) パク・チョンソン『韓国の売春』（インガンサラン、1994年）。
5) クーデターにより政権掌握をした軍事政権は国民の支持を取りつける手段として、国民福祉や道徳的性格が強い法制定が必要になった。1961年から1963年に福祉関連法が最も多く制定された。

あらゆる人権侵害と搾取に耐えなければならなかった。彼女たちの犠牲は絶えなかったが、死んでも表には出ず問題にされなかった。

1980年代中盤から性売買女性を対象に活動する民間団体が出てきた。1992年、米軍基地村の性売買女性が凄惨な暴行により米兵に殺された事件（ユン・クミ事件）は、性売買と駐韓米軍に対し本格的に社会に問題意識を持たせることになった。1995年には性売買女性を強制収容した保護施設の火災で数十名の女性が死亡したが、この事件は、淪防法改定に対する本格的な議論を起こさせた。外国からの性売買女性に対する人身売買、搾取の問題は、1990年代後半から深刻な社会問題になってきた。さらに性売買市場で、日本の援助交際のごとく少女に対しての性売買が大規模に行われ、韓国社会はこの問題を看過できないようになった。絶え間ない性売買女性の死、多様化し蔓延するセックス産業での被害、そして民間団体の粘り強い問題提起等によって、少しずつ社会の関心が広がり、1990年代後半からは性売買女性に対する支援の必要性が提起され始めた。そして2001年、政府省庁として女性部（「部」は日本の省に該当。現在は「女性家族部」に改称）が新設された

ことで性売買防止法制定に大きな役割を果たす契機となった。女性部は、性暴力、DV、性売買を女性に対する重大な暴力と位置づけ、その対策に取り組んだ。その最中の2000年、2002年に群山（グンサン）で起こった2度の火災事件は、性売買問題には特段の措置が必要であることを認識させた[6]。そうして女性団体や進歩的な専門家が、民間団体、女性部、法務部、自治体[7]、国会議員と協力し、2004年3月に性売買防止法が制定されたのである。

(3)性売買防止法の主な内容

性売買防止法は、前述したように、「処罰法」（主管は法務部）と「保護法」（主管は女性部）で構成されていて、これらの法律の目的はそれぞれ「性売買、性売買斡旋行為および性売買目的の人身売買を根絶し、性売買被害者の人権を保護すること」と「性売買を防止し性売買被害者および性を売る行為をした者の保護と自立の支援」である[8]。性売買防止法制定前、女性団体や関連団体、政府機関は性売買をどう考えるべきか議論を重ね、「性売買は犯罪である」という立場を同じくした。国民の大多数が性売買に否定的であり、当時の性売買斡旋の大部分が人身売買的な性格を強く帯びていたためである。

---

[6] 2000年、2002年、群山市テミョン洞、ケボク洞で各5名、14名の性売買被害者が火災で死亡するという大惨事が起こった。死亡原因は窒息死であったが、犠牲者は監禁されて生活しており、出口がなかった。
[7] ソウル市は2003年4月から性売買地帯の従事者に対し、「善導および立ち直り政策」を策定し、性売買防止法制定前から「タシハムケ・プロジェクト」を実施した。このプロジェクトの主な内容は、性売買被害女性の自立のための総合的システムの構築と、性売買根絶運動に関わる社会的雰囲気の醸成である。ソウル市は2003年9月から、「性売買をしない100万人署名運動」を民間の「性売買根絶のためのハンソリ会」とともに市内全域で取り組み、性売買防止法制定が必要であることを社会に喚起した。
[8] 性売買斡旋等行為の処罰に関する法律1条、性売買防止および被害者保護に関する法律1条。

したがって新しい法は、広く「性売買」を対象にし、その中で人身売買という犯罪を規定する必要があった。しかし制定された法律は、こうした視点がすべて反映されたわけではない。当初案では、性を売る者すべてを被害者と規定し、非犯罪化されていたが、検討の過程で法的公平性と国民感情において受け容れられないという理由で、性を売る者、買う者すべてが行為者として処罰を受けることを原則とし、性売買被害者である場合のみ非犯罪化されることになった。

とはいえ性売買防止法は、淪防法に比べほぼすべての面で前進した。最大の違いは、性売買の当事者を、性を売る者と買う者という二者の関係と見ずに、実際に性を売る者を「業者」と見る点である。性を買う者と売る者の間に起こる単純な性売買は保護事件として罰金等を軽くしたが、業者の組織的斡旋による性売買に対しては強い処罰を科し、性売買斡旋等の犯罪で得た財産等の没収、追徴を可能にし、事実上、性売買の営業を不可能にした。また性売買防止、被害者保護と支援についての国家責任を明確にし、人権保護のための多様な条項を置いた。次に各項の主要な内容を考察する。

(a)処罰法

①「性売買」という用語の導入——性売買防止法は、以前の「淪落」という用語を使用せず、「性売買」という用語を導入した。淪落では性売買を道徳的問題としてみるが、性売買は資本の論理で性を商品化している事実を明示し、性売買が犯罪であるという視点を明確にしている。

②性売買被害者の不処罰条項の新設——「性売買被害者」に該当すれば処罰されない。「性売買被害者」とは暴行、脅迫により性売買を強要された者、業者または保護監督者によって麻薬中毒にされて性売買を行った者、青少年等、意思決定能力が微弱な者、重い障害がある者で性売買をした者、性売買目的の人身売買をされた者等である。

③性売買関連の債権の無効範囲——性売買を斡旋した者、性売買女性を雇用、募集、紹介した者、または性売買目的の人身売買をした者がその行為と関連した性売買女性に課した債権は形式や名目に関係なく無効とする。債権譲渡や債務を引き受けた場合も同様である。また捜査機関は、性を売る者の債務不履行事件を捜査する場合、当該債権が不法原因債権かを確認し捜査に着手しなければならない。

④外国人女性に対する特例——外国人女性がこの法に規定された犯罪を申告したり、外国人女性を性売買の被害者として捜査する場合は、当該事件の捜査終結まで強制退去命令や保護の執行を猶予し、その間、支援施設等を利用できるようにした。また救済手続を迅速に行うため、訴訟促進等に関する特例法に依拠し被害者が賠償請求をできるようにした。

そのほかに、⑤国家の性売買予防教育実施の義務化、⑥性売買を媒介する広告や紹介行為等の禁止、⑦捜査、裁

判において信頼関係がある者の同席の許容、⑧裁判での審理非公開の申請可能、⑨性売買行為を自首するときの刑罰の減免条項を設けた。

(b)保護法

①性売買防止に関する国家等の責任を明示し、性売買防止と被害者等の保護自立のための法的支援システム作り、行政的、財政的措置をとらなければならない点と、国家は性売買目的の人身売買防止のための国際協力の増進に努めなければならない点を明示し、②小・中・高校の校長の性売買予防教育の実施義務、③支援施設の種類と支援施設の設置、入所、運営、④相談所の設置、⑤支援施設と相談所との被害者支援の連携の義務等、⑥医療費支援および費用補助等に関する規定を置いた。

2.性売買防止法施行1年の成果と今後の課題

⑴成果

(a)政府の努力

政府は性売買防止法制定を契機に、セックス産業を大幅に縮小するための中期対策を作った。このため2003年6月に、国務総理室をはじめ教育人的資源部、法務部、労働部、警察庁等12の関連部局と法曹界、宗教界、現場の活動家等からなる官民合同の性売買防止企画チームが国務総理室の下に組織され、総合的な対策を確定した9)。2004年3月31日、女性部は法務部、警察庁と合同で、性売買防止総合対策を発表し、これ以降、性売買防止対策推進点検チーム10)を設置して、細部の計画、進行状況の点検等を担当し、部局間の調整を行っている。

現在、全国に性売買被害女性支援施設35カ所、性売買被害相談所29カ所、脱性売買自活支援センター2カ所、外国人シェルター2カ所11)があるが、さらに追加する予定である。

警察は計画的に取締りを実施し、業者による人権侵害行為の取締りと性売買斡旋を禁止する努力をしている。とくに警察庁等は、性売買被害女性の緊急救助と人権保護のために、性売買被害女性の緊急支援センターを開所し、「117番」電話を開通して全国の支援NGOと連携しながら被害女性の人権を保護し、性売買事犯を取り締まっている。法務部も性購買者の再犯防止教

---

9) 3大分野(国民意識の改善、タイプ別性売買防止対策、対象別性売買防止対策)、18の課題(例を挙げると、健全な性文化の定着、性売買予防教育活性化、性売買関連捜査力量強化、性売買被害者人権保護システム構築、性売買地域(集結村)の段階的閉鎖・整備の推進、風俗業および業者の不法退廃行為の取締り強化、携帯電話の性売買誘引広告防止対策、インターネット上の性売買有害環境の遮断強化、脱性売買女性の自立システムの構築、遊興業種従事の外国人女性管理システムの改善、外国人女性性売買被害者の保護対策等)。
10)財政経済部、労働部、女性部、国務調整室、国税庁、警察庁、青少年保護委員会で構成されている。機能および役割は、①性売買防止総合対策細部推進計画樹立および履行状況点検・評価、②中央行政機関と地方自治団体の性売買防止関連重要政策の調整、支援および評価、③性売買防止のための制度と法令の整備・改善、④その他、性売買防止対策の円滑な推進のために関連機関との調整等が必要な事項。
11)政府の直営ではなく、他のシェルター同様に民間団体に委託して運営をしている。

育12)を2005年8月から実施している。

(b)民間の努力

　性売買防止法の制定と政府の対応は、民間の協力と支援なしには決してできなかった。法が制定されても実効性を持てないであろうし、いい政策が作られてもこれを実行できるだけの人材がいなければ実現不可能である。性売買防止法制定と施行の過程で各地の民間団体は危険を辞さず、さまざまな活動を繰り広げ、多くの成果をあげてきた13)。

　まず法律・医療・心理的支援とシェルターの連携、自活に必要な多様なプログラムの提供等の総合的な支援策を開発した。また相談所と施設が全国的に広がり、容易にアプローチできて迅速な支援が受けられるようになった点、全国に広がった民間団体の多様な活動が地域社会に影響を及ぼし、地域社会での保護支援のインフラが築かれた点、専門的な相談員の存在が捜査機関の変化を促し画期的な判決14)を引き出している点、法律・医療の専門家のネットワークができて、より質の高いサービスを直接提供できるようになった点、性売買地帯で脱性売買のための事業を実施している点等が成果として挙げられる。

　今、性売買問題に対する国家責任を明らかにし、性売買被害に対し、業者はもちろん国家や自治体の責任まで明らかにしようと多くの取組みが進められている。こうした活動を通じて、搾取と暴力によって挫折するしかなかった被害女性が、性売買から脱け出すのみならず、勇気と希望を持てるようになっている。しかし性売買防止法が社会にしっかりと定着したとみるには時期尚早であり、多くの解決すべき課題が残されている。

(2)性売買防止法施行1年——問題点と今後の課題

(a)性売買防止法に反対する人たち

　この間、性売買防止法の制定と施行をめぐって数多くの反対と攻撃があった。性売買で得てきた利益を維持したい人たちは、経済が沈滞するとか人間の本性に反するという理由を立て、あらゆる憶測と非難に明け暮れた。とくに性売買防止法施行直後、買春地帯の性売買業者と女性が大規模なデモを行い15)、裏にまわった業者たちは、買

---

12)性売買の犯罪性と反人権性を教育によって学ぶという効果を期待し、教育プログラムに参加した初犯者は、起訴猶予処分にしている。
13)淪防法の下、困難な条件で長年活動してきた性売買関連の民間団体は性売買防止法制定と施行によって物的・人的基盤が拡大し、活動分野と力量がいっそう強化された。
14)法的な成果として、①群山テミョン洞火災事件に対する国家責任の認定、②性売買前提の前払金の無効認定、③前払金の詐欺認定された性売買女性に対する最高裁無罪判決、④性売買に提供した私債に対する債務不存在確認訴訟勝訴、⑤性売買強要に対する業者を相手取った強姦認定等多くの事例がある。
15)業者たちは不法な利益を継続して得るため、支配下にある関連業者と性売買女性を動員し、国会前で大規模なデモを行った。このデモに参加した多くの性売買女性は、その後タシハムケ・センターを訪れ、参加当時の状況を証言した。「タシハムケ・センター」(「タシハムケ」は「再び共に」という意味)は、「性売買根絶のためのハンソリ会」がソウル市の委託を受けて2003年9月に設立し運営している民間団体で、性売買被害/サバイバー女性の脱性売買と自立を支援している。

春地帯の性売買女性の自治会を組織した。

　この組織は継続して業者の支援を受けており、これ以後、性労働を主張する一部の韓国内の進歩グループや学者、国外の団体等が支援に加わって、「生存権と労働権」を勝ち取るために性売買防止法廃止を主張するという自治組織に変わってきている。今後、性売買を通じて巨利を得た業者組織、彼らと結託した権力グループ、性売買を慣行としてきた企業、買春で性的欲求を処理したい者が、性労働を主張する彼らの存在に力を得て、いっそう強く法律の廃止を要求するであろう。今後、彼らとの対決は避けられないと考えている。したがって、彼らの攻撃に立ち向かえるよう多様な戦略と論理を開発していく必要があり、ゆえに韓国社会の認識を変えるための教育の継続と、国際社会の協力も得て、同じ経験をしながら脱性売買を成し遂げた活動家の発掘や育成に努力しなければならないのである。

(b)性売買防止法が生きたものになるために
①性売買防止法の持続的な適用と実効性を高めるための方策
　性売買防止法施行後1年が経過し、性売買防止法の実効的な適用に多くの進展があった。しかし、業者と取締当局との癒着問題は完全に清算ができず、また捜査機関や司法当局の性売買に対する認識が低いため、性売買防止法の効力が十分に発揮できないでいる。したがって、法律の持続的な適用と実効性を高めるには、まず取締りや司法当局が自らの意識変革に努力するべきであり、セックス産業への徹底した取締りの継続、業者に対する強力な処罰、科学的捜査技術の導入、証拠採集能力の涵養、国際的な捜査機関と司法当局の協力、行政・税務公務員との連携、不法手段による蓄財の没収や追徴の適用、再犯防止教育の効果的な運営と実施が追求されなければならない。

②脱性売買女性に対する現実的で完全な自立のための方策
　法施行に前後し、多くの性売買女性が業界を抜け出し、自立の準備をしている。政府は彼らの完全な自立をめざした支援システムと予算を準備しているが[16]、支援はまだ初歩の段階で、実際には微々たるものである。それさえもかなりの財政が途切れないことが必要とされるが、深刻なほどの反対勢力が存在するなか、どのくらい支援が継続されるのか心もとない。しかし性売買防止法施行の成否において最も重要な鍵は、この法の適用によって性売買業界から抜け出した女性が、真の自立を実現することにある。それゆえ政府はより現実的で長期的かつ細部にわたる支援プランを策定し、継続と安定を図らなくてはならない。

---

16) 前述したように、政府は全国に相談所と支援施設を設置し、法律や医療支援をはじめ、施設入所や職業訓練、債務問題、就業に至るすべての段階の支援システムを作り、2005年予算総額220億ウォン（約27億5,000万円）を自立事業に投入した。

(c)海外送出しの増加と海外遠征買春等の問題

　2005年に入って、米国、オーストラリア、カナダ、東南アジアで、取締りによって大規模な韓国人の業者と不法な性売買営業が摘発された。これは韓国内の性売買防止法施行とは無関係ではなく、韓国内の取締り強化と商売不振によって、海外セックス産業界への斡旋と海外買春市場の開拓が活発に行われているという証である。

　すでに数年前から海外斡旋組織が勢いづき、組織が大型化されてきたが、今後さらにこの問題が台頭することが浮き彫りになっている。性的搾取を目的とする海外の人身売買組織の構造化に加え、さらに憂慮されるのは、海外セックス産業市場に送り込まれた女性に対する支援システムがないため、いっそう深刻な人権侵害が起こると予測されることである。そのため政府は、国際的な協働システムによって海外斡旋ブローカー組織を崩壊させ、被害者に対する支援システムを作らなければならない。「タシハムケ・センター」（注15）参照）では、この状況を受けて、現在、日米の民間団体と情報交換をし、支援システムを構築中である。

　また他方では、取締りの強化で自由に買春ができなくなった層が、取締りが緩かったり、法的システムが未整備な外国で買春をしても国内法で処罰されるようにするべきであり、旅行社による組織的な海外斡旋の買春に対しても法が執行されなければならない。今、急がれるのは、海外での買春を起訴するために確実な証拠が得られるよう、その可能性が高い国家や司法との協働システムの構築である。

(d)性売買防止法を避けるために発生する新手の退廃・類似業種問題

　性売買防止法施行後、直接性器挿入を避け、新手の性交類似行為が横行している。司法ではこうした性的サービスをどう扱うのか意見が分かれている。性的搾取による不法な利潤を獲得し続けようとするあらゆる企てに対し、韓国政府と司法当局は、明確な基準を作り、毅然とした意思を見せるべきである。

(e)外国人に対する現実的な支援策作り

　現在、韓国には、フィリピン等の東南アジア、ロシア、中国（朝鮮族）等からセックス産業に多数の外国人女性が送り込まれている。性売買防止法制定後、彼らに対する支援システムが構築され始めているが、未整備状態である。彼らを支援する公的機関がほとんどないというだけではなく、韓国内で彼らを支援する民間組織もまた劣悪な条件で働いている。外国人女性の場合、本国では経済的に劣悪な状況にあり、韓国で深刻な人権侵害を経験しても残留を希望する場合が多い。その他いろいろな理由も含め、彼らは自分たちが経験した事件を司法処理することを極度にためらう傾向が強い。こうした外国人女性の状況を考慮した現実的な支援

策が作られなければならない。

(f)人身売買防止法の制定
　上で提起したような海外送出しを通じた性売買斡旋行為や性購買者を海外へ移して提供する斡旋行為、国家による外国駐屯軍に女性の性を斡旋する行為、外国人女性の性を斡旋する行為、障害者女性の性を斡旋する行為など性的搾取目的の人身売買、その他の強制労働など国際的で組織的かつ広範囲な人身売買行為に対する強力な処罰の適用、被害者保護に対する具体的な方策が盛り込まれた人身売買防止法を制定しなければならない。

日本に人身売買でセックス産業に送りこまれた女性に対する支援の事例

⑴事例の概要

　父親の事業倒産でエステ店で働くようになったLは、日本の「美容器具を使ったスキン・ケア」を知り、それを学びたくて「日本で就職」とあった情報誌を通じて紹介業者に会った。紹介業者は「スキン・ケアをする所を紹介する」といって、経費200万ウォン（約25万円）を要求し、Lはそれを支払い日本に行った。日本の空港では別の業者が待っており、Lの旅券と航空券を取り上げた。Lが連れて行かれたところは、韓国のルーム・サロン（個室で区切られ、女性が隣に座って接客するタイプの飲み屋）のような所であった。「家に帰る」というLに、別の業者は「帰るなら、店まで連れてきた経費300万ウォンを即刻出せ」と脅迫した。Lは、その店に売られていたのだ。店の経営者は、Lに日当13,000円やると言いながら、欠勤・遅刻で罰金を取り、客を月8回連れて来なければ1回50,000円の罰金を取った。店が入っているビルの上階で寝泊りしていたが、そこには若い女性が15人くらいいた。出入口は外から鍵がかけられ、仕事場にも監視カメラが設置されて、Lは監視、監禁されながら働いていた。この建物自体は日本の暴力団の所有であった。そして経営者はLに脅迫や暴行を行い、強制的に性売買をさせた。Lは警察が来れば助けを求めようとしたが、経営者は、警察が来ると店を閉めたり女性たちを他の場所に移動させるなどしたため、それは果たせなかった。そして経営者は、Lの意思に関係なく、顔の整形手術を受けさせ、その費用を借金に上乗せした。しかもLはひどい手術の副作用のため、涙腺が化膿するなど日常生活が不可能になっていた。

　Lは3カ月の旅行ビザであったため、経営者はLに監視をつけて、韓国に戻らせビザの延長をさせた。Lは次に日本人との結婚を強要された。父親の手術費が必要であったのと「結婚ビザができなければ『買春街』に売り飛ばす」という言葉に怖くなり、婚姻届を出してしまった。Lは結局、経営者から働いた分をほとんどもらえず、同じ所で働いている女性にマッサージなどをしては小遣銭をもらい生活していた。3カ月後、経営者はLに2,800万ウォンの借金があるので韓国でその公正証書を作成してくるよう強制した。そ

して「逃げてみろ。韓国で金さえ渡せば何でもできる。お前1人を殺すことは何でもない」とLを脅迫した。またLの顔写真を何枚も撮って、逃げたらこの写真で探し出すと脅迫した。

結婚ビザを持って来いという経営者の指示で、2003年某月、韓国に行ったLは、死ぬ覚悟でマスコミを通じて警察に申告した。

⑵ 事例の成行きと結果

1）刑事事件の支援内容

紹介業者と経営者を相手取った裁判をするなかで、Lはタシハムケ・センターの存在を知るようになり、事務所に訪ねてきた。当時Lは、韓国の裁判所では自分の陳述が信じてもらえないようだと言っていた。そこで当センターは、2004年に、日本で一緒に働いていた他の被害者を説得して証人として出廷してもらうとともに、Lの被害陳述書、他の被害者の被害陳述書、当センターの陳述書等を提出した。

同年、裁判所は、Lが20代前半の未婚女性で海外での就職や酒場での就業が未経験だった点、日本のルーム・サロンの情報がなかった点、紹介業者の紹介で会った別の業者が空港から5時間離れた所にLを紹介し、旅券と航空券を取り上げた点、日本人と簡単な意思疎通さえできなかった点は認定した。しかしLに対する具体的な脅迫、暴行の恐れがあったとは思われないとして、女性の売買については無罪を宣告した。

結局、裁判所は、紹介業者には職業安定法違反で、懲役10カ月執行猶予2年、経営者には、公正証書原本不実記載、不実記載公正証書原本行使で懲役1年執行猶予2年を宣告した。これに検事が控訴したが、棄却された。

2）損害賠償請求訴訟と婚姻無効訴訟の支援内容

2005年には、損害賠償請求訴訟を起こして、婚姻無効訴訟まで進めた。日本の法廷では、法律上の夫に住所補正命令が出されていたが、これを調べる術がなかったので当センターは、日本でL事件を支援してくれる弁護士を探した。その後、日本の弁護士を紹介されて、Lの婚姻無効訴訟を日本で進めることになり、韓国で提訴の際に提出したものを再度準備し、Lの陳述書や関連書類を日本語に翻訳した。この過程で、2004年にLが協議離婚していたという事実がわかった。当センターとLは、婚姻無効を主張し、2005年に弁護士は家庭裁判所に婚姻無効訴訟の訴状を提出した。2006年に入り、Lは当センター相談員の同行のもと、日本の婚姻無効訴訟に出廷し、本人の意思を明らかにして勝訴した。

現在Lの事件は、別の業者と経営者を日本の人身売買法で告訴できるかどうかLと支援者が検討している。また韓国では業者に対する損害賠償裁判が進行中である。

Lは日本から戻って2年間、屋外にほとんど出なかったが、婚姻無効訴訟の勝訴後は希望を持ち始め、シェルターに入所して就職の準備をしているところである。

（訳：朴君愛／ヒューライツ主任研究員）

※「性売買」は、韓国の女性運動の中で、金銭が介在する性行為をどう表現するか議論が重ねられ、性の産業化や取引としての側面を強調するものとして使われるようになった用語である。本稿でも原文を直訳して「性売買」とした。（編者）

●国別・テーマ別報告

Measures against Human Trafficking and Challenges in Thailand:
Analysis on the Initiatives for Prospective Revised Anti-Trafficking Law

タイにおける人身売買対策と課題
改正人身売買禁止法の動きからの考察

齋藤百合子 ●SAITO Yuriko

　タイは人身売買の文脈において、ヨーロッパやアメリカなど欧米諸国や日本や台湾、韓国、そして近隣国のマレーシアやシンガポールへの「送出国」であると同時に、タイに比べて低開発国とされている近隣のメコン川流域諸国（ビルマ、中国雲南省、ラオス、カンボジア、ベトナム）や、ウクライナやロシアなど東欧諸国からの「受入国」でもある。さらに、他の外国からタイに移送されて経由し第三国に再移送される「中継国」でもある。

　いずれも国境を越えて搾取の目的で人を移送させるブローカーの暗躍があって人身売買が行われている。しかし、人身売買の背景には、ブローカーの暗躍を可能にさせる貧困や国境警備公務員等の汚職、買売春ビジネスの興隆、低賃金労働の需要などの国内の社会経済的な要因のほか、1970年代からの国際的な観光産業・性産業の発達や、80年代に入って顕著となってきた周辺国との経済格差や隣国ビルマ（ミャンマー）での内戦、冷戦終了後90年代に入っての新たな人の移動の増加など、グローバル化の進行に伴った社会経済的な要因がある。

　人身売買の「受入国」「送出国」「中継国」の三要素が揃う深刻な人身売買問題に対して、タイ政府は1997年に子どもと女性の人身売買禁止法を制定するなど、早い時期から積極的な対策を講じてきた。本稿は、タイ政府およびNGOなどの民間団体がどのように人身売買に取り組み、政策としてきたか、また人身売買対策の内容と今後の課題を論じるものである。

1.「子どもと女性の人身売買禁止法」制定の経緯

　タイ政府による人身売買報告書[1]では、タイで明らかになったいくつかの事

件を契機に人身売買に対する認識が段階的に高まってきたと報告している。はじめに性的搾取目的の人身売買が認識されたのは、1984年観光の島プーケットで発生したタイ北部出身少女たちの焼死事件だった。プーケットの商店が火事になった焼け跡から、鎖につながれて鉄格子の部屋に監禁されたまま焼死した少女たちが発見された。その後、女性NGOや女性弁護士協会らがこの事件を追跡し、被害少女のタイ北部の家族を訪ね、説得しながら、人身売買加害者の告発を支援し、長期の実刑に追い込んだ。この事件によって、タイ国内でタイ人の少女の人身売買が発生していることが社会に認識された。

次に、国を超えた性的搾取目的の人身売買がタイで発生していることがクローズアップされたのは1991年だった。タイ南部のラノン県の売春宿で強制売春させられ、暴力を振るわれていた150人のビルマ人女性が救出されたとのニュースがマスコミで報道されたときである2)。150人のうち、騙されてビルマからタイに移送された女性はほんのわずかで、ほとんどの少女と女性は労働を目的としてブローカーによる非正規手段によってタイに入国していた。そのため、入国後はどれだけ搾取や暴力を受けても出入国管理法違反者として国外退去など処罰の対象とされていた。当時の政府は、この事件の被害者を、出入国管理法違反を犯しているが、タイ国内の公立シェルターで保護することとした。

このように、タイでは90年代初頭からNGOや民間人によって明らかにされた人身売買の事例を、マスコミが社会問題として取り上げ、行政も事例ごとに対応していくという経験を積み上げていた。1994年には、日本の男女共同参画推進本部に相当する総理府次官室のタイ女性国内委員会(National Commission of Women's Affairs: NCWA)は、政府機関だけでなくNGOなど幅広い分野出身委員で構成される子どもと女性の人身売買対策小委員会(Subcommittee on Combating Trafficking in Children and Women)を設置し、子どもと女性の人身売買撲滅のための第1次国家計画案を練った3)。同小委員会設置当時は、人身売買は少女や女性の性的搾取目的の形態のものが多かったが、その後、搾取の形態には性的搾取だけでなく強制労働も含まれることや被害者に少年がいることが認識されるようになった。このような人身売買の多様性にも言及したこの計画案は1996年に国会で承認され、翌1997年に「子どもと女性の人身売買禁止法」4)が施行された。

---

1) Saisurii Chutikul, Phil Marshall (2004), *"Summary Thailand Country Report on Combating Trafficking in Persons"*, Office of the Permanent Secretary Office of the Prime Minister, Ministry of Social Development and Human Security, p.5.
2) Ibid., p.5.
3) A report on "Trafficking in Children and Women-Thailand Experiences" Dr. Saisuree Chutikul, The Chiang Rai Workshop on Human Trafficking, 13-14 May, 2004, p.143.

2.「子どもと女性の人身売買禁止法」と協定書（MOU）

　1997年に「子どもと女性の人身売買禁止法」が施行された一方、事態を即時に効果的に好転させることはできなかった。90年代は中国南部の雲南省やラオス、カンボジア、ベトナム出身の女性や子どもの人身売買が横行したほか、人身売買に遭って欧米諸国や日本から帰国するタイ人女性らが増加し、タイは「送出国」「受入国」「中継国」として、深刻な人身売買の問題に直面していたのである。そこで、タイ政府は1998年に総理府青少年局付で「国を超えた子どもと女性の人身売買対策小委員会」（のちに「子どもと女性の人身売買対策小委員会」と改名）を設置して、具体的に対応するためのガイドラインを1999年に策定した。同小委員会は、2003年に社会開発・人間の安全保障省に移管されると同時にこのガイドラインを発展させた形の覚書である協定書（Memorandum of Understanding）として政府機関間、政府機関とNGO間、NGO間および北部9県間でそれぞれ、「子どもと女性の人身売買対策の関係政府機関間の協定書」[5]、「子どもと女性の人身売買における政府機関とNGOの協定書」[6]、「子どもと女性の人身売買問題に関わるNGO間の協定書」[7]、「タイ北部9県における人身売買被害者の子どもと女性の扱いに関する協定書」[8]を締結させた。

　さらにタイ政府は、人身売買被害者の送還と送還後の支援について言及した二国間協定を、2003年にカンボジアとの間に、そして2005年7月にラオスとの間で締結している。タイ政府は、二国間協定を、さらにミャンマーや中国（とくに雲南省）、ベトナム、マレーシアと締結するべく検討中であるという[9]。

　子どもと女性の人身売買禁止法が1997年に制定されてから、2003年に各種の協定書が締結されるまでの間、国の人身売買対策が総理府のタイ女性

---

[4] 1997年に施行された「子どもと女性の人身売買禁止法」は、人身売買の行為（5条）、加害者の罰則（7条）、公務員や関係職員の出入国警備（8条）や職務（9条、10条）、被害者の保護と支援（10条、11条）、被害者の加害者告訴支援（12条）、人身売買を容認する家族や親族からの保護（13条）、担当省庁（15条）を規定した15の条文で構成されている。
[5]「子どもと女性の人身売買対策の関係政府機関間の協定書」に署名した政府機関は、省庁レベルでは社会開発・人間の安全保障省（日本の厚生労働省にあたる）、外務省、保健省、検察庁、警察庁である。
[6] 主な国際機関は国連児童基金、国際移住機関（IOM: International Organization for Migration）、国際労働機関（ILO: International Labour Organization）のほか、国連メコン川流域における人身売買対策プロジェクト（UNIAP: UN Inter-Agency Project on Human Trafficking in the Greater Mekong Sub-region）のほか、国内のNGOを含む。
[7]「子どもと女性の人身売買問題に関わるNGO間の協定書」に署名し、タイに活動拠点を置くNGOは25団体あり、主な団体名は以下のとおりである。子どもと女性の人身売買禁止ネットワーク（GAATW: Global Alliance Against Trafficking in Women）、児童権利擁護財団（CPCR）、児童開発財団、FACE、ECPATインターナショナル、少女と地域のための教育開発センター（DEPDC）など。
[8] 北部9県とは以下の県である。チェンマイ県、チェンライ県、パヤオ県、ランプーン県、ラムパーン県、ナーン県、メーホンソン県、プレー県、ターク県。
[9] A report on "Trafficking in Children and Women-Thailand Experiences" Dr. Saisuree Chutikul の発言記録より。The Chiang Rai Workshop on Human Trafficking, 13-14 May, 2004, p.146.

国内委員会から社会開発・人間の安全保障省管轄に移管して対応してきたことは、人身売買が子どもと女性に特定した課題ではなく、国家が取り組むべき最重要課題のひとつとしてメインストリーム化したと評価することができるだろう。

人身売買対策が麻薬撲滅と同レベルの高い位置づけで取り組まれるようになった背景には、国際社会の大きな動きも影響している。国連では2000年に人身売買を定義した国連の人身売買禁止議定書を採択し、加盟国に法整備を含めた人身売買対策を求めた。そのほかアメリカ国務省は、同盟国における人身売買への取組み状況をランク付けする人身売買レポートを2001年から毎年発表し、同盟国政府に人身売買対策への取組みを促した。人身売買禁止議定書批准を準備しているタイ政府は、国内法を整備し、人身売買対策行動指針（ガイドライン）を協定書（MOU）として公的な文書とすることで、国際社会に対応していることを明らかにする必要があったと見ることができる。

3.加害者処罰のための国内法整備

人身売買は国際的な組織犯罪である。国を超えた組織犯罪加害者の訴追において子どもと女性の人身売買禁止法のほかにも、国内法で対応していくことを可能とする改正や制定が90年代後半から次々になされてきた。たとえば改正売春防止・禁止法（1996年）は、売春する者や売春の相手方の性別を限定しないなど売春の定義を拡大しており、人身売買被害者が男性やトランスジェンダーの人である場合にも適用できる。また強制売春等で傷害を負わされた場合には、罰則規定を重くした改正刑法（1999年）が適用可能である。また、人身売買被害者が18歳未満の子どもであった場合には、傷ついた子どもの社会復帰を促すリハビリテーションなど福祉施策についてより詳細に定めた改正児童保護法（2003年）などがある。

さらに金融のグローバル化を背景に発達している国際組織犯罪に対応するためのマネーロンダリング法（1999年）や、刑事裁判証人保護法（2003年）などが新たに施行されている。

4.人身売買被害者の保護・支援について——各協定書の内容

ここでは、「子どもと女性の人身売買禁止法」に基づいて、実務の運用指針や手順を規定した各協定書の内容を、主に人身売買被害者の保護と支援についてみていく。

(1)子どもと女性の人身売買対策の関係政府機関間の協定書

「子どもと女性の人身売買対策の関係政府機関間の協定書」では、法律条文では不明瞭だった人身売買被害者（子どもと女性）を、①タイ国民（タイ国籍を持つ者）、②合法的にタイに入

表1 ● 社会開発福祉局の施設を利用した女性と子どもの国籍と数
(1999年1月～2004年7月8日)

国籍	1999年	2000年	2001年	2002年	2003年	2004年	合計
カンボジア		283	134	134	128	29	708
ビルマ		55	81	113	220	28	497
ラオス	5	43	62	66	74	26	276
中国			1	11	11	2	25
ベトナム		2		2		1	5
その他の国籍				1	2	3	6
無国籍		2	1	1			4
合計	5	385	279	328	435	89	1,521

出所 ● Summary Thailand Country Report on Combating Trafficking in Persons(タイ語・英語版)
(2004年8月、社会開発・人間の安全保障省と首相府次官室)タイ語版29頁。

表2 ● 外国から帰国して社会開発福祉局の支援を受けたタイ人数と滞在国

滞在国	2001年度	2002年度	2003年度	2004年度(6月まで)
中国		1		
台湾		1		
シンガポール		2	7	
香港	2	4	9	
日本	4	13	57	31
マレーシア	4	25	49	32
イギリス		27	2	2
レバノン	7			
南アフリカ共和国		5	25	8
オーストラリア	13	10		
デンマーク	2			
イスラエル	1			
スイス	1			
ドイツ	2			
東チモール	15			
ニュージーランド	1			
バーレーン	8			
アイルランド	1			
韓国		2		
フィリピン	1			
サウジアラビア	4			
ブルネイ	2			
フランス	4			
イタリア	1			
合計	73	90	149	73

出所 ● Summary Thailand Country Report on Combating Trafficking in Persons(タイ語・英語版)
(2004年8月、社会開発・人間の安全保障省と首相府次官室)タイ語版30頁(年度は10月から翌年9月まで)。

国した外国人、③非合法的手段でタイに入国した外国人、④タイ国籍を持たないがタイ領土居住が許可されている人10)、と4分類して対応することを明記した。警察での事情聴取11)とその後の社会開発・人間の安全保障省との業務の連携は共通対応だが、対象とする人身売買被害者の身分(国籍の有無)や年齢(18歳未満か否か)12)、在留資格によって、帰宅・帰国促進等13)の対応が異なるからである。

表1と表2は、社会開発・人間の安全保障省で人身売買被害者保護・支援担当の社会開発福祉局が発表した、シェルターなどの施設の国籍別利用者数と同局が保護・支援施策を行った外国から帰国したタイ人と滞在国名である。

さらに各県に設置されている社会開発・人間の安全保障省管轄の県社会福祉事務所が、県内における人身売買課題に対応する権限を持ち、義務を遂行するために予算配分されることが協定書に明記された。

(2) 子どもと女性の人身売買における政府機関とNGOの協定書

同協定書は被害女性や子どもの人権に配慮しながら人身売買の課題に政府機関とNGOが協働して対応していく目的で結ばれた。具体的には、人身売買の告訴および裁判の過程、シェルター滞在やリハビリテーションの方法や期間、帰宅および帰国支援、そして帰宅や帰国後のモニタリングを政府機関とNGOが協力して対応するとしている。

しかし、人身売買被害者の保護や支援をそれぞれの方針で担ってきたNGOの活動は、警察庁や県社会福祉事務所などしかるべき政府機関への報告が義務づけられるようになったほか、被害者認定に関して関係政府機関とNGOの見解が異なるときには、所轄の警察が介入して調整をするなど、人身売買対策において政府機関、とくに警察機構の権限と義務が拡大した。

(3) 子どもと女性の人身売買問題に関わるNGO間の協定書

同協定書は、人身売買被害の子ども

---

10) タイには1995年に内務省が認定した15グループの非タイ国籍者が居住しており、それぞれ色の異なる身分証明書の携帯を義務づけられている。15グループとは、以下である（（ ）内は身分証明書の色）。①山地民族〔青〕、②旧中国国民党兵士〔白〕、③回族（別名チンホー族）〔黄〕、④自由回族〔橙〕、⑤ビルマ国籍をなくした者〔桃〕、⑥ビルマからの流入者〔橙〕、⑦ビルマから流入した移住労働者（就労者）〔紫〕、⑧ベトナム難民〔紺色縁白〕、⑨ラオス人難民〔青〕、⑩ネパール人難民〔緑〕、⑪旧マラヤ共産党員〔緑〕、⑫タイルー族〔橙〕、⑬トンルアン族（先住民族）〔青〕、⑭カンボジア領コン島住民〔緑〕、⑮登録済みの山地民〔赤線縁〕。「子どもと女性の人身売買対策の関係政府機関間の協定書」『人身売買関連法律集』(2005年、警察庁児童・青少年・女性担当)（原文はタイ語）262頁。

11) 事情聴取の際には、被害者の希望があればNGOスタッフなど第三者の同席が許可されることが、同協定書に記されている。

12) 事情聴取によって人身売買被害者が18歳未満であることが確認されれば、社会開発・人間の安全保障省管轄の公的シェルターに24時間以内に移送して保護し、18歳以上であれば、事情聴取が終了するまで公的シェルターもしくは民間のシェルターに滞在させる。事情聴取終了後は、特別なケアや職業訓練を望む場合は自らの意思でシェルターに残ることができるが、基本的に本人の希望に沿う。

13) シェルターでの一定の保護・支援期間が済むと、それぞれの帰宅・帰国が促進される。

と女性に関してNGOにおける聴取り項目や内容の指針とともに、被害者のシェルター利用状況に関する情報を社会開発・人間の安全保障省もしくは県社会福祉事務所や出入国管理事務局に必要に応じて通告することを明記している。そのほか、NGOがとるべき法的支援、心身の健康回復支援、帰宅および帰国支援についてのガイドラインが定められている。帰宅および帰国支援は、外国籍の被害者は帰国が前提であるが、国籍が不明確もしくは無国籍の被害者は引き続きタイに在留させると記されている。

また、長期的な人身売買防止について、法遵守の普及、必要な情報提供、防止のための啓発活動など民間の国際協力のほか、脆弱な状態で人身売買の被害に遭うリスクの高いグループに対する福祉や医療、法的支援、開発支援など、NGOが担うべき指針が示されている。また、Thai-Cord、GAATW（Global Alliance Against Trafficking in Women）、子どもと女性の人身売買防止と対策ネットワークが連絡調整役となり、人身売買に関わるタイ国内NGO間での情報共有や成果報告などもとりまとめることが明記された。

署名したNGOは25団体で、そのほかユニセフ（国連児童基金）、メコン川流域における人身売買対策プロジェクト（UNIAP: UN Inter-Agency Project on Human Trafficking in the Greater Mekong Sub-region）、国際労働機関（ILO: International Labour Organization）など国連機関のほか、国際移住機関（IOM: International Organization for Migration）、オーストラリア大使館、および子どもと女性の人身売買などの重要課題でNGOと長年協働してきたサイスリー・チャティクンさんが子どもと女性の人身売買対策小委員会の委員長として署名している。

(4) タイ北部9県における人身売買被害者の子どもと女性の扱いに関する協定書

タイ北部9県では、ビルマやラオスとの国境が近いことから人身売買の被害を受けた女性や子どもが他地域に比べて多く、深刻な課題となっていたほか、タイ北部9県出身のタイ人女性が人身売買の被害を受けて外国から帰国する事例が後を絶たなかった。この北部9県の地域での被害者の保護および被害回復支援について特別な配慮が必要であったため、県レベルで具体的な施策を明確にした「タイ北部9県における人身売買被害者の子どもと女性の扱いに関する協定書」が各県知事の間で締結された。

同協定書では、各県内に知事を長として、県警や県社会福祉事務所、県立病院の医師、出入国事務所、県裁判所検事、NGOらを構成員とする人身売買対策センターを設置し、人身売買に関する通告、被害者の保護と支援、調査・分析、啓発活動、各関係機関との連絡調整、モニタリングなどの業務を遂行することを奨励している。

具体的には、医療や職業訓練・就労

支援など人身売買被害者に対する社会再統合支援のほかに、人身売買されるリスクの高い少女や女性に対する職業訓練や研修を通して人身売買の防止に努めるなど幅広い対策を実施している。さらに、コミュニティ・レベルでの人身売買を監視し、人身売買に反対していくためのネットワークの構築が人身売買対策の重要な鍵であることをチェンライ県副知事は同協定書締結約1年後にチェンライで開催された国レベルの人身売買対策会議[14]の開会時に述べている。

5.タイの人身売買対策の課題

タイの人身売買対策は、先述したように先進的な対策を講じているが、以下に述べるような課題も少なくない。

(1)加害者摘発・処罰の課題

先述のチェンライで開催された国レベルの人身売買対策会議での「人身売買の防止、加害者訴追、情報交換、被害者の回復支援に対する国際協力」に関するグループ・ディスカッションでは、国を超えた人身売買の加害者訴追や処罰の困難さ、送出国と受入国との間の不協調、人身売買被害者の情報不足、現場の警察官などへの周知の不徹底、被害者帰国後の支援不足など、国を超えて発生する国際組織犯罪である人身売買対策の難しさが提示された[15]。

加害者を摘発し勾留しても、国を超えた人の取引に関する証拠不足で不起訴になる事例としては、13歳のタイ人少女を人身売買した容疑で摘発された日本人男性がその後不起訴処分とされた事件が日本でも発生している。困難はあるが、的確な加害者処罰がなければ抑止は難しくなるだろう。

また、被害者の告発に依存した加害者処罰の促進にも限界がある。被害者が告発するのは、直接の強制売春や強制労働の管理者であるスナックのママや、日本に騙して国外に移送させたブローカーで、その背後にいる受入国側の犯罪者もしくは犯罪組織に告発のメスが入ることはきわめて稀である。日本の四日市事件[16]と呼ばれる事件の被告人Uさんは、帰国後にUさんを騙して日本に移送したブローカーの女性を刑事および民事で告訴した。しかし、日本側の加害者および関与者を告発することはできなかった。

(2)被害者保護および支援の課題

人身売買の状況から救出された直後

---

[14] 2004年5月13日〜14日にチェンライ県にて開催された。
[15] P202 "Group4: International Cooperation: Human Trafficking Prevention, Prosecution of Traffickers, Exchange of Information, Protection and Recovery of Trafficking Victims" The Chiang Rai Workshop on Human Trafficking, 13-14 May, 2004.
[16] 2000年にタイから日本の三重県に人身売買され、売春を強要されたタイ人女性Uさんが、ボスから友人のタイ人男性とともに逃亡する途中に殺害に加わったとされ、7年の実刑判決が下された。服役中に病気で重体となり手術を経て2005年9月、本国に強制送還された。杉浦明道「なぜ被害者が裁かれるのか」部落解放2005年4月号20〜27頁。

の保護は緊急性を要し短期的であるが、心身の治療やリハビリテーションなどの医療や、社会経済的な被害回復や帰国後に社会に再統合していくための支援は中期・長期的に進めていく必要がある。

　人身売買被害者に対する保護と支援は、被害者一人ひとりの状況とニーズに対応していくことが課題であろう。

(a)人身売買被害者保護──シェルターの課題

　タイでは公共と民間のシェルター（緊急避難施設）があるが、シェルターによっては売春防止・禁止法違反者を拘束して収容する再教育施設と同じであることもある。施錠した施設の中での規律正しい集団生活の強要だけでなく、個別の事情に対する細かな対応が求められる。

(b)人身売買被害者の支援の課題

　人身売買被害者に対する支援は、短期・中期的なものだけでなく、就労および起業支援、心理的トラウマや自尊感情の低下などからの精神的回復、地域社会での再統合の支援など、長期にわたる支援内容が求められる。人身売買被害の回復支援事案が、定期的なモニタリング、社会的に脆弱な立場にある住民に対する開発計画と統合して進められていくための枠組みづくりが課題であろう。

(c)経済的な課題

　人身売買被害者は、さまざまに搾取されている。安全に帰国もしくは帰宅を果たしても、帰国および帰宅後の社会生活の再スタートを進めるために経済的な支援を必要とする人は少なくない。被害者に対する社会保障の施策の拡充だけでなく、具体的に損害賠償を可能とさせる民事事件の支援も必要とされる。

(3)出入国規制と外国籍の人身売買被害者の在留資格の課題

　タイの人身売買対策に限定するものではないが、現在、各国の人身売買対策は人身売買を国際組織犯罪と捉え、犯罪防止の見地から出入国管理を強化する傾向にある。しかし、人身売買は国を超えた移住労働の過程で発生することが多く、不正規入国者あるいは超過滞在者なのか、人身売買被害者なのかについて、明確に被害者を認定する判断がしにくい状況にある。

　とくにタイでは隣国ビルマから流入する人々を、難民、流民、期間限定の移住労働者と分類して限定的に在留資格を与えているが、人身売買被害者に関しては、最終的には送還が義務づけられている。送還時は、最善の安全な方法をとったとしても、送還後の被害回復および社会再統合支援が確保されているのか、それらの支援が未確定のまま送還せざるをえないのか、受入国側が、事情に応じた長期の在留資格を付与できないのかなどが課題である。

⑷ **人身売買に起因するHIV/AIDSなどの病気、無国籍児などの子どもへの施策など社会福祉的な課題**

　人身売買は性的搾取において多く発生することから、HIV/AIDS感染のリスクが高いか、すでに感染してしまった被害者も少なくない。しかし、タイ国内に住む人身売買を起因とするHIV/AIDS感染者に対しては、人身売買被害者としての行政的な配慮は何もない。

　たとえば、人身売買の状態から抜け出すために妊娠目的で避妊をせずに客をとり、男児を出産した後に、日本からタイに帰国した人身売買被害者のAさんの事例17)において、日本におけるシェルターの提供や安全な帰国支援はあったが、継続したカウンセリングや、精神科における専門治療などの心の健康回復支援および就労などの経済的な支援を必要としている。しかしAさんに対しては、民間の支援NGOが部分的にサポートしているだけで、回復支援過程にある元被害者に対する支援は、昨今のタイ政府の対策ではカバーされていない。

　さらに前述の調査では、タイ国籍も他の国籍も持たないタイ在住の山地民の女性Bさんが日本に人身売買され、日本のNGOと行政との連携でタイに帰国することができた事例があった。Bさんは日本国籍の子どもたちを同行して帰国していた。Bさんの日本人夫は日本で行方不明の状態である。タイ国籍のない母親とタイ在留資格がない日本籍の子どもたちは、タイでの就学や生活に困難を来している。人身売買に起因して発生する元被害者の子どもを含めた社会福祉支援については、一国の人身売買対策だけでなく、国際的な福祉分野での協力が求められている。しかし、実際は何の社会的支援のための法的枠組みもなくケース・バイ・ケースで対応せざるをえない状況なのである。

⑸ **人身売買の温床となる搾取的な性労働や児童労働、強制労働の課題**

　またどれだけ先進的であっても、人身売買の形態の中でもっとも多い買売春ビジネスにおける需要側、つまり買う側に対するメスはいっさい入っていない。市場での需要がある限り、品を変えて需要商品が供給されるので、あらたな形態の人身売買や被害者が発生することが懸念される。

6.包括的な人身売買禁止法制定に向けた取組み

　現在、子どもと女性の人身売買対策小委員会や人身売買被害者の支援活動やアドボカシーを進めているNGO連合を中心に、包括的な人身売買禁止法制定に向けて活発な議論が進めら

---

17)The Nation "'Trafficked' woman sues gang" 2006年1月16日。http://www.nationmultimedia.com/2006/01/16/national/index.php?news=national_19664165.html

れている。NGO連合体は、被害者を子どもと女性に限定せずに男性やトランスジェンダーなど包括的に捉えること、人身売買に関与した公務員の厳罰化、民事訴訟をより促進する法的手続の簡素化など、1997年の「子どもと女性の人身売買禁止法」と比較すると、より現状に即した対応を包括的に法で定めた内容の人身売買禁止法の草案を作成し、被害者支援現場での活動団体や警察、政府関係者や識者を交えながら、法改正の検討に入った。タイの人身売買対策はまた一歩前進しようとしている。

●国別・テーマ別報告

Initiatives to Combat Trafficking in Women and Children in Viet Nam

ベトナムにおける
人身売買に対する取組み

香川孝三 ●KAGAWA Kozo

　ベトナムでは人身売買によって女性や児童を送り出す国になっている。送り出さないための対策と、もし送り出された場合には女性や児童をいかに保護していくべきかの対策が問題となっている。ベトナム国内で農村から都市への人身売買の事例があるが、本稿では考察の対象から除いている。

　ベトナムでは中国、台湾、カンボジア、タイ、マレーシア、シンガポール、香港、マカオ等への人身売買が問題となっている。さらに、アメリカやヨーロッパにも売られる事例も出てきている。女性だけでなく、男女の児童も取引の対象とされる事例も報告されている。児童が取引されるのは、養子縁組によって子育てする場合、労働力として利用する場合、臓器移植のために臓器を摘出する場合、売春や児童ポルノの対象とする場合がある。

　人身売買（トラフィッキング）の定義であるが、国際組織犯罪防止条約人身売買禁止議定書の中で、「搾取の目的で、暴力もしくはその他の形態の強制力による脅迫もしくはこれの行使、誘拐、詐欺、欺もう、権力の濫用もしくは弱い立場の悪用または他人を支配下に置く者の同意を得る目的で行う金銭もしくは利益の授受の手段を用いて、人を採用し、運搬し、移送し、蔵匿しまたは収受すること」となっている。ベトナムはこの条約には署名をしているが、議定書への署名は検討中である。しかし、ベトナムは、人身売買のこの定義を受け入れている。

　2004年12月20日付のベトナムの新聞である労働新聞によれば、12月18日に女性・子どもの売買犯罪防止プログラム策定の会議がホーチミンで開催され、首相が2004年から2010年のプログラム運営委員会の設置を決定した。それより先の12月13日、ファム・ザ・キエム副首相がこのプログラム実施計画を承認した。

　ILO（国際労働機関）やユニセフ（国連児童基金）のハノイ・オフィス、海外からのNGO（Save the Children, Oxfam Quebec, Radda Barnen福祉

財団、ECPATなど)が、この問題にすでに取り組んでおり、ベトナムでは女性同盟やNGO(Action Aid Vietnam)が取り組んでいる。政府自身も1994年以来トラフィッキング防止対策に乗り出しているが、根絶できていない。中心となっている政府機関は公安省と労働・傷病兵・社会問題省の2つである。この2つの行政機関が中心となって、先の会議のように、たびたび会議やセミナーを開催して、注意を喚起している。

1.人身売買の実態

ベトナムで、どのぐらいの女性および子どもが人身売買の対象とされているかの公式の統計はない。そもそも統計がとりにくいが、国連開発計画(UNDP)の報告書では、1990年代はじめから、少なくとも10,000人の女性と、14,000人の児童が売られているとしている。

メコンデルタ地域での人身売買対策会議（ILO/IPEC主催のCoordinated Mekong Ministerial Initiative Against Trafficking、2004年)にベトナム政府側から提出された報告によると、1998年から2003年までに、1,347件の人身売買を摘発し、2,357名を逮捕し、うち1,618名を地方人民裁判所へ起訴している。

先のベトナム政府報告によると、多くの女性や子どもが売買される地方としては、北部のラン・ソン省、クァン・ニン省、タイン・ホア省、ゲー・アン省、タイ・ビン省、南部のハーザン省、ドンタップ省、アンザン省、ホーチミン市が挙げられている。国家国境警備司令部の報告では、1996年から2003年の間で330件があり、69の組織を摘発し、698名を逮捕したとなっている。

2004年12月20日の労働新聞によると、2002年から2003年に外国に人身売買された女性・児童は1,758人となっている。年齢別では、10歳以下が11人、10歳から18歳が252人、18歳以上が1,495人となっている。教育レベルでみると、非識字者が122人、小学校卒業レベルが1,014人、中学校卒業レベルが529人、高校卒業レベルが93人となっている。これは、主に教育レベルの低い者が対象になっていることを示している。

職業別でみると、幼児や学生は38人、農業が899人、労働契約を結んで働いている者が57人、無職が431人となっている。これは農村における貧しい人たちが、対象になりやすいことを示している。男女別では、女性が1,733人できわめて多い。男性は25人で少ない。

売買の対象となった理由をみると、誘拐や親しい人に売られたケースが40人、商売のために外国に売り渡されたケースが309人、労働のために外国に出かけたところで売られたケースが440人、外国人男性と結婚して売られたケースが121人、旅行や病気治療目的で外国に出かけたところで売られたケースが466人、理由がわからないケースが382人となっている。これらの理由の区分けが明確ではないが、貧困や失業のために生活が困難になった教育レ

ベルの比較的低い女性や児童が、旅行、病気治療、労働や結婚等を理由に、だまされて海外に連れて行かれて、そこで売られてしまうケースが多いことを示している。

　売られた国によって特徴がある。中国南部の雲南省や広西壮族自治区へはベトナム北部から、中国人男性との結婚を理由に連れて行かれて売買されるケースが多いとされている。中国では一人っ子政策と男の子を重視する慣習から女性が不足しており、海外から農業の労働力として、「嫁」をとることが当たり前になっている。中国南部ではベトナムやラオス、タイ、ミャンマーの隣国から「嫁」をとることが普通になっている。

　同じ民族が国境のために、お互い外国人になっているが、昔から同じ民族として交流を続けている場合があり、その間の結婚はなんら不思議ではない。したがって、中国人男性と結婚してしあわせに暮らすベトナム人女性もいる。ただ海外渡航の手続なくして中国に行っている場合が多くあり、不法滞在とされるケースがある。また、偽装結婚と知りつつも、知人や親戚に中国にいけばよい仕事があるとだまされて連れて行かれ、そこで売られるという事例も報告されている。

　台湾でも台湾人男性と結婚するベトナム人女性が増加しているが、違法な結婚ブローカーが、だまして台湾に連れてきて、売ってしまったり、売春を強制する事例が報告されている。

　ホーチミン市やメコンデルタ地帯からは、女性や児童がカンボジアに売春目的で売られている。児童の場合、養子縁組を偽装して連れ出されている。ホーチミン市女性同盟の報告によると、カンボジアの約３万人の売春婦の40％がベトナム人女性であるとしている。国連開発計画の調査では13,000人の売春婦のうち、約7,000人がベトナム人女性と児童であるとしている。さらに、カンボジアからマレーシア、シンガポール、タイに売られていき、そこで売春を強要される事例が知られている。

　ベトナムには少数民族がいるが、人身売買の対象になるのは少数民族だけではなく、キン族と呼ばれるベトナムで多数を占める民族にもみられる。キン族にも貧富の格差が広がり、貧しいキン族が人身売買の犠牲となっている。

　なぜ人身売買が起きるのか。送り出す側と送り込まれる側の両方に要因がある。送り出す側では、貧困から逃れたいと思って、豊かな国での仕事の機会を求めたり、よりよい生活のために結婚をめざしている者がいる。そこをつけこまれてだまされている。親や家族の借金を返すために、売られていく者もいる。この場合は親の同意の下に売られている。送り込まれる側では、貧しい国から来る人の労働力を利用したいと思っている。その労働力が売春のような違法な目的に利用されることがある。送り出す側と送り込まれる側をつなげる第三者や組織（シンジゲート）が介在し、それが違法な売買をより悲惨な状況に導き、女性の人権を無視して売春を強制する状況を生み出している。

このような問題がベトナムで指摘されてきたのは、社会主義市場経済化政策（ドイモイ政策）の採用後である。したがって、この人身売買問題はドイモイ政策の負の側面を示しているといえる。ベトナムは従来社会主義国とのみのつながりであったものが、ドイモイ政策以降、より広く海外に開かれ、グローバル化が進み、多くの国との交流ができるようになったことと、海外でのより豊かな生活を求める気持ちのすきをついて、人身売買が広がっているものと考えられる。

2.人身売買対策

どのような対策がとられているのであろうか。そのいくつかを見てみよう。

(1)法律上の規定

1999年制定の刑法の中で、女性の人身売買（119条）と児童を詐欺によって売買すること（120条）を処罰の対象としている。119条では、女性を人身売買の対象とする者は最高20年の禁固刑、500万ドン以上5,000万ドン未満の罰金（2006年1月31日現在で1ドン＝約0.007円）、監視の下に置かれて、1年から5年間住居を離れることが禁止されている。120条では、子どもを人身売買の対象としたり、誘拐したり、だまして児童を取引する者は最高終身の禁固刑に処するとなっている（1985年の刑法では最高20年の禁固刑となっていた）。さらに500万ドン以上5,000万ドン未満の罰金、1年から5年間一定の職業や仕事に従事することが禁止されている。また1年から5年間監視の下に置かれる。この刑法では、児童の場合には人身売買という文言は使っていないが、女性の場合には人身売買の文言を使っている。しかし、その定義をしていない。解釈に委ねたのであろうが、議定書の定義が参考になるものと思われる。

これだけでなく、刑法には、売春宿の禁止（254条）、売春あっせんの禁止（225条）、越境規則違反の処罰（273条）、違法な移民の禁止（274条）、違法に他人を移住させたり、外国に住まわせることの禁止（275条）が定められている。これらを使って、人身取引あるいはそれに類する行為を処罰することができる。

2000年制定の婚姻・家族法の103条では、「女性の人身売買のため、あるいは女性の意思に反して性的関係を持つために外国人との結婚を故意に利用すること」を禁止している。これに違反する場合、処罰され、その違反から生じる損害賠償責任が発生することを定めている。罰則の内容は具体的には定めていない。

労働法典121条の中で、18歳未満の者の雇用を禁止される場合があることを定めている。それに基づき、労働・傷病兵・社会問題省が2004年12月9日の通達で禁止職種を定めた。ホテルや賃貸アパートでの警備員、バー、客室係、文化サービスとしてのカラオケ・バー、インターネット・サービス、ディスコ等での仕事、健康ケア・サービスとし

てのマッサージ、サウナ、散髪屋での仕事が禁止職種として挙げられている。風紀を乱しやすく、人身売買や売春と結びつきやすいので禁止したものである。ベトナム人が海外で働く場合にもこの労働法典が適用になるので、国内だけでなく海外への人身売買をなくすために有用な規定となりえる。

1991年制定の児童保護と教育法が2004年全面改正（2005年1月1日施行）され、その7条で禁止すべき行為が列挙されている。児童の人身売買、児童虐待、性的虐待等がそれである。被害を受けた児童を救済する機関や担当する行政機関の役割を明記している。具体的にどのように救済されるかはこれからのことである。

問題はこれらの法律がきちんと履行されることである。実際には違反行為があっても、お目こぼしによって見逃され、その結果女性や児童が犠牲になる事例が後を絶たない状況である。そこには汚職がつきまとっている。陸続きの外国に売られる場合、国境警察の腐敗が女性や児童の犠牲者を増やしている。

(2)行動計画

1994年の政府決定や1997年首相の通達以来、さまざまなレベルで対策が立てられてきた。その中で最も包括的な行動計画は、National Action Plan on Combating Trafficking in Women and Children 2004-2010（女性と子どもの人身売買と闘う国内行動計画）である。これは2004年7月14日政府によって承認された。

その計画は6つの柱からなっている。1つめは人身売買をなくすために広報や啓発、教育活動を実施すること。2つめは人身売買の犯罪を摘発し、防止につなげること。3つめは海外から救出された女性や児童を支援すること。4つめは人身売買防止の法制度を確立すること。5つめはデータを収集して、データベース活用のためのセンターを設置すること。6つめは国際協力を促進すること。

このために副首相を委員長とする運営委員会が労働・傷病兵・社会問題省、公安省、外務省、司法省、計画投資省、財務省、女性同盟、人口・家族・児童協議会からの代表者によって組織された。

広報教育活動は、人身売買の多い地域で重点的に実施されている。パンフレット、ポスター、小冊子を配布したり、ユニセフと共同で啓発活動を実施している。また女性同盟と共同で国民意識向上のキャンペーンを実施している。また人身売買の犠牲になった者による体験談を聞く会を開催して啓発運動を実施している。そして住民が人身売買されそうな事例を発見し、防止するよう教育することをめざしている。

人身売買の摘発は、被害者が海外にいること、被害者やその家族が人身売買を隠したがること、加害者から脅迫を受けていること等から困難を伴うが、摘発を実施して、被害者を帰国させた事例がある。国境警備を整備して、海外に売られそうな女性や児童を国境で

見つけ出すノウハウを開発する努力もしている。しかし、なんといっても、警備担当者の腐敗防止が不可欠である。

先のメコン会議に提出されたベトナム政府報告に基づくと、最高人民裁判所の統計では、1999年から2003年の5年間に、全裁判所で人身売買に関わる判決が68件出され、有罪となったのが1,110名である。うち女性の人身売買が511件、児童の人身取引が169件になっている。有罪判決の結果であるが、1年以上7年未満の禁固刑が669名、7年以上10年未満の禁固刑が231名、10年以上15年未満の禁固刑が126名、15年以上20年未満の禁固刑が26名、その他は未決定となっている。禁固刑の期間が短い者が多くなっている。

犠牲者の救済であるが、肉体的・精神的に打撃を受けており、その打撃から解放されるための政策が不可欠である。再定住支援によって、普通の生活が送れるよう手助けする必要がある。職業訓練を受けて、仕事に従事できるように支援したり、精神的なケアを行っている。性病に感染している者もおり、その治療も行っている。地域の人民委員会、ボランティア団体、女性同盟、海外のNGO等と共同で、保護施設（シェルターやケア・ハウス）を設置して救済にあたっている。

2004年7月から施行された刑事訴訟法典では、犯罪による犠牲者が生活を再出発できるよう、加害者に対して損害賠償の支払いを訴えることができるようになっている。この訴えは加害者の起訴と同時に行われる。この付帯私訴という制度は、2004年の刑事訴訟法によってはじめて設けられた制度ではない。ベトナムでは以前からあった制度であるが、この刑事訴訟法典がその要件を整備したものである。貧しい人を犯罪から救済するために利用されている。

(3)国際協力による対策

人身売買は国内だけでは解決できず、国際的な連携が不可欠である。そのために、ベトナムは二国間の協定を締結している。カンボジアとの間では、Vietnam-Cambodia Bilateral Agreement on Elimination of Trafficking in Women and Children and on Victim Assistanceを2003年に締結している。これに基づき両国の警察が共同して人身売買の摘発に乗り出し、犯罪グループを捜査し、そのリーダーを逮捕している。中国との間でもMemorandum of Understanding on Cooperation in Combating Crimesが締結され、情報や経験を交流させて、共同で人身売買の摘発に乗り出している。

さらに人身売買メコン流域6カ国大臣会議（COMMIT）が、国連のメコン川流域人身売買対策プロジェクト（UNIAP）の支援を受けて2003年に結成され、2004年10月にヤンゴンで人身売買撲滅のための覚書に調印がなされ、それが正式に多国間協定として2005年4月に締結された。その中で共同して人身売買をなくす努力を宣言し、

加害者の逮捕、起訴、国外犯の引渡し、捜査共助、司法共助の促進に合意した。人身売買で連れ出された被害者を不法入国者として入国管理事務所や警察に収容せず、不法移民として逮捕や起訴をしないことを明記している。先の覚書を受けて2005年3月に行動計画案が策定された。人身売買を取り締まる担当者の訓練、加害者の捜査や訴追についての協力、情報交換やデータ収集のための協力、被害者の社会復帰訓練の協力、旅行業者との協力の強化、人身売買をもたらす慣習防止のための協力を定めている。これらを実施するための技術的、財政的支援がドナー国に求められている。

ベトナムでは多くの国際機関の支援を受けている。ユニセフ、ILO、UNODC（United Nations Office on Drugs and Crime、国連薬物犯罪事務所）、IOM（International Organization for Migration、国際移住機関）らがそれである。ユニセフ、UNODCとベトナム司法省は2003年6月、合意文書を交わして、人身売買にかかわる法整備を行うことを約束した。

日本はベトナムでの人身売買防止にどのような支援を行っているのであろうか。国際シンポジウムの開催を通しての協力のほかに、国際移住機関（IOM）を通して、1998年「メコン地域におけるトラフィッキング犠牲者帰国リハビリ支援」に8万ドル、1999年「ベトナムにおける人のトラフィッキング防止キャンペーン」に25万ドルを提供している。2004年には、国連の「人間の安全保障基金」を通じ、「カンボジアおよびベトナムにおける児童および女性のトラフィッキングのコミュニティ・レベルでの防止」（ILOが実施）に資金を拠出している。さらにアジア地域における協力枠組み（バリ・プロセス）の中で、日本は情報共有分野の調整役を担当しているが、その中で情報交換の役割を担っている。このように、国際機関や国際的ネットワークを通じた支援がなされている段階である。

日本のNGOで、ベトナムでの人身売買を防止する仕事をしている組織は、残念ながらみつけることはできなかった。

3.日本への警鐘

ベトナムから日本への人身売買は少ないとみられるが、今後少ない状況のままなのかどうか疑問がある。研修や技能実習で日本に滞在中、逃亡する割合がベトナム人が最も高い。これは、手引きをするベトナム人がいて、もっと日本で稼ぎたいと思っているベトナム人の逃亡をそそのかしていると思われる。その結果、不法就労者や不法滞在者となるが、その中で売春を強制される事例があろう。また、すでに日本に滞在しているベトナム人や日本人と偽装結婚して、日本にやって来て、売春を強制される事例が皆無ではない。

さらに、日本側が人身売買に対して厳しい法整備を行ったために、フィリピンからの興行資格での日本入国が困難になってきている。そこで、フィリピ

ンに近いベトナムに、日本の暴力団が目をつけはじめている。それに、ベトナム政府の高官がお金のために、関係しているという話も漏れ聞いている。

日本の暴力団がベトナムに入り込む要因はベトナム側にもある。ベトナム政府は買売春の温床となりやすいホテル、マッサージ屋、カラオケ屋を捜査し、売買春の現場を押さえて、摘発に乗り出している。売買春は麻薬やHIVとの関わりが強いために、それを抑える必要から摘発を行っている。このような風俗営業は、これまで公安が小遣いを稼ぐ場になっていた。したがって、どこまで本気で売買春の摘発を行うか疑問視されてきた。そこで、摘発されるのは、公安に「鼻薬」を十分に提供していないからだといわれてきた。しかし、最近では、公安と深いコネを持っているところでも、摘発されている。いずれの場合でも、それらで働いていた女性は行き場を失って働けなくなっている。一部の女性は農村に帰っているが、農村では職がないために、都会でそのまま留まり、以前よりもっと隠れたかたちで売春が行われている。これらの女性が生活できるような政策がないまま、摘発が行われている。ベトナムは社会主義国であるが、社会福祉政策が十分に整備されていないからである。

そこに日本の暴力団がつけ込んで、ベトナム人女性を日本に送り込むルートが設けられはじめている。女性側も、同じ売春をするのであれば、稼ぎのいい日本に出かけることに抵抗は少ない。

ベトナムから日本に行く場合、ビザが必要である。日本からベトナムに出かける場合、観光目的で2週間内の滞在であれば、ビザは不要である。ビザに関しては、日本とベトナムは対等にはなっていない。観光でも興行でも、ベトナム人が日本に出かける場合には、ビザが必要である。ビザ発給にあたって、相当注意して審査する必要がある。その書類が、政府高官がからんで偽造されている場合もある。注意深く審査されることを期待したいものである。そこで食い止めるのが、第一歩である。今後、ベトナムをフィリピンの二の舞にしないための対策が望まれる。

《参考文献》
Coordinated Mekong Ministrial Initiative Against Trafficking (COMMIT) ed., *Vietnam Country Paper*.
http://www.humantrafficking.org/countries/eap/vietnam/govt/contracts/v_womens_union.html
Annuska Derks, *Trafficking of Vietnamese Women and Children to Cambodia*, International Organization for Migration, 1998.

●国別・テーマ別報告

Anti- trafficking Initiatives of the Government and NGOs of the Philippines

フィリピンの人身売買に対する政府とNGOの取組み

藤本伸樹 ●FUJIMOTO Nobuki

1. 包括的な人身売買禁止法

　フィリピンは、アジア・太平洋地域において人身売買に対する包括的な法律を制定している数少ない国のひとつである。正式には、「とくに女性と子どもの人身売買を撤廃するための政策を制度化し、人身売買された人々の保護および支援のために必要な制度的メカニズムを構築するとともに、それらの違反ならびに他の目的に対する処罰を制定するための法律」(共和国法第9208号)1)という名称の33条から成る法律で、2003年5月に制定されている (以下、人身売買禁止法)。

　人身売買禁止法における「人身売買」の定義は、「国連組織犯罪防止条約」を補完する「人身売買禁止議定書」に則ったもので、被害者の同意の有無にかかわらず、国境の範囲内あるいは越境して脅迫、暴力の行使、その他の形態の強制、誘拐、詐欺、人の弱い立場に乗じた権限や地位の利用を手段として行われる人の募集、輸送、移送、収受をすることなどと定義している。また、搾取を目的に支配下に置く者の同意を得るための金銭の授受、他人の搾取、買春、またはその他の形態の性的搾取、強制労働、奴隷的処遇、臓器の摘出や売却などの行為を明示している。

　さらに、搾取を目的とした子どもの募集や移送、収受が行われた場合は、上記のいずれの手段が用いられなくても人身売買とみなされる (いずれも3条)。人身売買の加害者処罰に関しては、①3条で定義された行為を行った場合 (20年の懲役と100万ペソ以上200万ペソ以下の罰金)、②場所を貸したり宣伝したりする助長行為 (15年の懲役と

---

1) An Act To Institute Policies To Eliminate Trafficking In Persons Especially Women And Children, Establishing The Necessary Institutional Mechanisms For The Protection And Support Of Trafficked Persons, Providing Penalties For Its Violations, And For Other Purposes (Republic Act No. 9208).

50万ペソ以上100万ペソ以下の罰金）、③対象者が子どもや、行為が3人以上の犯罪組織や近親者、公務員、法執行官などによって行われたなど所定の要件に該当する場合には刑罰が加重される（終身刑と200万ペソ以上500万ペソ以下の罰金）の3通りに大別され、いずれの場合も重い処罰が定められているのである2)。

同法では、加害者に科した罰金、差し押さえた収益金および資産は、人身売買を防止し被害者を保護し、リハビリテーションや社会への再統合をめざしたプログラムを行うための信託基金に集積することとしている。

また、買春を目的に人身売買の被害者のサービスを受けた者に対しては、裁判所の決定に基づき6カ月の社会奉仕と5万ペソの罰金（1回目）、および1年の拘禁刑と10万ペソの罰金（2回目以降）が科せられるという買い手に対する処罰が11条で定められている。人身売買に直接加担した者に対する処罰と比較すれば軽微な処罰ではあるものの、人身売買を再生産する原因のひとつである「需要」を抑制する効果をねらったこの条文は特徴的である。

一方、被害者と認定された者に対しては、人身売買に直接関係した行為を理由に処罰されないという法的保護が明記されている。さらに被害者や証人の法的保護のため、捜査や起訴、裁判に関わった関係者の守秘義務を求めるとともに、必要な場合には非公開裁判が行われることとされている。

人身売買禁止法の実施促進のために、法務大臣を議長に、社会福祉開発大臣を副議長として、外務省、労働雇用省、海外雇用庁、入国管理局、国家警察、フィリピン女性の役割委員会など8つの政府関係機関の大臣や長官で構成される関係機関評議会（IACAT）を組織することが同法で定められている。IACATは政府機関に加えて、女性、海外フィリピン人労働者、子どもの3分野でそれぞれ人身売買撤廃や性的搾取防止をめざして活動しているNGOの代表各1名が、IACATの政府機関の代表たちによって推薦され、大統領による任命を経て、このメンバーとして3年の任期で加わることも明文化されている。

以上のように、フィリピンの人身売買禁止法はアジア地域において存在じたいが希少であるだけでなく、加害者処罰、被害者保護、予防に踏み込んだ包括性において、他国の範となる内容なのである。とはいえ、同法は政府や国会議員の確固たる政治的意思で制定されたわけではない。そこには、人身売買と闘うNGOのネットワークによる8年に及ぶ粘り強いロビー活動があった。

2.米国国務省報告で「監視リスト」に挙げられたフィリピン

米国国務省は、2000年制定の人身売買被害者保護法（TVPA）に基づき、

---

2) 2006年2月末現在、1ペソは約2.5円。

2001年から毎年6月から7月にかけて「人身売買の状況についての国別年次報告書」を公表し、対象国を3段階評価してきた。フィリピンは毎回「要努力」の第2類にランクされてきたのだが、第2類が2つに細分化された2004年、下位にあたる「監視リスト」に分類されてしまったのである。包括的な人身売買禁止法が前年に制定されたにもかかわらずである。さらに2005年も同様のランクに分類されたのである。2005年の報告書では次のように述べられている。

フィリピンは性的搾取および強制労働の目的で男性、女性、子どもの人身売買の送出国、中継国、目的地国である。フィリピン女性はしばしば合法的な雇用だと騙されて外国に引き寄せられるが、アジア、中東、アフリカ、ヨーロッパ、北アメリカなど各地域で商業的性的搾取を目的とした人身売買の被害を受けている。また、国内において子どもたちが地方から都市に向けて売買されている。第2分類・監視リストに入ったのは、そうした事態であるにもかかわらず関与した者を訴追する努力が見られないからである、と指摘している。さらに、日本への多数の女性エンターテーナーの入国に関わる一連の搾取や、彼女たちの斡旋・就労手続のための書類発行をめぐる汚職や腐敗の疑いに対して政府が大きな努力を払う必要がある、と強調されているのである。

3.フィリピン政府・自治体の取組み

(1)訴追

米国による辛辣な評価に対して、フィリピン政府は法整備の取組みを根拠に反発を示す一方で、これに後押しされるように法律実施の強化に姿勢を転じた。2003年11月には詳細な人身売買禁止法の施行規則がIACATによって策定されていたのだが、それを補強するかたちで、市民を含むすべてのステーク・ホルダー(利害関係者)が人身売買と闘うための行動の青写真となる「国内戦略行動計画」(2004-10年)を策定した。

また、人身売買の中継地点となる主要な空港や港に港湾局や入国管理局、湾岸警備官、ビサヤン・フォーラムをはじめとするNGOからなるタスク・フォースを組織して、監視の目を光らせるとともに、早期摘発と保護に努めるようになった。

さらに、地方レベルにおいても「人身売買および女性と子どもへの暴力に対する関係機関評議会」が徐々に設置されている。この取組みに呼応して、2004年から2005年にかけて全国各地の市町や州において人身売買禁止法の実施を促す条例が制定されるようにもなった。人身売買の出発点はコミュニティであるだけに、地域でこの問題の周知を図り、市民を啓発することが被害者の再生産防止に寄与するという考え方からだ。

加害者の逮捕や訴追の不十分さに

対して、法務省では全国の検察事務所から95人を選んでトレーニングを行い、人身売買事案の調査と訴追を優先的に扱う検事を任命している。その結果、施行からちょうど2年後の2005年12月、ミンダナオ島のザンボアンガ地裁で、人身売買禁止法を適用した初の有罪判決が出されたのである。この事件は、23歳の女性がエンターテイナーの仕事があると騙されて、2005年6月にマレーシアのサンダカンに船で移送された後、毎日売春を強制されたというものだ。女性は親族を通じて救出された後に帰国して提訴したのである。

送り出したフィリピン人男女2人が逮捕され、裁判の結果、いずれも終身刑とともに、200万ペソ（人身売買罪）および50万ペソ（不法就労斡旋罪）の罰金と、被害女性に対する合計100万ペソの損害賠償の支払いが命じられたのである。この初めてのケースは裁判開始からわずか4カ月というスピード判決となった。

2006年1月には、マニラ首都圏のケソン市地裁において、被疑者の夫婦が子ども2人を含む4人の女性を騙して売り飛ばし強制売春をさせたとして、合計160年の拘禁刑（終身刑）も出た。こちらのほうは、判決までに1年以上を要している。

筆者が2006年2月に法務省のIACAT事務局担当であるロバート・ラルガ弁護士にインタビューしたところ、2005年末から2006年初めにかけて、合計7件の有罪判決が出されているという。2003年には人身売買禁止法を根拠とした起訴件数は12件に過ぎなかったが、2004年50件、2005年114件へと増加した。その内訳は予備捜査中や公判途中（ペンディングも含む）の段階が最も多く、棄却や告訴人が取り下げたケースも少数ある。一方、告訴人が取り下げたという理由だけで棄却しないよう指示が行われているという。

同弁護士によると、件数としては国内における人身売買が最も多いものの、マレーシアをはじめとした国境を越えた事件で起訴に持ち込んでいるケースもいくつかある。日本が関係した事件に関しての起訴の有無は確認できていないという。

(2) 保護

被害者の保護および支援を担う中心的な政府機関は社会福祉開発省で、その責務は施行規則にあげられている。具体的には、被害者／サバイバーへのカウンセリング、シェルターの提供、将来設計のための技能訓練、家族や地域に再統合するための支援プログラムの開発と実施などである。

そのために、社会福祉開発省はマニラ首都圏の「女性センター」をはじめとする施設を各地域（リジョン）ごとに運営しており、人身売買や虐待にあった女性、子どもの保護・支援のために24時間体制で運営している。

また、国外で被害にあった場合は、大使館に派遣されている社会福祉担当官が帰国支援などを行うことが決められている。だが、幾人かの日本からの被害者の帰国後のルートを追うかぎ

り、関係省庁間で効果的な連携がとれているという事例は残念ながらめったにしか聞いたことがない。

4.NGOのイニシアチブ

とりわけ人身売買の被害者支援や予防にとってNGOの果たしている役割は大きい。子どもセクターの代表としてIACATのメンバー組織である「エクパット・フィリピン」では、子どもに対する商業的性的搾取をなくすために、ワークショップを開くなどコミュニティでの啓発活動を積み重ねている。

女性セクターの代表としてIACATを構成するNGO「女性の人身売買撤廃連合——アジア・太平洋」（CATW-AP）では、人身売買の誘引となっている買春需要を抑制することを目的に、ビジュアル教材の開発や「真の男性は女性を買わない！」というフィリピーノ語による直接的なメッセージのステッカーを配布したりして、それらを使用しながら青少年を主対象として合宿形式のワークショップを全国各地で組織している。同連合は、人身売買禁止法の制定を実現させた中心的なNGOのひとつである。

日本のナイトクラブで働く女性エンターテイナーに対する搾取（性的を含む）の問題を国内のみならず日本や米国政府、国際NGOに広くアピールしているNGOのひとつが「ドーン」（DAWN）である。「ドーン」は、「エクパット・フィリピン」および「女性の人身売買撤廃連合——アジア・太平洋」とともに、2003年にIACATのメンバーとしてノミネートされ、関係省庁の承認も得ていたのだが、アロヨ大統領は、「エクパット・フィリピン」だけを承認してあとは白紙に戻し、にわかづくりのNGOの代表を務める元大統領府の役人（女性セクター）と元国会議員（海外労働者セクター）を任命したという。後に「女性の人身売買撤廃連合」は異議申立などを通してIACATのメンバーとなったのだが、「ドーン」は除外されたままである。情実にとらわれた政治臭がぷんぷんと漂ってくる任命であった。

また、「バティス・センター」も女性エンターテイナーが日本で受ける人権侵害を調査したり、帰国後の自立支援を長年行っており、課題を広く明らかにしたNGOである。

こうしたNGOによる問題提起は、米国国務省の年次報告書に反映されるとともに、2004年12月に日本政府が策定した「人身取引対策行動計画」の内容にも大きな影響を与えたものとみられる。

5.来日女性エンターテイナーと人身売買

(1)「エンターテイナー」と呼ばれる「ホステス」[3]

フィリピンから来日する「エンターテイナー」の活動は第2次世界大戦直後に遡る。1950年代から60年代にかけてとりわけ在日米軍基地の周辺では主に

---

3) 拙稿『「海外移住労働」と「人身売買」の狭間』『アジア・太平洋人権レビュー2005』参照。

男性からなる「フィリピン・バンド」と一般に呼ばれたミュージシャンが演奏活動をしていた。それが、しだいに女性エンターテイナーに替わっていったのである。この時期は、日本男性がフィリピンを含む東南アジアへセックス・ツアーに押し寄せるようになった時代とほぼ重なっている。

その初期段階である1970年代、女性エンターテイナーたちは芸能人として歌や民族ダンスを演じることが主な業務であった。しかし、そうした時代は長くは続かなかった。彼女たちが派遣されるナイトクラブ（フィリピン・パブ）で求められるのは、芸能から、肌を露出した服装に身を包んで男性客の隣に座って酌やカラオケの相手をする「ホステス」の仕事へと徐々に変容していったのだ。

彼女たちは、海外就労許可や査証（興行ビザ）を得るために、フィリピン海外雇用庁や日本の入国管理局に提出する契約書のコピーの内容とはかなり異なる劣悪な条件下で働くことを強いられるようになっていったのである。ほとんど休日もない状態で長時間労働を求められたり、客との同伴出勤（店外デート）のノルマなどが課せられるとともに、達成できなければ罰金を科せられたりするのである。受け取る賃金は、日本の法務省令で定められ通常契約書に記されている「月額20万円」という金額よりもはるかに低額で、しかも毎月支払われる例はめったになく、6カ月の契約を終えて帰国する直前の日本の空港でようやく手渡されるというパターンが大半なのである。ひどい場合には、売春の強要も行われていることが、これまでの数々の聞き取り調査などで明らかになっている[4]。

そうした不利な条件やリスクを背負いながらも、「興行ビザ」で来日するフィリピン女性は、年によって多少の増減はあっても傾向としては増加を続け、2003年は80,048人、2004年には興行資格での来日外国人総数の60％を占める82,741人に達したのである。

これはグローバル化のなかで国家間の貧富の格差がさらに広がり、「負け組」に追いやられているフィリピンでは、女性が貧困のつけを背負っていることの証だといえよう。もちろん、フィリピン政府は日本や他の渡航先における性的搾取など女性固有の被害について状況を把握している。だが、国内での雇用創出と貧困緩和につながる「開発政策」を実施する傍らで、失業対策と外貨獲得のための即効薬としての海外雇用を推進している同国政府は、受入れの間口が狭められることを懸念して、受入国政府に対して女性たちの人権保障を強く求めることは稀である。

以上のような実態から、興行資格によるフィリピン女性の就労は人身売買の一形態、あるいは温床であるという認識を日本政府も有するようになった

---

[4] 国際移住機関（IOM）『日本での性的搾取を目的とした女性のトラフィッキングの実態——フィリピン女性に関する調査結果』（1997年）、ILO Office in Japan, 2004, 'Human Trafficking for Sexual Exploitation in Japan'など。

のである。「人身取引対策行動計画」の中で「『興行』の在留資格・査証の見直し」という項目が設けられ、上陸許可基準の見直し・上陸審査および在留審査の厳格化の方針が打ち出されている。そこで、法務省令の改定方針が明記されたのである。

(2)入国基準の「厳格化」

法務省は2005年2月、興行資格で日本に働きに来る外国人の入国に関する許可基準を改定し、同年3月から施行するようになった。

改定内容は、外国人が演劇、演芸、歌謡、舞踊または演奏の興行に係る活動を行うことを目的として「興行」の在留資格で来日しようとする場合、「外国の国若しくは地方公共団体又はこれらに準ずる公私の機関が認定した資格を有すること」とする従来からの条件を削除するというものだった。

この改定の結果、興行ビザを得るには、その興行から得られる報酬の額が国際的な有名タレントのように1日500万円を超える場合、国・地方公共団体が招へいする場合、レコードの録音等を行う場合などを除き、①「(日本以外の)外国の教育機関において当該活動に係る科目を2年以上の期間専攻したこと」、または、②「2年以上の(日本以外の)外国における経験を有すること」のみに限るという条件へと狭められたのである。

改定で最も影響を受けるのは、もちろんフィリピンから日本のナイトクラブに「エンターテイナー」として働きに来ようとする女性たちであった。というのは、削除対象となった「外国の国若しくは地方公共団体又はこれらに準ずる公私の機関が認定した資格」というのは、主にはフィリピンの政府機関が、歌やダンスのオーディションを行って審査・認定し発行するいわゆる「芸能人証明書」5)のことを指していたからである。

その芸能人証明書さえ取得すれば、興行資格での日本入国が容易となっていたのだ。日比の業界関係者が、この制度を逆手にとり、フィリピン政府の担当者を賄賂などで抱き込むことによって、「芸能人」として認定するために本来厳密に行われるべきオーディションが形骸化し、証明書が不正に発行されるという組織的な不祥事が相次いで発覚していたのだ。そして、来日後の実際の仕事は多くの場合、派遣先のフィリピン・パブでエンターテイナーとしてではなくホステスとして働くといったことが長年全国的に行われてきたのである。この芸能人証明書の効力がなくなった結果、改定以降は「興行ビザ」の取得が従来に比べてかなり困難となった。

6.法務省令改定の波紋

(1)フィリピン政府の反応

法務省令の改定案が発表されたと

---

5) 2004年当時、フィリピンではArtist Record Book (ARB)やArtist Accreditation Card (AAC)と呼ばれていた。日本の入国管理局によると、こうした「芸能人証明書」は、フィリピン以外では韓国からの一部「エンターテイナー」も所持している場合があった。

き、フィリピン側の動揺は大きかった。専門的な職種を除いて日本で外国人が合法的に働くことのできる在留資格が非常に限られるなかで、「興行ビザ」はフィリピン女性にとって長年にわたり希少な合法的就労手段であり続けてきたからだ。

それだけに、来日エンターテイナーを希望する女性たち、それに彼女たちの仕送りや持ち帰る報酬に望みを託している家族、彼女たちを送り出したり受け入れたりしている日比の関係業界、また彼女たちが持ち帰る円やドルなどの外貨を期待するフィリピン政府の受ける大きなマイナス効果が心配されたのだ。

2004年末には、フィリピン労働雇用省の次官が日本に派遣されてきたり、2005年1月には下院議員が来日するなど、日本政府による興行ビザ発給の「厳格化」方針に対するフィリピンの「国をあげての」再考要請が行われた。実施までに5年間の猶予を求めるという代替案すら提示された。1970年代以来、高失業率と膨大な累積債務にあえぐフィリピン政府による労働者の海外送り出し政策の防衛行動であった。

(2) フィリピンの業界と女性たちの反応

また、これから初めて、あるいは再度「エンターテイナー」として来日しようと考えている女性たちの今後の生活不安も高まった。2004年12月から2005年1月にかけて政府や業界団体の「巻き返し」と歩調を合わせるかたちで、マニラの日本大使館前や労働雇用省前ではプラカードを掲げた女性たちによる大きな抗議集会が繰り返されたのである。これには業界団体による交通費支給などの後押しがあったといわれるが、さまざまな「リスク覚悟」で日本に行くことが選択肢の少ない彼女たちの希望であることも確かなのである。

なにしろフィリピンには仕事がない。就職できたとしても大半の労働者の受け取る賃金では満足に生活ができないのである。フィリピンの最低賃金規則は地域と職種によって異なるのだが、たとえばマニラ首都圏の場合、非農業の製造部門における最低賃金は当時、手当を入れたとしても日給でわずか300ペソ（約600円）にすぎなかった。中小企業に至っては263ペソ（約530円）という低さだ。そのうえ、これだけの最低賃金すら守っていない事業所が多い。1カ月間働いても、休日などの働かない日を考慮すれば、一般労働者の月収は15,000円にも満たないのである。それを考えれば、たとえ日本での手取り月収が40,000～50,000円程度にすぎなくてもあきらめがたい金額なのだ。その結果、「貧困に苦しむよりは、搾取に耐える」ことを選ぶ、あるいは選ばざるをえないのである。

日本で働きたいというフィリピン女性が非常に多いなかで、「興行ビザ」の間口が急激に狭まった場合、短期滞在の在留資格（観光ビザ）で入国し、超過滞在に置かれるタイやコロンビアからの女性の人身売買のケースのように、搾取が地下に潜行し、事態がさらに深刻化するのではないかという懸念も高

まっている。

　日本の興行ビザ取得に新たに不可欠となったフィリピンにおける芸歴証明書の偽物が大量に出回り、高値で裏取引されていることがすでに明るみになっている。関係業者の一部が生き残りをかけてこうした手段に出ているようだが、その高価な偽造証明書のコストは、結局日本への切符を手にした女性の賃金から差し引かれることになるのである。このような長年にわたる搾取の連鎖をどう変革していけばよいのか。課題は大きい。

●国別・テーマ別報告

Nepali Girls Trafficked to India
インドへ越境人身売買される ネパール人少女たち

長谷川まり子 ●HASEGAWA Mariko

　ネパール・インド間のオープン・ボーダー（パスポート・ビザ不要で行き来できる国境）を越えて、貧しいネパール人少女がインドへと人身売買されている。被害者の年齢は14〜18歳が主流。その大半が16歳以下であり、なかには5〜7歳の初潮さえ迎えていない幼女も含まれる。

　人身売買は、売春宿のオーナー、仲買人、周旋人の三者によって、組織的に行われている。周旋人は農村を訪れ、貧しい家庭の少女に、カーペット工場の工員や、インドでの住込みメイドといった就職の口を持ちかける。

　ネパールの人口の88％は、農村部に暮らす。基本的インフラも整備されておらず、極端に識字率の低い貧農地帯に暮らす人々は、メディアへのアクセスがきわめて難しい。情報から隔絶された社会は、純朴で無知な人々を育む。世間を知らない少女やその親は、周旋人の巧みな誘いにたやすく騙され、連れ去られてしまうのである。

　周旋人は、インドとの国境で、日本円にして3,000〜6,000円の報酬を受け取り、少女を仲買人に引き渡す。仲買人は、数万〜10数万円で、デリーのG.B.ロード、コルカタのソナガチ、カーリーガート、ムンバイのカマチプラ、フォークランドロード、ニュー・ムンバイ、プーネといった、大規模な私娼窟に売りとばす。最近は、ペルシャ湾岸諸国や香港などにも、多くのネパール人少女が"輸出"されていることが知られてきている。

　売春宿に売られた少女たちは、劣悪な環境下、1日10〜20人の客を相手に春をひさがされる。少女たちの値段は、わずか100円〜数百円ほどであるが、少女たちの手には一銭たりとも入らない。支給されるのは、粗末な食事と数枚の衣類、客引きのために施す粗悪なメイク用品のみであり、まさに性奴隷として酷使されるのである。

　少女が反抗すれば激しい暴行が加えられる。また、売春宿は現地マフィアと結託しており、24時間体制で見張りがつくため脱出は不可能である。さらに、

売春宿は、現地警察に賄賂を渡し、目こぼししてもらっているため、救出も容易ではない。よって、HIVに感染するなど、きわめて深刻な病気を患うか、客の人気がなくなる年齢（30歳以上）に達さないかぎり、10年以上にわたって売春を強要され続けることになる。

国連エイズ合同計画（UNAIDS）の報告によると、インドのHIV感染者は2003年で510万人と推定されている。売春宿は、その主たる感染経路とされ、セックス・ワーカーの半数以上が、HIVに感染しているといわれている。売春宿は、表向きにはコンドームの着用を勧めているが、客が拒めば強要しない。よって、売春宿は性感染症、HIV、ウイルス性肝炎、結核の巣窟と化している。

1. 組織的に行われる人身売買犯罪

人身売買は、売春宿のオーナー、仲買人、周旋人の三者によって組織的に行われており、マフィアが絡んでいるともいわれているが、その実態は、麻薬や武器密輸などに絡むようなプロフェッショナルなものではない。周旋人や仲買人の大半は、運転手や運転助手、肉体労働者といった低所得者層、あるいは売春宿のオーナーの親戚などであり、たやすくお金の入る手段として、犯罪に手を染めるケースがほとんどである。

売春宿のオーナーの大半は、かつては自分自身が人身売買の被害に遭った女性たちである。セックス・ワーカーは、30歳前後になると客がつかなくなる。すると売春宿側は、女性の商品価値がなくなったとみなし、放り出してしまう。居場所を失った女性たちは、自力で生きながらえるために、路上コールガールや、ネパールの少女を騙して連れ去る周旋人、売春宿の経営者になるしか術はない。

このように、人身売買という犯罪の裏で暗躍する性産業は、売春宿のオーナー、仲買人、周旋人の連携によって巧みに行われ、潤沢な資金を擁している。組織は社会のいたるところに周旋人、少女の親戚、友人、集落の顔見知り、国境警察、警察、地方役人、政治家などの協力者を開拓し、性奴隷の調達を行っている。人身売買を許す社会的要因も多岐にわたっており、貧困、男女の地位の格差、家庭崩壊、非識字、ネパール・インド間のオープン・ボーダー、インドへの出稼ぎの伝統、実効性の弱い法律、政治家の無関心などが挙げられる。

2. なぜ、ネパールの少女が狙われるのか？

2005年、カナダの国際NGOのサポートによって、ネパールのリサーチ・グループが、インドの性産業について調査を行った。その報告書では、インドの赤線地帯の総数は1,000以上、セックス・ワーカーは約50,000人、うちネパール人女性は25,000人にのぼると発表されている。これまで、インドの性産業について緻密なリサーチがなされることはほとんどなく、同調査は画期的

であった。

　人身売買問題に取り組むネパールのNGOは、その年間の被害者数を5,000〜7,000人、性産業で働かされているネパール人少女の数を15〜20万人と発表し続けてきた。しかし、その数字は推計に過ぎず、10年以上にわたって変化することがなかった。そのため、人身売買の防止に努める現地NGOの活動が、功を奏していないのではないかと疑問視されることもあったが、本調査によって性産業の全体像が伺い知れることになった。

　リサーチ・グループは、セックス・ワーカーをその性質から2つに大別している。1つは、コマーシャル・セックス・ワーカー（CSW）と呼ばれるもので、女性が自主的に売春を行っているタイプである。もう1つは、強制売春被害者（VCSE）と呼ばれているタイプである。ネパール人少女の場合、その大半がVCSE、つまり人身売買の被害者であると報告されている。

　また、同調査によって、ネパール人のセックス・ワーカーは、全体の30％近くを占めていることがわかった。ムンバイにおいては、40％以上にものぼり、人身売買される先が、インド屈指の赤線地帯であるカマチプラやフォークランドロード、ニュームンバイに集中していることがわかった。

　では、なぜネパール人の少女が好まれるのか。人身売買問題に取り組むネパールのNGO「マイティ・ネパール」は、その理由として次の3つを挙げている。

　第1に、肌の白さに固執するインド人の国民性である。インド人の顧客は、インドの女性よりも色白であるモンゴリアン系のネパール人女性を好む。インドには、一般に「カースト」という社会身分が存在する。その階級を決める側面のひとつに、皮膚の色を示す"ヴァルナ"（種姓）というものがあり、色白であるほど高位とされている。このような歴史的背景から、インド人男性は肌の白さにことのほか執着し、売春宿においても色白のネパール人は人気が高いと推察されている。

　第2に、処女性を重視する国民性を挙げている。インド国民の70％を占めるヒンドゥー教徒は、処女性をたいへん重んじる。最近、都市部では自由恋愛も増えてきているが、全土的にみると未だタブー視されている。この宗教的背景からくる過剰なまでの処女性へのこだわりは、性産業においてもみられ、処女の雰囲気を感じさせる少女が好まれる。人身売買の際も、11〜14歳の少女に最も高い値がつけられているのだ。

　第3に、インドの高いHIV感染率を挙げている。世界保健機関（WHO）の発表によると、インド国内のHIV感染者数は400万人以上にものぼり、売春宿がその主たる感染経路であるとされている。HIV感染を案じる顧客は、娼婦としての経験が浅い少女であれば、感染の可能性が低いと考え、幼い少女へのニーズが集中するのである。

3.救出活動

　インドの法律は、ネパール人による売

春宿での直接的な救出活動を禁じている。よって、インド警察とインドのNGOのサポートがなければ、ネパール人少女のレスキューは実現しない。そのため、ネパール政府とネパールのNGOの主たる活動は、救出された被害者が本国に送還された後のリハビリテーションとなっている。

　ネパール人少女の救出は、主に次の３つのかたちで実践されている。１つは、行方不明になった少女の親から届けを受けたネパールのNGOが、提携するインドのNGOに情報を流し、救出活動を開始するというパターンである。次に、売春宿に出入りする客が、そこで働かされている少女に助けを求められ、インドのNGOに通報して救出するというパターンである。しかし、この形態は客の善意によって成り立つものであるため、事例はきわめて少ない。最も多いパターンは、インドのNGOが強制売春させられているケースを事前調査し、確証を得た段階で警察とともに売春宿に乗り込むかたちである。インドの法律では、"マイナー"と呼ばれる18歳未満の少女が売春している事実を掴んだ段階で、本人の意思によるものか、強要されているかにかかわらず、レスキューする権限が警察に与えられているのである。

　しかし、インド警察は、"メジャー"といわれる18歳以上の女性のレスキューは行わない。なぜなら、メジャーの多くは、長い年月を売春宿で過ごしているうちにマインド・コントロールされ、「自分の意思で売春している」と証言して救出を拒むからである。メジャーの場合、本人が望まなければ、警察には救出する権限が与えられていない。

　売春宿での生活が長期に及ぶと、大半の女性はマインド・コントロールされてしまう。洗脳の方法は実に巧みであり、ドラッグが使用されることもある。メジャーの場合、被害者自身が売春宿から救出されたいと願わないかぎり、レスキューは成功しない。人身売買犯罪がいつまでもなくならない要因は、こういった救出活動の難しさにも起因するのである。

　レスキューされた被害者は、インドのNGOが法的な必要手続を済ませた後、ネパールへ送還される。インドのNGOがシェルターなどの施設を有している場合、被害者をそこに一時保護するが、保有していない場合は、政府のレスキュー・ホームに収容した後、本国に送り届けることになる。しかし、被害者が自国のリハビリ・センターに送り届けられるまでに、平均１カ月からそれ以上も費やされているのが現状である。ネパールに送還するまでにかかる費用はNGOが負担することになるが、その確保は容易ではなく、法的手続もきわめて煩雑であるためだ。このように、経済面、実務面の難しさから、救出活動に携わるインドのNGOはたいへん少ない。現在、救出活動に取り組む団体は、ムンバイの「レスキュー・ファンデーション」と「IJM」、デリーの「STOP」、コルカタの「サンラープ」の４団体に過ぎない。

4.救出後の リハビリテーション

　ネパール政府の社会福祉分野に関する活動計画には、人身売買を防止すると同時に、被害者にリハビリの機会を提供することも明記されている。しかしながら、実際にはほとんど実行されていない。「女性・子ども・社会福祉省」は、リハビリは民間団体に委ねる方針であるとしている。

　そんな政府に代わってリハビリを担うのは、「マイティ・ネパール」、「ABCネパール」、「サンティ・プーナス・タパナ・ケンドラ」、「サーティ」の4つのNGOである。これらの団体は、リハビリ施設を保有しており、1996年から今日までに、1,500人の被害者にリハビリを施したと発表している。しかしながら、そのうちの何人が故郷に帰還することができたのか、あるいは何人が自立の道を切り開くことができたのかといった結果については、いずれの団体も明確に公表していない。

　筆者のこれまでのリサーチからすると、リハビリはあまり成功していないと判断せざるをえない。リハビリの一環である職業訓練では、自立を実現するところまでは至っておらず、長期計画も構築されていないのである。

　4つのNGOは、活動を続けるうえで必要な定期的な経済支援がないことをその理由に挙げており、短期的なサポートと自立の道を指導するのが現時点での限度であると言っている。しかしながら、経済支援の不足のみが、リハビリ・プログラムが滞っている要因とは考えられない。

　一例を挙げると、1996年、「ABCネパール」が国際NGO「プラン・ネパール」の支援を受けて、年間30人、3年間で100人の人身売買被害者を対象にリハビリ・プログラムを提供するという計画のもと、リハビリ・ホームを開設した。しかし、「ABCネパール」は、被害者をインドの売春宿から救出するためのプロセスをうまく運営することができず、長い間、施設は空のまま運営されていたのである。その結果、1999年、同プログラムは中止されることとなった。このように、リハビリ・プログラムが滞っている原因は、NGOの言う"経済支援の不足"にあるだけでなく、プログラムの遂行計画自体が確立されていないことにもある。

　4つの団体が活動を継続していることには敬意を表すべきであるが、一時しのぎ的な支援に終始しないよう、綿密かつ長期的なプランニングが今後の課題と考える。

5.人身売買防止のための NGOの取組み

　人身売買の防止を目的に、現地NGOはさまざまな活動を行っている。最も積極的に取り組まれているのが、意識改革プログラムである。人身売買犯罪は少女や少女を取り巻く大人たちの無知に起因する。よって、街頭劇やデモ、ポスター、ちらしなどのツールを活用し、人身売買の実態を認知させ、

意識改革を図るというプログラムを展開している。同時に、女性グループを対象に、エンパワメントを目的とした、各種トレーニングやセミナーの実施、収入向上プログラムや就職の機会の提供、貯蓄や自己資金確保のためのアレンジなども行っている。

　意識改革プログラムは、総じてうまく進められている。人身売買犯罪の実態を告知する際、その内容が大げさに語られているきらいがあり、正確な情報が行きわたっていないという問題点はあるが、ネパール国民の間では、人身売買に関する知識が高まってきているのは事実である。人身売買問題に取り組むインドのNGOの調べによれば、売春宿に売られてくるネパール人少女の数は、確実に減ってきているとのことである。

　人身売買犯罪を水際で阻止するために、モニタリング・プログラムという活動も行われている。NGOのスタッフが人身売買ルートとなる国境の監視を行うと同時に、国境付近のコミュニティをネットワーク化して、地域住民による監視システムを構築するといった活動である。

　これらのプログラムは、複数のNGOが行っているが、各NGO間に連携がないため、無駄が生じている。たとえば、ガッダーチョウキー国境には3つのNGOによる監視所が、ネパールガンジという町のジャムナーハ国境には2つのNGOによる監視所が設けられている。各NGOは、それぞれのドナーから、それぞれの監視プログラムに対する資金援助を獲得するために、重複していることを知りながら、あえて現状維持を続けているのである。結果、各NGOは、各々が行っている監視プログラムによって、どの程度の成果が出ているのか把握しきれておらず、データ的にも「被害者数が減っている、減っていない」といったレベルでしかまとめられていない。

6.人身売買防止のためのネパール政府の取組み

　政府もまた、人身売買防止のためにいくつかのプログラムを実施しているが、いずれもNGOの活動の模倣であり、実践力においてもNGOにまったく及ばない。たとえば、郡や村で活動するNGOの代表や地方政治家、地域の世話役などによって構成される"アクティブ・グループ"と称する組織が、意識改革プログラムを計画しているが、年間予算が平均20,000～25,000ルピー(約32,000～40,000円)しかなく、計画の実践はきわめて困難な状況にある。

　同プログラムは、政府としてもなんらかのアクションを起こしていることを対外的にアピールするための、いわば見せかけのものであり、実践的な活動はほとんどなされていないのが現状である。

　また、女性・子ども・社会福祉省がリードし、国連開発計画(UNDP)、国連児童基金(UNICEF)、国連人口基金(UNFPA)、国際労働機関(ILO)、国連女性開発基金(UNIFEM)、国連人

権高等弁務官事務所（UNOHCHR）、ノルウェー高等教育国際協力センター（NORAD）の支援によって、"JEETプロジェクト"というプログラムも推進されている。男女間の格差をなくし、人身売買の防止を目的としている。また、人身売買犯罪者への社会的非難がほとんどない現状を打破すべく、市井の人々の犯罪に対する意識を高めることも目的のひとつとしている。

同プログラムは2段階に分けて行われ、第1段階は2000年11月～2001年4月にかけ、307,246ドルの費用を投じて、ヌワコット郡、ルパンデヒ郡で実施された。第2段階は、950,000ドルの費用が投じられ、2002年1月～2004年12月まで、ヌワコット郡、ルパンデヒ郡、カスキ郡で実施された。

しかし、計画書には、すばらしい言葉が列記されているものの、当初、8郡で実施される予定だったものが、結果的には3郡だけでの活動へと縮小化され、成果もそれほど上がらなかった。また、活動内容についても、現地のニーズに対応したものではなく、NGOが行っていることを模倣したに過ぎなかった。

さらには、910,000ドルの予算を投じ、2002年8月から3年にわたって、ネパールの国家人権委員会と、女性・子ども・社会福祉省による共同プロジェクトも行われている。「HIV感染を公表した人のプライバシーを保護し、人身売買の被害者と加害者の法的扱いを明確にする」、「人身売買廃絶のための活動を支援する」、「人身売買を廃絶するために、国レベル、地域レベル、国際レベルでコーディネートする」、「女性や子どもの人権を守るために、政治が関与する」などの4項目を掲げているが、こちらも多額の資金を投入したわりに、成果が上がっていない。

現在、政府とNGOは連携することなく、それぞれにプロジェクトを推進しているため、無駄や停滞が非常にめだつ。実践力のあるNGOと資金力のある政府が協力し、合同プロジェクトの形態をとることが、人身売買防止を成功させる道と考える。

●国別・テーマ別報告

Anti-trafficking Efforts in the Netherlands

オランダにおける人身売買に対する取組み

川村真理 ●KAWAMURA Mari

1.はじめに

　オランダは人身売買、とりわけ性的搾取目的での女性や子どもの人身売買の目的地国であり、国際社会からオランダの当該分野に関する取組みについて注目されてきた。近年の国連はじめ世界各国における当該分野の法整備の進展に連動し、オランダにおいても法整備や政策強化がなされてきた。とくに、オランダはじめ欧州各国は欧州連合（以下、EU）特有の法や制度の枠組みの中での対応が求められる。

　本章では、まず、オランダにおける人身売買の現状を概観する。次に、欧州の人身売買に対する取組みをEUに焦点を当てて概観する。最後に、オランダの法整備、政策の現状と課題を考察し、今後の展望について論じることとする。

2.オランダの現状

　ここでは人身売買の被害者および捜査に関する統計[1]をもとに、オランダの人身売買の現状の把握をしてみよう。

⑴被害者

　人身売買の被害者に関して、被害者の出身地域、出身国、年齢、性別について反女性売買基金の情報をもとに見てみよう。人身売買の被害者の実態の正確な把握は困難であるが、この被害者に関する情報は、警察、収容施設、個人、難民（庇護）機関、青少年支援機関、法律扶助、民間支援団体、被害者自身、医療機関、匿名者他によるものであり、2003年の統計によると、そのうちの60％が警察からの情報である。

　2003年の被害者総数は、257人であり、2002年の343人、2001年の284人、2000年の341人に比べ減少してい

---

[1] See, *Trafficking in Human Beings Supplementary Figures, Fourth Report of the Dutch National Rapporteur*, 2005.

出身地域別に見ると、2003年の統計によれば中東欧が52％、アフリカが25％、アジアが6％、西欧が6％、中東0％、その他4％で、被害者の約半数は中東欧地域出身者である。

　国別に見ると、2003年の統計によれば、最も多いのがブルガリアで19％、次いでルーマニアの12％、ナイジェリアの8％、ウクライナ5％、ブラジル5％等となっている。2002年の統計では、ブルガリア17％、ナイジェリア13％、ルーマニア6％、ロシア5％、オランダ5％の順となっている。

　2003年の年齢別内訳は、18歳から23歳が44％、24歳から29歳が21％、30歳から39歳が10％、14歳から17歳が7％、40歳以上が2％、10歳から13歳が1％となっている。17歳以下の割合は、2002年に比べて減少傾向にある。性別に関して、2003年の統計では男性の被害者の報告はなかった。

　国境を越える人身売買において、2003年の統計によると、被害者は、約3分の1が偽造旅券を利用して入国しているが、2000年約3分の2、2001年約半数、2002年4割であって、その割合は減少傾向にある。2002年および2003年で偽造旅券使用の被害者の約半数がEU加盟国の国籍となっている。

　人身売買の被害者は、飾り窓売春、クラブ・売春宿、同伴、路上売春などのさまざまな売春関連の職に就く。2003年の統計では、クラブ・売春宿31％、飾り窓売春26％、路上売春26％、同伴19％となっている。過去4年間の統計をみてみると、飾り窓売春とクラブ・売春宿の割合は減少傾向にある。同伴は2000年から2001年には増加がみられたものの、2001年からは横ばい状態である。路上売春は若干の増加傾向にある。

(2)捜査

　オランダ人身売買国内報告者事務局の人身売買の捜査に関する分析情報をもとに、オランダにおける人身売買の動向を推察してみよう。

　まず、国内の人身売買と国境を越えて取引される人身売買との割合であるが、2003年の統計によると24％が国内、76％が国境を越えた取引となっている。これは過去3年間同じ割合である。

　次に容疑者についての統計を見てみよう。2003年、身元確認がなされた容疑者が148人、逮捕された容疑者が135人、事件付託された容疑者が127人であり、いずれも過去2年の統計数よりも減少している。

　性別について、逮捕された者の大多数は男性である。しかし、2000年から2003年の間、逮捕された者の約4分の1は女性であり、そのうちの96％は国境を越えた人身売買に関わっている。

　容疑者を国籍別に見てみると、2003年の統計では、オランダ45％、ルーマニア18％、ブルガリア16％、トルコ5％、ナイジェリア4％、ウクライナ3％と続いている。2000年から2003年のトップはいずれもオランダであり、この4年間の平均が40％となっている。

オランダ国籍以外の国籍を有する容疑者の滞在許可について見てみると、2003年の非オランダ国籍容疑者の38％は逮捕時には合法的に滞在していた。62％は不法滞在ということになる。不法滞在者の割合は2000年10％、2001年42％、2002年48％、2003年62％と、年々増加傾向にある。

人身売買を行う手法について見てみよう。人身売買のプロセスは、たいてい徴募、強制徴募、または誘拐で開始される。国境を越える人身売買の場合、それに関わる人すべてが特定され、逮捕、または訴追されるとはかぎらない。2003年の統計によると、国境を越える人身売買の徴募者すべてを逮捕した事件の割合は50％である。2003年調査が完了した事例の14％にあたる被害者が売られている。他方、「仲介者」が関わる場合もあり、この場合は性産業に被害者が身を置くことなく、仲介者が売買を行う。2003年の統計によるとその割合は17％に上る。

人身売買では女性を売春先に連れ込み、そこに置いて、彼女たちの稼ぎをとるためあらゆる強制手段が用いられている。最も頻繁に使用される手段は暴力であるが、ほかに監視・監禁、架空の債務、旅券の没収、疑似恋愛、呪術などが使用されている。

オランダは人身売買の最終目的地であるが、オランダから他国の買春先へと連行される場合もある。被害者がオランダ外の買春先へ連行された割合は2003年32％で、ドイツ、ベルギー、イタリア、スペインなど隣国が対象国となっている。

人身売買は、単独の犯行あるいは単独の犯罪組織の犯行、犯罪ネットワークによる犯行の3つの形態に区分される。2003年の統計によると、単独犯行が34％、単独犯罪組織による犯行が24％、犯罪ネットワークによる犯行が41％となっている。単独犯行の66％は国内での人身売買に関与しているのに対し、犯罪ネットワークの犯行の97％が国境を越えた人身売買に関与している。

人身売買は、重大犯罪のひとつである。2003年に発生したオランダでの重大犯罪の中で人身売買は84％を占め、そのうち人身売買に関する規定である刑法250条a(1)[2])に該当する犯罪が15％、250条a(2)[3])に該当する犯罪が69％である。その他、性的暴力が9％と続くが、人身売買が重大犯罪の中で圧倒的な割合を占めているといえる。

3. 欧州の取組み

オランダの人身売買対策に最も関連する国際機関として、国連、EU、欧州安全保障協力機構、欧州評議会があるが、ここではEUの取組みについて概観したい[4])。

---

[2])人身売買の手段が、強制力またはその他の暴行、暴力または他の暴行による脅迫、権力の濫用、詐欺によるもの。
[3])人身売買の手段が、徴募、誘拐によるもの。
[4])2003年までの欧州の取組みに関して、See, Conny Rijken, *Traffiking in persons prosecution from a European perspective*, T.M.C. Asser press, 2003.

EUの主要な目的のひとつに、自由、安全保障および司法分野でのEUの維持と発展がある。国境管理、庇護、移住、および犯罪防止と撲滅に関する適切な措置を組み合わせて、欧州域内の人の移動の自由を確保することでその目的達成をめざす。この分野において、EUは、直接かつ欧州刑事警察（以下、ユーロポール）と欧州司法協力部（以下、ユーロジャスト）を通して、犯罪に対する警察および司法協力の促進により、高水準の安全保障を欧州市民に提供することを目的としている（EU条約29条）。人身売買はこの条項に関連する犯罪形態のひとつである。この規定は、一般的な犯罪およびとくに人身売買に関する協力分野のEUの決定と無数の発展の基礎となっている5)。

　また、EUにおける人身売買の取組みの基礎となっているのは、「人身売買撲滅に関する2002年7月19日理事会枠組み決定6)」である。加盟国はこの決定を2004年8月1日までに遵守することを求められ、理事会が2005年8月1日までに加盟国が必要な措置をとったかを審査することを定めている。

　この枠組み決定は、人身売買撲滅に関連する刑事問題での警察および司法協力分野における加盟国の法規則を、より調和させることが目的である。この決定は、国内で直接的な効力を有しないが、国内法に転換または編入させることによって履行されなければならない。したがって、この枠組み決定は、後に見るオランダの人身売買に関連する法改正に影響を与えた一因といえる。

　枠組み決定の1条では、人身売買の定義を定めているが、その内容は国連人身取引防止議定書の定義に準じている。加盟国は、労働または性的搾取の目的での徴募、運搬、移送、蔵匿、収受の行為を罰するための必要な措置をとることが義務づけられる。禁止される行為として、強制力、暴力、脅迫、誘拐、詐欺、欺もう、権力の濫用または弱い立場の悪用、金銭もしくは利益の授受がある。搾取には、労働または役務、奴隷またはこれに類する行為または隷属、他人を売春させて搾取することもしくはポルノグラフィーを含むその他の形態の性的搾取が含まれる。

　3条は刑罰に関する規定である。加盟国は、実効性、均衡性および犯罪予防効果のある刑罰により1条および2条に関連する犯罪が罰せられることを確保するため必要な措置をとらなければならない。また、次の4つの場合、最も長い刑期を8年以上とする禁固刑により1条に関連する犯罪を罰することを確保する必要な措置をとらなければならない。①被害者の生命を危険にさらす犯罪、②弱い立場にある被害者への犯罪、③重大な暴力による犯罪、④98/733/JHAジョイント・アクション7)で定義された犯罪組織による犯罪。

　4条は法人の義務、5条は法人への

---

5) *Trafficking in Human Beings, Third Report of the Dutch National Rapporteur*, 2005, pp.29-30.
6) 2002/629/JHA OJ.L.203, 01/08/ 2002, pp.1-4.
7) OJ.L.351, 29/12/1998, p.1. ただし、当該文書にある刑罰のレベルは、考慮の対象から除外される。

制裁について規定している。6条は管轄権と訴追を規定している。管轄権行使の条件は、領域内での犯罪であること、被疑者の国籍国であること、および加盟国領域内に設立された法人の利益に関する犯罪であることとしている。7条は被害者の保護および支援を規定している。

EUは、組織犯罪撲滅に対処する4つの機関を有しているが、そのうち人身売買に関連して重要な機関は、欧州警察庁長官タスクフォース、ユーロポール、ユーロジャストである[8]。これらの機関は、超国家的な権力を持った機関ではなく、加盟国間の協働によるものである。したがって、加盟国の協力体制に左右される。またEUは超国家的な刑法や法執行機関が直接権力を行使しうる刑事手続規則を有しているわけでもない。

タスクフォースの目的は、ユーロポールの協力のもと、国境を越えた犯罪への対応における最近の発展に関するグッド・プラクティスおよび情報の交換と実践的活動計画に寄与することにある。

ユーロポールは、犯罪の情報の交換、分析、処理に関して加盟国を支援し、専門的かつ技術的支援を提供する。

ユーロジャストの目的は、EUにおける組織的な国境を越えた犯罪の重大な形態に対する司法協力を促進することにより、こうした犯罪に対する戦いを強化することである。ユーロジャストは、超国家的な管轄権を有していないので、国境を越えた捜査および訴追手続の調整、簡素化、および強化によりこの目的を達成しなければならない。これは、加盟国によりこの目的のために指名された検察官、裁判官および警察官のチームにより行われるが、彼らの地位は国家公務員の一員のままである。各構成員は、出身国の法制度からその権限が生じる。ユーロジャストの国内構成員は、具体的事例において国内の同僚への支援を提供し、とくに国際的法支援および国際協力分野で捜査がよりうまく進むように、協議を通してユーロジャスト内の同僚とともに国境を越えた連携を発展させる。このプロセスにおいて構成員が直面する制限は、多様な各国の法制度、法および規則から生じ、管轄権および権限の相違からも生じる。

EUは、人身売買撲滅に関わる国際協力のため、さまざまなプログラムを展開している。たとえば、人身売買および子どもの性的搾取撲滅に関する責任者のための奨励・交流プログラム（STOP I[9]、II[10]）、子ども、青年および女性に対する暴力との戦いのための予防措置プログラム（DAPHNE[11]）、刑事事件における警察および司法協力に関する枠組みプログラム（AGIS[12]）などがあ

---

[8] See, *Third Report of the Dutch National Rapporteur*, p.35, 130, 155. もう1つの機関は、欧州反欺もう事務所（OLAF）。
[9] 96/700/JHA, OJ L 322, 12/12/1996, pp.7-10.
[10] 2001/514/JHA, OJ L 186, 07/07/2001, pp.7-10.
[11] 293/2000/EC, OJ L 034, 09/02/2000, pp.1-5.

り、また人身売買の予防および撲滅に関する専門家が欧州委員会に意見および報告を提示するための、人身売買に関する専門家グループを設立している13)。

4.オランダの取組み

ここでは、オランダの法制度、被害者保護、および執行について考察する14)。

(1)法制度

これまでのオランダの人身売買に関する法規則は、売春問題に密接に関係している。オランダでは、売春の（道徳上の）許容性に関する国際的な動向によって大きく影響を受け、20世紀初頭の強力な売買春廃止論者的な考え方から、売春商業組織に対するより現実的で寛容な態度へと変化し、20世紀の経過とともに売春宿が普及し、結果的に売春業の合法化につながった15)。

しかし、当初から、人身売買は有罪とされ、制裁の対象であった。たとえば、オランダ刑法および売春と女性の売買に関する政策は1911年まで遡る。売春仲介や売春宿の経営の禁止と同様、当時、売春のため女性および少女を売買することを禁じる規定が刑法（250条）に含まれていた。国際連盟および その後の国際連合で強化された継続的かつ国際的なイニシアティブによる促進によって、刑法は20世紀を通じて数回改定され、さらにオランダにおける売春と人身売買政策を精錬していった。1923年、女性の売買の犯罪は、男性未成年者の売買を含むように広げられた。1994年、「人身売買」という性別に関係のない語が刑法に導入された。2000年、売春宿の一般的な禁止の解除が刑法および他の法規の多くの改正を引き起こした16)。売春宿の一般的禁止解除の目的は、現実的な観点から、道徳的解釈ではなく売春業のより良い管理と規制を達成することである。この目的のため、末端の犯罪要因の制限を受けず、現存の労働法および税法を適用するため、売春業を通常の商業に転換すること、他方、より強固に売春（搾取）の望ましくない形態への対処を容易にすることを目的とした6つの目的を制度化した。こうして、売春宿の一般的禁止の解除は、売春業の合法とされる範囲と刑法で禁止される範囲の分離を導くこととなった。合法となるのは、成人と条件を満たした者との間の自発的売買春（の組織）である。「不法」となるのは、搾取として分類される買春（の組織）のすべての形態からなる17)。

「不法」分野の規制としての刑事罰の根拠となるものは、人身売買に関する

---

12) 2002/630/JHA, OJ L 203, 01/08/2002, pp.5-8.
13) 2003/209/EC, OJ L 079, 26/03/2003, pp.25-27.
14) 2003年までのオランダの人身売買の取組みについて、See, Conny Rijken, *op.cit.*, pp.201-241.
15) See, *Third Report of Dutch National Rapporteur*, p.13.
16) *Ibid.*, p.13.
17) *Ibid.*, p.14.

規定である、刑法250条aである。刑法250条aの範囲は、2002年7月13日の法によって、非自発的なまたは未成年者の買春に続き、性産業のすべての形態における搾取のタイプを含むように広げられた。エロティック・ポルノグラフィック・シーンにおける成人の強制関与および子どもの搾取が当時の現行規定の範囲外に置かれていたためこの改定が決定された。ただ、刑罰の内容は変更されなかった[18]。

同時に、刑法250条aの域外適用範囲が拡大され、次の2項目に対して適用可能となった。①オランダ領域外で罪を犯したオランダ人が関わった性的搾取および性的搾取を目的とした子どもの売買および、②オランダに永住または居住権を有するまたは取得する外国人、および犯罪が未成年に対してなされる場合にかぎり、オランダ領域外で刑法250条aに言及される罪のひとつにあたる罪を犯した外国人。この2項目において、双方可罰性の要件は取り消される[19]。

オランダが合意しているさまざまな国際取極は、人身売買分野の(刑)法の改正を要求している。これらの文書は「人身売買」の用語の広い定義を採択している。これは、他人を売春させて搾取すること、およびその他の形態の性的搾取に加え、強制労働または役務、奴隷およびこれに類する行為および隷属を含むとしている。さらに、国連議定書は、人身売買の定義として臓器摘出の目的での人の取引も含む。これらの国際義務に刑法を一致させるため、2003年11月12日、人身の密輸入および取引撲滅のための国際規則の履行のための法案が下院に送られた。この法案は国際取極に一致するように人身売買の定義(および罰則規定の範囲)を広げることを企図している[20]。

そして、2005年1月1日、人身売買に関する規定である刑法250条aは、人身売買のすべての形態を含む規定273条aに置き換えられた。これは、性産業、労働および使役の他の業種における搾取、および臓器摘出を目的とした活動を含む[21]。この規定は、国連議定書3条およびEU人身売買撲滅に関する枠組み決定1条と実質的に同様の文言を擁している[22]。それは、特定の手段を用いて、搾取の目的で行われる活動を人身売買として示している。搾取は、少なくとも、売春させて他人を搾取すること、その他の形態の性的搾取、強制労働または使役、奴隷または隷属に類する行為、子どもの性的労働に関連する商業組織および臓器摘出の目的の活動で構成される。成人が関わる場合、強制の形態が使用されなければならないが、この要素は子どもに対

---

18) See, *Ibid.*, p.16.
19) *Ibid.*, pp.16-17.
20) *Ibid.*, p.17.
21) *Fourth Report of Dutch National Rapporteur*, pp.1, 45-46.
22) *Third Report of Dutch National Rapporteur*, p.17.

する行為については必要ない[23]。

罰則に関しては、以下のように規定されている。①通常の人身売買に関して6年までの禁固刑または最大45,000ユーロの罰金、②犯行が2人以上で行われるか被害者が16歳未満の場合は、8年までの禁固刑または最大45,000ユーロの罰金、③犯行が16歳未満の人に対し2人以上で行われた場合、10年までの禁固刑または最大45,000ユーロの罰金、④人身売買が重大な身体的損傷を招くか、他者の命が危険にさらされる場合、12年までの禁固刑または最大45,000ユーロの罰金、⑤人身売買により被害者が死に至った場合、15年までの禁固刑または最大45,000ユーロの罰金[24]。

(2)被害者保護

規則B9（外国人法B-9部履行ガイドライン）は、人身売買の被害者または証人であるかまたはそうであるかもしれない外国人に、取調べおよび訴追プロセスの間、一時的に、オランダに合法的に滞在することを許可し、警察および検察庁に出頭可能な状態にしておくものである。警察は、人身売買の被害者であろう外国人に、（人身売買に関する瑣末な指摘の場合であっても）規則B9の下でのその者の権利に関する情報を提供し、熟考する期間を与えることが求められる。この期間は、被害者に、報告書を提出するかどうか、オランダから被害者の強制送還が一時的に中断される期間が3ヵ月までであることを承知するかどうかを決定する時間を与えるためのものである。外国人が犯罪を報告しないと決めた場合、オランダを直ちに離れなければならない。報告すると決めた場合、これが一時滞在許可、また通常の居住許可の申請としてみなされる。許可は捜査および訴追の期間与えられ、これが中止されるか完了すると直ちに、停止される。規則B9は、収容および宿泊施設、医療、法支援および生活維持に関する食料を提供してきた[25]。

しかし、規則B9は、その実施において詳細が必ずしも明確でなく、履行において問題が生じているため改正が必要だと指摘されてきた。指摘されてきた問題点をまとめてみると次の点が挙げられよう。

第1に、警察、福祉事業者および研究員が人身売買の被害者を特定することが難しい。被害者が売春仲介業者と恋愛関係にある場合、または搾取の代わりに出身国で得るより多い収入を得ている場合、搾取されていることをつねに認識しているわけではない。認識している被害者は、警察または福祉施設に行くことを妨げられているか、そうする勇気がないため、しばしば自分自身の経験を自分の中だけに秘めている。また、家族や被害者自身が脅されていて、警察に行くのを恐れたり、オランダ

---

23) *Ibid.*, p.17.
24) See, *Fourth Report of Dutch National Rapporteur*, pp.45-46.
25) *Third Report of Dutch National Rapporteur.*, p.60.

に不法入国しているため送還を恐れたりしている。警察が彼らの信頼を勝ち得て協力体制をいかに創設するかが重要である。

第2に、被害者はしばしば不法入国者である場合があり、規則B9での権利が十分に保護されない場合、滞在期間が3カ月よりも短く強制退去させられる場合などがあり、効果的な訴追につながらない場合がある。

第3に、被害者への情報提供および支援体制が十分ではないという点が挙げられる。

第4に、被害者は、しばしば庇護申請者でもある。庇護申請手続が終了した人身売買の被害者は、しばしばそのように認識されないことがある。庇護申請手続と規則B9手続に同時にかかることはできない。また女性の庇護申請者および孤児の収容時に起こるできごとが十分に知られていないが、庇護施設が孤児や女性にとって十分安全ではないようだ。さらに、孤児の安全の確保、孤児に対する協力体制の確保は難しい。

第5に、被害者が支払わなければならない規則B9許可の延長手続料、永住許可申請料、家族再統合申請料などは足かせとなる場合もある。

第6に、出身国に帰国してしまった被害者についてはほとんど把握されていない[26]。

また、2005年の法改正により人身売買の定義が広がること、および人身売買被害者に労働を許可するように、EUレベルで合意されたことが改正の必要性を創設した[27]。

こうしたことを受けて、2005年4月、政府は、規則B9の適格者に労働権を許可する規則を制定した[28]。また、人身売買の定義が広がったことを受けて、性産業以外での搾取された人身売買の被害者に対しても規則B9が適用されるように変更がなされた[29]。

(3) 執行

2001年10月以来、人身売買への取組みは国家レベルにおいて検察庁内で調整がなされている[30]。検察庁の一般的な政策枠組みは「検察庁年次報告」および「長期計画」に示されている。2003年年次報告によると、検察庁は政府によって着手される安全保障政策に従った政策をめざし、人身売買への取組みは、検察庁が特別に注目する国内問題であると明示しており、長期計画においても、オランダ政府の安全保障プログラムに関連づけられており、人

---

[26] See., *Ibid*., pp.64-66.
[27] *Ibid*., p.21.
[28] 06/03/2006 the letter from Dr. Monika Smit, Bureau of the Dutch Rapporteur on Trafficking in Human Beings ; See, U.S. State Dept Trafficking in Persons Report, 2005, http://www.state.gov/g/tiprpt/2005/46614.htm, 27/03/2006.
[29] 06/03/2006 the letter from Dr. Monika Smit, Bureau of the Dutch Rapporteur on Trafficking in Human Beings; See, "National rapporteur on trafficking in human beings presents forth report," http://www.justitie.nl/english/press/press_releases/, 02/03/2006.
[30] See, *Third Report of Dutch National Rapporteur*, p.135.

身売買に関して、刑事執行強化が要求される特別の課題であると検察庁は言及している31)。法務省も、人身売買は警察および検察庁にとっての優先事項であると繰り返し言及しており32)、さまざまな執行に関する政策文書が作成されている33)。

2003年には、検察庁内での人身売買問題の位置づけを反映した機構改革がなされた。

人身売買に関連する新設機関としては、国家犯罪捜査局が警察庁内に2004年4月1日、創設された。当該局の任務は、特定分野（人身売買等）の捜査、複雑な国際的法律支援申請の処理、国際協調のための能力提供（共同捜査チーム等）、人身売買がそのひとつを占める主要分野の専門家としての任務を含む34)。国家犯罪捜査局は、その権限下に入る分野で外国捜査局とともに任務にあたる35)。加えて、2004年1月1日より、6つの地方間犯罪捜査チームも活動を行っている。これらのチームは、多くの地方で顕著な犯罪の形態、および特定の地方または国家犯罪捜査局から支援を受けていない犯罪の形態に焦点を当てている。地方警察は、人身売買が地方レベルで顕著であり、このレベルで得られる情報（売春産業取締り等）が地方、地方間および国家レベルでの人身売買の捜査において決定的であるとして、とくに人身売買撲滅における重要な役割を担っている36)。

しかし、こうした発展は、実務上にみられるというよりも「文書上」でのもののようだ。警察は人身売買への取組みにはあまりに少ない能力しか有していない。取り上げられていない事例や棚上げされた事例もあり、事前のまたは情報部の指導による捜査は少なく、不法売春に焦点を当てた捜査も少数である37)。

また、国境を越えた捜査や訴追の権限の欠如から、原則的に国家の手段と権限に頼らねばならない。国境を越えた人身売買の刑事手続の障害として、検事総長は国際刑事協力の欠如を挙げている。国際協力の欠如が、1つ以上の関連犯罪を訴追する機会を危うくするような場合でさえ、検察庁はできるだけ国際協力を避けようとする。人身売買の訴追は、複数国が関与する場合、より難しくなり、単純な国家権限に基づく活動は限界があり、他の訴追形態が求められる。すでに見てきたように、EUは、刑事手続に関するより良い協力および刑法の基準の調和に向けて徐々に働きだしているが、EU独自の（手続に関する）刑事法を有するにはまだ長い道のりがある38)。

---

31) See, *Ibid.*, pp.136-137.
32) See, *Third Report of Dutch National Rapporteur*, p.97.
33) See, *National Action Plan against Trafficking in Human Beings*, 2004, pp.28-30.
34) See, *Ibid.*, pp.27-28.
35) See, *Third Report of Dutch National Rapporteur*, p.98.
36) *National Action Plan against Trafficking in Human Beings*, p.28.
37) See, *Third Report of Dutch National Rapportuer*, p.131.

5.おわりに

　オランダの人身売買に対する取組みは、国際社会、とくに欧州における当該分野の動向に沿ってなされている。人身売買の問題は、国際犯罪対策と人権問題の両側面を有しているが、政策立案において、安全保障上の問題として捉えられている。人権の側面から捉えると、EUの動向に即して、被害者保護対策の進展がみられるものの、実際には、被害者の特定にはじまり彼らの保護に関して多くの課題があることがわかる。また、国際協力を含む執行に関わる体制は依然として不十分である。法整備、情報交換のためのさまざまな取組みが進みつつあるものの、実際、被害者、警察、福祉事業者等その問題に直接関わるレベルで、法規則や政策が十分に浸透し運用されるまでには至っていないようだ。

　また、人身売買は、他の犯罪と複合的に国境を越えて行われる場合、各国の体制の調整が十分でなく実態把握さえも難しい状況である。さらに、「搾取」を敷居として合法的な売春との区別を正当に行っていくことの困難性や、性産業以外の搾取をも含む広い概念として人身売買を定義することにより、その対応の複雑性など、取締りの明確化および強化をめざした新たな法制度でのさらなる課題もある。

　ここ数年にわかに人身売買対策強化がなされてきているものの、正当性を確保し、実効的に当該問題を取り締まるまでには未だ課題が多く、人身売買撲滅の道のりは長いといわざるをえないだろう。

(附記) オランダ人身売買報告者事務局のMonika Smit氏には多くの資料の提供をいただいた。ここに記して感謝申し上げる。

---

38) See, *Ibid.*, pp.142-143.

◉国別・テーマ別報告

International Convention and UK Legislation of Intercoutry Adoption: In Search of "Good Practice"

国際養子縁組を検証する
「よき方法（Good Practice）」を模索する英国の取組み

柄谷利恵子 ●*KARATANI Rieko*

1. はじめに
——国際養子制度とは

　本稿の目的は以下の2つである。まず第1に、国際養子縁組に関する国際および国内的枠組みの現状を紹介する。前者としては、1993年に制定された「国際養子縁組に関する子の保護および協力に関する条約」（以下、93年ハーグ養子条約）に焦点を当てる。後者としては、ハーグ養子条約を国内法に取り込みつつ、国内・国際養子縁組の抜本的改革に取り組んでいる英国の事例を取り上げる。第2に、現状の制度がいかなる意味において「よき方法」といえるかを検証してみる。

　93年ハーグ養子条約は、国際養子縁組を子の人格の発達のために有益であると認め、「子の奪取、売買および取引を防止する措置」を講ずることを目的としている[1]。英国政府は80年代末から国際養子縁組を含む、養子縁組制度の改革に取り組んでおり、現在でもなお法改正の議論は続いている。国際養子縁組を取り扱う「1999年養子（国際養子）法（Adoption (Intercountry Aspects) Act 1999)」（以下、99年国際養子法）は、93年ハーグ養子条約を批准したうえで、「国際養子縁組の質の向上」をめざしている[2]。93年ハーグ養子条約および99年国際養子法によれば、国際養子縁組は「子の最善の利益」に基づかねばならない。子の「奪取、売買および取引」が放置されることは、「子の最善の利益に基づく」国際養子縁組の「よき方法」でないのは当然だが、「奪取、売買および取引」を防止するだけで「よき方法」が実現できると考えられてはいない。99年国際養子法草案を提出する際に英国政府が訴えたのは、93年ハーグ養子条約の批准によって国際養子縁組に関する国際的最低基準を保障し、関連する法制度を改定することで、国内および国際養子縁組の両方を包括する制度を設立す

---

1) 93年ハーグ養子条約、前文。
2) Parliamentary Debates, House of Commons, vol. 329, col. 1140, 23 April, 1999, (Mr. Mark Oaten).

ることだった3)。つまり、多国間取決めを基盤に、さらに詳細な国内的取決めが制定されることになっている。

　養子縁組とは、血縁関係のない者の間で人為的に親子関係を創設する制度である。第2次大戦以前は、非嫡出子を出産した女性が国内で養親を探すことが多かった。しかし戦後は、紛争や自然災害に伴って発生した孤児を、国境を越えて養子縁組する例が増加する。1970年代半ばから80年代に入ると、とくに先進国においては、避妊や中絶に関する医療技術の進歩、女性の社会進出に伴う出生率の減少、非嫡出子に対する社会的寛容度の高まりから、国内養子の対象となる子の数が減り、海外からの養子が求められるようになる4)。途上国の側では、国際養子制度を事実上は外貨獲得の手段としてしまっている場合が多い5)。その結果、子を望む先進国側の需要を、途上国が供給するという市場誘導傾向が強まっている6)。現在、国際養子縁組の最大の受入国は米国で、2000年の受入数は約18,000人だったのが、2003年には約21,000人に増加した7)。全世界の国際養子縁組総数を正確に把握するのは困難だが、一説には100カ国以上の間で3万件を超える養子縁組が成立しているという8)。93年ハーグ養子条約によれば、子の出身国内における里親委託や施設での監護よりも、国際養子縁組のほうが望ましいことになっている9)。しかし、本当に国際養子縁組は、「出身国においてふさわしい家庭が見つからない子に恒久的な家庭内で生活する利益を提供」10)しうるのか。それともやはり、法的にも道徳的にも正当性を欠く

---

3) 1993年ハーグ養子条約が国際養子制度の最低基準(minimum standards)を設置しているに過ぎないことはすでに指摘されている。たとえば、Pfund, Peter H., "Intercountry Adoption: The 1993 Hague Convention: Its Purpose, Implementation, and Promise", *Family Law Quarterly*, vol. 28, no. 1 (Spring 1994), p.54, and Bridge, Caroline, and Heather Swindell, *Adoption: The Modern Law*, (Jordan Publishing Ltd., 2003), p.290.

4) Weil, Richard H., "International Adoptions: The Quiet Migration", *International Migration Review*, vol.18, No.2 (Summer 1984), pp.276-293, Selman, Peter, "Intercountry Adoption in the New Millennium: The 'Quiet Migration' Revisited", *Population Research and Policy Review*, vol.21 (2002), pp.205-225, Lovelock, Kirsten, "Intercountry Adoption as a Migratory Practice: A Comparative Analysis of Intercountry Adoption and Immigration Policy and Practice in the United States, Canada and New Zealand in the Post W.W.II Period", *International Migration Review*, vol.34, no.3 (2000), pp.907-949, Buck, Trevor, *International Child Law* (Cavendish Publishing Ltd., 2005), chap.7.

5) Kennard, Holly C., "Curtailing the Sale and Trafficking of Children: A Discussion of the Hague Conference Convention in Respect of Intercountry Adoption", *University of Pennsylvania Journal of International Economic Law*, vol.14 (Winter 1994).

6) Black, Vaughan, "GATT for Kids: New Rules for Intercountry Adoption of Children", *Canadian Family Law Quarterly*, vol.11 (1994), p.260-267.

7) United States Citizenship and Immigration Services, 2003 Yearbook of Immigration Statistics, http://uscis.gov/graphics/shared/aboutus/statistics/Immigs.htm.

8) Selman, op. cit., p.6.

9) 93年ハーグ養子条約の制定以前は、子どもの出身国内での監護があらゆる方法で模索された後の最後の手段として国際養子縁組が考えられていた。しかし、93年ハーグ養子条約制定によって、国際養子縁組の意義が正式に認められたことにより、恒久的な家族を提供する手段としては、子どもの出身国内での里親委託や施設の監護よりも望ましいとみる意見もある。たとえば、Lovelock, ibid., p.937.

10) 93年ハーグ養子条約、前文。

「地球規模の売買取引」11)なのか。

　次節では93年ハーグ養子条約を、第3節では英国の養子縁組制度改革の事例を取り上げる。最後に、国際養子制度をめぐる問題を、技術・構造・是非の3つに分類し、それぞれにおいて現行制度がめざす「よき方法」の現状と限界を検討してみる。

2.国際的枠組み ──「1993年ハーグ養子条約」

　国際私法の国際的統一をめざすハーグ国際私法会議（以下、ハーグ会議）は、1960年にはすでに、国際養子縁組に関する条約制定に取り組んでいた。当時は、地理的に隣接した諸国間で養子縁組が成立すると想定されていたが、1970年代以降、第三世界の子が先進国の養親に引き取られるケースが大半を占める。また、国際養子制度を悪用した子の売買や取引も増加していった。そこで1988年に入り、世界規模の国際養子縁組を前提とした新たな条約の準備が始まる12)。1989年に制定された「児童の権利に関する条約」（以下、子どもの権利条約）の中に、養子縁組についての独立した条文（21条）が定められ、その中に二国間または多国間の取決めや協定の締結の必要性が規定（21条(e)項）されたことから、条約制定に向けた動きが促進される。最終的にハーグ養子条約が成立した1993年会議には、ハーグ会議非加盟国も含めた66カ国（うち約半数がいわゆる国際養子の出国国）、18の国際機関が参加していた13)。93年ハーグ養子条約制定に深く関わった、ハーグ会議常設事務局第1書記のvan Loonは、国際養子縁組の現状に対応するために、「裁判所、行政機関、民間の仲介者のための手続および実質的保護の定義を明確にし、それに基づく国際協調の枠組み」14)の必要性を強調している。93年ハーグ養子条約成立以前は、国際養子縁組を複数の国が関与する純粋な契約関係のようなものとみなして、どの国の裁判管轄権および法律が適用されるかを決定することに焦点が当てられていた。それに対し93年ハーグ養子条約では、国際養子縁組を1つの連続したプロセスと捉え、その進行過程の中での子をはじめとする関係者の役割を明確にし、それぞれの協調関係を基盤とした枠組みづくりがめざされた。

　93年ハーグ養子条約の目的と運用は、以下のように説明される。まず1条に3つの目的が掲げられた。第1に、国際養子縁組が子の最善の利益に基づ

---

11) Triseliotis, John, "Intercountry Adoption: Global Trade or Global Gift?", *Adoption & Fostering*, vol.24, no.2 (2000), p.45.
12) Van Loon, Hans, "Hague Convention of 29 May 1993 on Protection of Children and Cooperation in Respect of Intercountry Adoption", *The International Journal of Children's Rights*, vol. 3 (1995), pp.463-468.
13) Pfund, op. cit., p.54, n.5.
14) Van Loon, op. cit., p.463.

いており、かつ国際法上認められている基本的権利を保障する措置を定めること、第2に締約国間の協力体制を確立することによって、子の奪取や取引を防止すること、第3がこの条約に従って行われた養子縁組を締約国間で相互承認することである。家族法の専門家であるBridgeおよびSwindellsは、93年ハーグ養子条約においても、子どもの権利条約で主張された養子制度を支える原則——最善の利益の原則(the "best interests" principle)、補完性原則(the principle of "subsidiarity")、同等原則(the "equivalence" principle)——が引き継がれていると指摘する15)。つまり、条約が認める国際養子縁組では、子の最善の利益に基づき実行されることを前提とし、子の出身国で相応の家庭がみつからない場合の補完的手段として、国際養子制度においても国内養子制度と同等の保護が子に適用されなければならない。

次に、国際養子縁組を規制・監視するメカニズムは、条約の3章と4章に明記されている。簡単に言えば、メカニズムを支えるのは締約国の「中央当局(central authority)」に対する信頼の共有である。養子縁組が成立するには、子の出身国内の「権限ある中央当局」が、その子の養子可能性・適性の認定や、子および実親の自由意志に基づく合意を保証する。一方、子の受入国内の「中央当局」は、養子縁組を希望する者の養親としての適性を確認し、子の入国・永住資格を保証する。子の受入国と出身国の「中央当局」は、それぞれ報告書を作成・送付しあう。両国の「中央当局」が安全かつ適切な状況を確認した後で、子は国境を越えて移動する。以上の手続を踏むことで、「中央当局」の監督の下で養子縁組が進められ、子の奪取や取引が防止されることになる。

93年ハーグ養子条約は68カ国が締約している（2006年1月）16)。先述のように、法的管轄や準拠法の決定方法を定めるのではなく、「中央当局間の司法的・行政的協力枠組み」を構築することで、子の権利を保護し子の最善の利益を保障しようとする点では、国際養子縁組に対する発想の転換がみられる。しかし問題がないわけではない。子の奪取や取引防止に限定しても以下のような問題がある17)。第1が、条約内の語句の定義が不明瞭で、解釈が締約国政府に任されている点である。たとえば、「不適切な金銭利得」や「非利益目的」の内容をいかようにも解釈することが可能である。また、この枠組みの中心的役割を果たす「中央当局」の定義もない。第2に、子の売買や密輸の温床とみられていた、公的機関を通さない国際養子縁組が禁止されなかった。条約作成過程において、「中央当局」が直接関与しない養子縁組(privateもしくはindependent adoption)を許可するかどうかで議論が分かれた18)。国際養子

---

15) Bridge and Swindells, *op. cit.*, pp.291-295.
16) Pfund, op. cit., p.55.
17) Kennard, op. cit., pp.636-637.

の最大の受入国である米国では、公的機関が直接関与しない養子縁組が大半を占める。米国の参加しない条約は意味がないこと、できるだけ多くの国の条約への参加が不可欠なことから、「中央当局の監督の下」という条件付きで、私的機関および個人による養子縁組の斡旋・紹介が許可された（22条2項）。第3に93年ハーグ養子条約は罰則規定を持たない。

国際条約ではよくあることだが、条約の運用・行使については締約国政府の政治的意思に任されている。締約国はお互いの「中央当局」の判断および報告書を信頼しあうしかない。しかし現実には、養子を望む受入国側の需要と、それに応える送出国側の供給が存在する。つまり、国際養子制度をめぐる「市場」がすでに形成されており、そこで利益をあげている人々がいるかぎり、締約国間の信頼を唯一の拠り所にする93年ハーグ養子条約に多くを期待できないとの指摘もある[19]。

3. 英国の現状
―― 1999年養子（国際養子）法および2002年養子・児童法

英国の国際養子縁組の件数は年間300件程度に過ぎず、米国やオランダ、スウェーデンなどと比べ著しく少ない[20]。歴史的にみれば、英国は子を労働力として海外に送り出していた時期が長い。戦前に旧植民地へ移民として送られた子が、実際は低賃金労働者として搾取されていたことから、長い間英国では、国際養子縁組を積極的に評価することが躊躇されてきた[21]。また、とくに児童福祉関係の専門家の間で、人種を越えた養子縁組に対する反発や懸念が存在していることや、国内の施設に預けられている子を対象とした養子縁組が優先されている現状がある。その結果、国際養子制度はまったく未発達の状態だった。

1989年に保守党政権は、国内の施設における監護や里親委託よりも、養子縁組の促進による安定した家庭環境の提供を重視するといった、養子縁組政策の大幅な見直しに着手する[22]。また1990年代に入ると、英国でもルーマニアからの孤児を対象とした国際養子縁組に注目が集まるようになった。しかし、事実婚や同性愛者カップルの養親としての適性、人種を超えた養子縁組など、養子制度の改革は、「家族」のあり方や役割といった、社会的・政治的に微妙な問題に触れる。その結果、1997年に誕生した労働党政権も、野

---

18) Pfund, op. cit., pp.60-63.
19) Black, Vaughan, op. cit., pp.253-315.
20) Parliamentary Debates, House of Commons, vol.329, col.1140, 23 April, 1999, (Mr. Mark Oaten).
21) Select Committee on Health, *The Welfare of Former British Child Migrants*, 3rd Report, 1997-1998 session, July 1998.
22) 1989年は子どもの権利条約が制定された年でもある。英国ではこの年に児童法が改正され、その制定過程で養子縁組制度の全面改革が宣言された。

党時代とは打って変わって慎重な態度をとり、なかなか法案提出に踏み切らなかった。しかし、国際養子縁組については、法改正が1999年に着手される。というのもすでに1996年には、養子法に関する省庁間委員会が93年ハーグ養子条約の批准を決定していた。加えて、国内で養親となることが不適格とされた女性が、私的な仲介業者を使い、アムステルダム経由でグアテマラから養子をとっていたことが、メディアで大々的に取り上げられる[23]。この事件によって、高度に規制・保護されている国内養子制度と、それとは対照的にまったく未整備のままの国際養子制度といった、いわゆる「二層体制(two-tier system)」に対する非難が高まった。その後も、国際養子制度の悪用が報道され、それを受けて改革が進むというパターンが繰り返されていく。

99年国際養子法案は、主要政党すべての支持を受けた自由党のオーテン(Mark Oaten)議員により提出された[24]。オーテン議員は、いかに子を取り扱っているかがその国の質を判断する基準であること、英国は子の権利の保護に関して誇るべき歴史を持っていること、にもかかわらず国際養子受入については未規制の状態であることを、立法化の3つの理由として挙げる[25]。続けて、国内で養親になれなかった者が、規制の少ない安易な手段として国際養子を望む例を取り上げ、国際養子に対する偏見を捨て、国内養子と同一の基準が国際養子に適用される必要を強調した[26]。担当官庁である保健省のハットン政務次官(the Parliamentary Under-Secretary of State for Health, Mr. J. Hutton)も、この法案を成立させて93年ハーグ養子条約を批准することで、「英国は国際責務を十分に果たすことが可能になるだけでなく、子の保護および幸福のための国際的な取組みに協力できる。英国がこの分野で主導的責任を果たすことは重要である」と積極的に支持を表明した[27]。

99年国際養子法は以下の3本の柱によって支えられている。第1に、93年ハーグ養子条約批准を通じた、国際基準の国内政策への取込みである(1〜8条)。第2が国際養子制度一般についての取決めで、93年ハーグ養子条約締約国以外の国との養子縁組制度の扱いも記載されている(9〜12条)。この中で、国際養子縁組の成立に伴い、その養親および子に対しても、国内養子縁組と同様に地方公共団体によるアドバイスやサポートが提供されることが

---

23) [1999] 1 FLR 370. Bridge and Swindells, *op. cit.*, pp.336-337.
24) Masson, Judith, "The 1999 Reform of Intercountry Adoption in the UK: New Solutions and Old Problems", *Family Law Quarterly*, vol.34, no.2 (Summer 2000), pp.221-237, and Allen, Nick, *Making Sense of the New Adoption Law*, (Russell House Publishing Ltd., 2003), pp.1-5.
25) Parliamentary Debates, House of Commons, vol. 329, cols. 1139 & 40, 23 April, 1999.
26) Ibid., col.1143 & 45.
27) Ibid., col.1192.

定められた。第3が、適切な公的機関の関与のない、私的機関または個人の斡旋による養子縁組および養子目的での子の入国の規制である（13、14条）。違法斡旋業者や養親に対する罰則も規定された。一方で、93年ハーグ養子条約に従って養子縁組された子は、少なくとも片親が英国国籍保有者で、かつ英国に居住している場合は、英国国籍を自動的に取得できるようになった。

しかし99年国際養子法は、成立と同時にすべての条項が施行されたわけではなく、保健省による規則制定を待って詳細が決定されることになっていた。その結果、再び国際養子制度の悪用がメディアの注目を集めることになる。99年国際養子法13条は、私的な機関による報告書に基づいた国際養子縁組を規制しているが、この条項の詳細は2001年の保健省規則によってやっと定められる[28]。この規則が制定される直前に持ち上がったのが、いわゆる「インターネット・ツイン（internet twin）事件」であった。ウェールズ在住のカップルが、インターネットを通じて米国の私的養子斡旋機関をみつけ、金銭を支払った後で米国籍の双子を米国で養子縁組し、英国に入国させた[29]。ブレア首相は、「子がこのような（インターネットを使って、金銭のやりとりを経た後に養子になるという）取引をされるのは嘆かわしい。養子縁組は子の利益が最優先されるべきである」（カッコ内は筆者が補足）[30]と述べ、99年国際養子法の条項を2001年中にすべて実行することと、養子縁組制度の包括的な改革を公約した。そこで大至急制定されたのが、「2002年養子および児童法（the Adoption and Children Act 2002）」（以下、02年養子・児童法）である。99年国際養子法の中で、93年ハーグ養子条約に関わる条項については、02年養子・児童法にそのまま引き継がれた。しかし、それ以外の条項については修正が加えられている。とくに子の奪取や取引、密輸の規制については、インターネット・ツイン事件を受けて罰則規定が強化された。まず、最高刑が12カ月の懲役および／もしくは無制限の罰金へと引き上げられた（83、85条）。また、過去6カ月以内に海外で養子縁組した子を英国居住者が英国に連れてくる場合、保健省の規則に従って英国国内で再び手続をしないといけない（83条）。さらに2005年以降、海外で養子縁組した子の英国への入国条件の厳格化をめざす、「児童・養子法案（Children and Adoption Bill 2005）」が審議中である。実際、カンボジアにおける養子縁組手続に対して、実親への金銭支払いや児童売買の疑いが生じた。この法案が通過すれば、93年ハーグ養子条約の締約国であっても、養子縁組手続に問題があると判

---

28) Department of Health, "Adoption of Children from Overseas Regulations 2001", SI 2001/1251, 2001.
29) Bridge and Swindells, *op. cit.*, pp.338-339.
30) Parliamentary Debates, House of Commons, vol.361, col.336, 17 January 2001 (Prime Minister, Tony Blair).

断される国については、英国政府が承認を一時的に停止することが可能となる。

4. まとめにかえて ──「よき方法」をめぐる議論

従来、国際養子縁組にまつわる研究関心は送出国の状況に向けられてきた。各国とも、国際養子縁組に特化した受け入れ政策は存在せず、移民や難民の受入れ政策の一環として扱われるか、国内養子縁組を対象とした政策が準用されることが一般的だった。現在の英国の国際養子制度は、国際条約の批准を通じた国際的基準の受入れと、従来からあった国内制度の整備の国際養子縁組への拡大的適用によって成立している。国際養子縁組件数の少ない英国としては、条約に基づく多国間協調枠組みへの参加と、国内制度の改革および拡大は、コストのわりに利点の多いものだった。

まず第1に、93年ハーグ養子条約を批准することで、養子縁組手続の過程を明確にできる。英国政府は、養子の出身国が条約締約国の場合は、その国での手続の正当性を信頼し、英国も条約に従って事務的手続を進める。条約締約国以外の国との養子縁組についても、条約に準ずるかたちで国内法で定めればいい。先述のように、93年ハーグ養子条約は養子縁組に関する国際的な最低基準を定めているだけなので、英国の国内政策に対する制限も少ない。英国政府にとっては、条約を批准することで、国際的には国際養子の保護や子の売買・密輸取締りに対する多国間協調の姿勢を、国内的には「子の最善の利益や幸福」の擁護を公式に表明できる。

第2に、国内世論向けに絶対必要だったのは、国内養子と国際養子の基準の統一だった。結果的に、海外からの養子およびその養親に対しても、国内の養子およびその養親と同じく、地方公共団体が支援することになったが、もともと件数が少ないだけに、実質的負担はそれほど大きいとは思われない。つまり、養子縁組制度の改革という国内の動き、子の奪取・売買・密輸の取締り強化という国際的な流れの中で、英国政府の一連の選択は非常に理に適っていた。

では、現在の国際養子制度をどう評価するのか? 技術的問題、国際養子をめぐる「不均衡」の問題、国際養子自体の是非に関する問題の3つに分けて検討してみる[31]。結論から言えば、第1の点に関しては「よき方法」に向けた取組みは前進したといえる。しかし第2については、「子の利益が最優先」という点が合意されただけだし、第3については議題にものぼっていない。

まず第1の手続・法整備といった技術的問題に関しては、英国国内の制度においても、国際制度においても積極

---

31) 問題点を3分類する議論のやり方は、Blackの研究を参考にしている。Black, op. cit., pp.268-314.

的に取り組まれてきている。93年ハーグ養子条約は、制定に関与した人々の大半が、児童福祉担当の政府関係者や社会福祉士といった法的訓練を受けていない人だった[32]。その結果、理念や思想に関してはほとんど細かい議論はされず、子どもの権利条約などの既存の条約にそのまま従っている。それに対し、国際養子縁組の手続や国境を越える移動の管理・規制といった実務的問題に、多くの時間が割かれることになった。

第2の問題は、国際養子制度の背後に存在する「不均衡」の扱いである。93年ハーグ養子条約も英国の国内制度も、養子縁組は「子の利益を最優先する」ことと、私的斡旋業者の関与を規制することについては合意している。国際養子縁組にかかわる「不均衡」は、送出国と受入国、養子縁組を成立させたい実親と養親対それを利用する斡旋業者、実親と養親の間にそれぞれ存在する。また、養子縁組にかかわる大人と、養子となる子の間にも力の不均衡がある。「子の利益」の重視は、養子縁組が誰のためものであるべきかを明らかにした。しかし現在の制度は、送出国と受入国の経済・政治的格差や、金銭的授受を理由に養子縁組を望む実親の状況などについては一切触れていない。この点がそのままでは、国際養子縁組を隠れ蓑とした子の売買・取引はなくならないとの批判もある[33]。

最後に第3として、国際養子制度そのものの評価をめぐる問題がある。先述のように英国国内には、人種を越えた養子縁組につながる国際養子制度に反対する声は根強い。また、「不均衡」を是正しようとする立場からは、国際養子制度は第一世界と第三世界のネオ・コロニアル的関係の再生産であり、送出国の多くが含まれる第三世界の社会福祉政策の発展を阻害する可能性が指摘されている[34]。ハーグ会議や英国政府が国際養子制度が「よき方法」の成立をめざしているということは、国際養子制度そのものの価値は受け入れられており、問題視されていない。したがって第3の点は議論の対象にもならず、まったく無視されている。

結論として、現在の国際養子制度は「よい方法」といえるか？　「誰にとって」と「どのような手段で」については、一応の合意ができた。しかしその最大の受益者は、政治的発言権を持たない「子」である。また制度の運用については、市場原理に従って行動する斡旋業者や、なにがなんでも養子を切望する養親が大きな影響力を持っている。加えて、国際養子縁組の原因や価値については棚上げされたままである。これらの点を議論することが、条約締約国間の信頼関係を強化し、次の段階に進むために不可欠である。

---

32) Pfund, op. cit., p.55.
33) Black, op. cit., and Triseliotis, op. cit.
34) Black, ibid., p.313.

資料1
アジア各国の人身売買に関する法規制

本稿で「特定法」とは人身売買（売買春に限定しない）を特定して規制、被害者の保護等を規定する法律をいう。人身売買を禁止する法とは、特定法がある場合はその法律、ない場合は人身売買に当たる行為、あるいはその一部を禁止する法律を挙げている。

韓国
- ●特定法の有無　なし
- ●人身売買を禁止する法

性売買斡旋等行為の処罰に関する法律（2004年）。性売買防止および被害者保護に関する法律。刑法（2004年）
- ●人身売買の定義、処罰に当たる行為

性売買斡旋等処罰法2条　性売買目的の人身売買：次の1つに当たる行為
- ・性を売る行為など、みだらな内容の写真・映像物などの撮影対象目的で、位階、威力その他の方法で人を支配、管理しながら第三者に引き渡す行為
- ・同様の目的で青少年、意思決定能力がない者、弱者、重度の障害者、あるいはそのような者を保護、監督する者に金品その他の利益を提供または、約束し、対象者を支配・管理しながら第三者に引き渡す行為
- ・上記の行為が行われることを知りながら、同じ目的や転売のために対象者を引き継ぐ行為
- ・上記の行為のために対象者を募集、移動、隠す行為

以上、3年以上の有期懲役（性売買斡旋等処罰法18条3項）

刑法289条　国外移送目的で人を略取、誘拐または売買する行為、略取、誘拐または売買された人を国外に移送する行為に対して3年以下の有期懲役。国外移送の常習は5年以上の有期懲役

ほか、略取誘拐、逮捕監禁など
- ●被害者保護の法的措置

性売買斡旋等処罰法11条　外国人女性に対する特例として、性売買被害者として捜査するときは不起訴処分。または控訴するまでの出入国管理法の下の強制退去、保護の執行を猶予、解除。その間の支援施設の利用

朝鮮民主主義人民共和国
- ●特定法の有無　なし
- ●人身売買を禁止する法　なし

刑法の売春の強要、売春目的のための女性の調達など禁止規定を1987年に廃止
- ●その他

許可のない国外越境に対して3年以下。重大な違反の場合には死刑、または7年以下の懲役

中国
- ●特定法の有無　あり
- ●人身売買を禁止する法

全国人民代表大会常務委員会の組織的かつ違法に国境を越えて人を移送する犯罪を厳罰に処する補足規定（1994年）。全国人民代表大会常務委員会の女性および子どもの

人身取引を厳罰に処する決定（1991年）
●人身売買の定義、処罰に当たる行為
補足規定1条　組織的かつ違法に国境を越えて人を移送する行為に関し、組織的移送に対して、2年以上7年以下の懲役かつ罰金。違反行為の首謀者、常習者、被害者が重傷、死亡の場合など7年以上の有期懲役、罰金または財産没収。その他被害者殺害、障害、人身売買などは死刑
同4条　違法に国境を越えて人を搬送することについて5年以下の有期懲役かつ罰金など
決定1条　女性および子どもの人身売買とは、売買を目的として、女性および子どもを誘拐し、買い取り、売り渡し、移送しまたは仲介する行為であり、その1つについて、5年以上10年以下の有期懲役かつ罰金。首謀者、取引された女性に対する売春の教唆、強要、国外への売買などに該当する場合は10年以上または無期懲役かつ罰金または財産没収。とくに重大な場合は死刑
ほか、売買目的の脅迫等、人身売買された女性の買取りなど

台湾
●特定法の有無　なし
●人身売買を禁止する法
刑法（2003年改正）
●人身売買の定義、処罰に当たる行為
刑法296条1　人身売買に従事することについて最低5年の懲役かつ罰金。性的、わいせつ目的のための人身売買、レイプ、威嚇、支配、薬物などによる人身売買、人身売買の常習者、公務員などは加重処罰
同299条　強制結婚、性的、わいせつ行為の強要の被害者を国外に移送することについて最低5年の懲役

ほか、子ども、青少年の関わる性的行為禁止法（2000年改正）
●その他
台湾と本土の人の関係に関する法（2003年改正）による、違法な入国、出国の勧誘、支援の禁止など

日本
●特定法の有無　なし
●人身売買を禁止する法
刑法（2005年改正）
●人身売買の定義、処罰に当たる行為
刑法225条　営利、わいせつ、結婚または生命もしくは身体に対する加害目的で人を略取、誘拐する行為について1年以上10年以下の懲役
同226条　所在国外に移送する目的で人を略取し、または誘拐し、略取する行為について2年以上の懲役
同226条2項　人の買受け、売渡しについて3カ月以上5年以下の懲役。未成年買受けの場合は3カ月以上7年以下の懲役。営利、わいせつ、結婚または生命もしくは身体に対する加害目的の人の略取、誘拐について1年以上10年以下の懲役。所在国外移送目的の売買について2年以上の懲役など
出入国管理法2条　人身取引とは以下のとおり。営利、わいせつまたは生命もしくは身体加害の目的で、人を略取し、誘拐し、もしくは売買し、または略取され、誘拐され、もしくは売買された者を引き渡し、収受し、輸送し、もしくは蔵匿すること。営利、わいせつまたは生命もしくは身体に対する加害の目的で、18歳未満の者を自己の支配下に置くこと。18歳未満の者が営利、わいせつもしくは生命もしくは身体に対する加害の目的を有する者の支配下に置かれ、

またはそのおそれがあることを知りながら、当該18歳未満の者を引き渡すこと
●被害者保護の法的措置
人身取引により他人の支配下にあった人への上陸特別許可。退去強制などにおける例外など

モンゴル
●特定法の有無　なし
●人身売買を禁止する法　刑法
●人身売買の定義、処罰に当たる行為
刑法111条　未成年の売春の強要、売買に対して4年以下の懲役。売春目的の国外移送（111条1項）に対して3年以上8年以下の懲役
同113条　売春目的の人の売買に対して10年以上15年以下の懲役

インド
●特定法の有無　なし
●人身売買を禁止する法
憲法。1986年改正不道徳人身売買防止法。2000年少年司法。児童労働法など
●人身売買の定義、処罰に当たる行為
憲法23条　人身売買、物乞いその他類似の強制労働の禁止
不道徳人身売買法5条　売春の目的で同意の有無を問わず人を調達、1カ所から別の場所に連れていくことなどについて3年以上7年以下の懲役。対象者の意に反する場合は14年以下の懲役。対象者が16歳未満の場合は7年以上の懲役または終身刑。16歳以上18歳未満の場合は7年以上14年以下の懲役
ほか、刑法の強制結婚などの目的のための略取誘拐など
2000年少年司法26条　債務労働、危険な労働などの目的で少年を調達することについて3年以下の懲役かつ罰金
●被害者保護の法的措置
州政府による保護施設の設置ほか。1986年児童労働法の強制労働からの児童の解放、リハビリテーション

スリランカ
●特定法の有無　なし
●人身売買を禁止する法　刑法
●人身売買の定義、処罰に当たる行為
刑法361条　奴隷として人を売買、輸出入、処分する、あるいはその目的で人を監禁することについて7年以下の懲役かつ罰金。常習の場合は15年以下の懲役。その他、国外における売春などの目的で女性を調達すること、売春などの目的で国内に女性を連れて来ることなど
同358条　奴隷労働、加害などの目的で人を略取、誘拐することについて10年以下の懲役かつ罰金
同360条C　人の売買、交換取引、あるいは18歳未満の子どもをその目的で調達するために、子どもの移送を手配したり、養子や出生登録の手続を行ったり、医療施設、シェルターなどから子どもを連れ出すなどについて、2年以上20年以下の懲役、かつ罰金。対象が子どもである場合は5年以上20年以下の懲役

ネパール
●特定法の有無　あり
●人身売買を禁止する法
1986年人身売買（規制）法
●人身売買の定義、処罰に当たる行為
人身売買（規制）法4条　目的を問わず、人を売る、売る目的で人を国外に移送する、強制、欺瞞により売春に従事させる、あるいはこれらのような行為の幇助、教唆など

同8条1　人の売買について、10年以上20年以下の懲役。売買の目的の国外移送は5年以上10年以下の懲役。売春の強制などは10年以上15年以下の懲役
●その他
人身売買（規制）法5条1　人身売買に従事する人、あるいはそのような計画を知った人の警察への通報義務

パキスタン
●特定法の有無　あり
●人身売買を禁止する法
人身売買防止および規制令（2002年）
●人身売買の定義、処罰に当たる行為
規制令2条　人身売買とは、明示・黙示の同意にかかわらず人を強制、誘拐、略取あるいは代金または利益の受渡しにより取得、確保、売買、募集、拘束、蔵匿、受取、またはそのような人のパキスタンからまたはパキスタンへの移送の代金の共有、または一部受取り
同3条1　搾取的娯楽、奴隷または強制労働、養子縁組のための国内外への人身売買について7年以下の懲役かつ罰金。誘拐などによる場合は10年以下の懲役
同6条2　搾取的娯楽のための女性と子どもの国内外への売買について10年以下の懲役かつ罰金
●被害者保護の法的措置
被害者の在留許可、在留延長。賠償、費用の支払い。シェルター、食糧、医療ケアの手配など

バングラデシュ
●特定法の有無　なし
●人身売買を禁止する法
1933年不道徳な売買禁止法。2000年女性と子どもに対する暴力禁止法。刑法など

●人身売買の定義、処罰に当たる行為
2000年暴力禁止法5条　女性と子どもの売買について死刑または終身刑かつ罰金
1933年売買禁止法9条　売春の目的の女性の調達
同10条　バングラデシュ内への移送、拘束
刑法372条　18歳未満の子どもの売春目的の売渡し、貸与、処分
同373条　買受け
ほか、憲法などによる強制労働禁止

ブータン
●特定法の有無　なし

モルディブ
●特定法の有無　なし

インドネシア
●特定法の有無　なし
●人身売買を禁止する法　刑法
●人身売買の定義、処罰に当たる行為
刑法297条　女性および未熟な少年の売買について6年以下の懲役
同301条　自分の法的保護下にある子どもを、物乞いまたは他の危険な、健康を害する労働に従事させることを知って他の人に渡す、またはその人の保護下に置くことについて、4年以下の懲役

カンボジア
●特定法の有無　あり
●人身売買を禁止する法
誘拐、人身売買、人の搾取禁止法（1996年）
●人身売買の定義、処罰に当たる行為
禁止法2条　カンボジアから、またはカンボジアに売買、売春または搾取のために誘拐することを禁止
同3条　売買、売春のために人を勧誘、金銭

の支払いなど、同意の有無にかかわらず、または強要、威嚇などすることについて10年から15年の懲役。被害者が15歳以下の場合は15年以上20年以下の懲役
● その他
国外カンボジア人労働法50条　カンボジア人が国外で働く場合、当事者に労働者の権利を十分保護する書面の雇用契約を義務づける

シンガポール
● 特定法の有無　なし
● 人身売買を禁止する法　刑法
● 人身売買の定義、処罰に当たる行為
刑法370条　人の奴隷としての国内外への移送、売買、処分、受取り、拘束は7年以下の懲役、罰金。常習の場合は10年以下の懲役
同372条　21歳未満の未成年を売春その他違法または不道徳な行為の目的のために売買、貸与、処分、受取などは10年以下の懲役、罰金
同373条A　欺瞞などにより女性を売春、売春のための売買目的でシンガポール国内に移送、売買は10年以下の懲役、罰金
ほか、強制結婚のための女性の誘拐、奴隷、重大な加害のための誘拐、強制労働など
● その他
外国人労働者の労働許可指針に基づき、家事労働者の場合は雇用者に労働者の保険加入、その他安全、福利の確保

タイ
● 特定法の有無　あり
● 人身売買を禁止する法
子どもと女性の人身売買禁止法（1997年）。売春禁止・防止法（1996年）
● 人身売買の定義、処罰に当たる行為

人身売買禁止法5条　売春、わいせつ、性的目的あるいは違法な利益を得るために女性や子どもを売買、移送、受取、拘束などについて5年以下の懲役、罰金
売春禁止法9条　同意の有無にかかわらず、人を売春の目的のために調達、勧誘、拉致することは、行為地が国内外にかかわらず、終身刑または1年以上10年以下の懲役および罰金。被害者が15歳を超えて18歳以下の場合、終身刑または5年以上15年以下の懲役。15歳以下の場合は終身刑または10年以上20年以下の懲役
● 被害者保護の法的措置
人身売買禁止法11条　担当官が必要と考える場合、被害者に食糧、シェルター、帰国のための適切な支援が提供される
その他、捜査のための拘束期間の制限

フィリピン
● 特定法の有無　あり
● 人身売買を禁止する法
2003年人身売買禁止法
● 人身売買の定義、処罰に当たる行為
人身売買禁止法3条　人身売買とは被害者の同意の有無、周知にかかわらず威嚇、暴力または強要、略取、詐欺、欺瞞、権力や地位の濫用、被害者の弱みにつけ込む、利益の授受などにより、売春、性的搾取、強制や奴隷労働などを含む搾取のために人を国内外で募集、移送、移動、蔵匿、授受すること。被害者が子どもの場合は、搾取のための募集、移送、移動など、目的を問わず、人身売買に当たる
同10条　人身売買に当たる行為について20年の懲役、罰金。人身売買を促進する行為について15年の懲役、罰金。被害者が子どもである場合、加害者が軍、警察の一員である場合、被害者が死亡した場合な

ど特定要件を満たす場合、終身刑、罰金
●被害者保護の法的措置
人身売買禁止法7条　捜査、司法手続に関わる公務員が被害者のプライバシー、身元特定に関わるなどの情報の秘匿に反したことに対して刑罰
同13条　被害者による民事訴訟の提起費用免除
同17条　被害者としての地位、不処罰の確認
●その他
人身売買禁止法15条　同法の罰金による、人身売買防止、被害者の保護、リハビリテーションなどのための基金設立
同16条　各省庁による防止、保護プログラムの実施

ブルネイ
●特定法の有無　なし
●人身売買を禁止する法　刑法
●人身売買の定義、処罰に当たる行為
刑法374条　売春のために、詐欺、欺瞞などにより女性を国内に移送すること、その手助けをすること、売春目的で女性の売買をすることの禁止
同372条、373条　18歳未満の子どもの売春、その他違法、不道徳な目的のための売買の禁止

ベトナム
●特定法の有無　なし
●人身売買を禁止する法
刑法（1999年改正）
●人身売買の定義、処罰に当たる行為
刑法119条　女性の売買について最高20年の懲役
同120条　子どもの売買について最高終身刑

同275条　海外逃亡、海外違法滞在の手配、強要について7年以下の懲役。重大な結果をもたらした場合は20年以下の懲役
ほか、児童労働の禁止、売春禁止など
●被害者保護の法的措置
行政的違反処理令により、売春に従事していた人は医療施設に送致、教育、職業訓練、補助金などの提供
●その他
売春勧誘、強要、強制労働、出入国管理は行政罰の対象となりうる

マレーシア
●特定法の有無　なし
●人身売買を禁止する法
刑法。女性と女児の保護に関する法（1973年）。2001年子ども法
●人身売買の定義、処罰に当たる行為
刑法370条　奴隷として人を国内外移送、売買、処分すること、人の意に反して、授受、拘束することについて7年以下の懲役、罰金。常習の場合は20年以下の懲役
同372条　21歳未満の未成年の売春その他性的目的のための売買、貸与、処分、授受などについて10年以下の懲役
子ども法8章　子どもの人身売買、誘拐は5年以下の懲役、罰金
女性と女児保護法16条　強制、欺瞞などにより売春、他性的目的のために女性、女児を売買、貸与、収受、拘束などについて5年以下の懲役、罰金

ミャンマー
●特定法の有無　あり
●人身売買を禁止する法
人身売買禁止法（2005年）
●人身売買の定義、処罰に当たる行為
人身売買禁止法3条　同意の有無にかかわ

らず、威嚇、強制、誘拐、詐欺、欺瞞、権力や地位の濫用、利益の授受などによる搾取を目的とする人の募集、移送、移動、売買、貸与、蔵匿、収受
同24条　女性、青年と子どもの人身売買について10年以上終身刑まで、罰金
同25条　それ以外の人の人身売買について5年以上10年以下の懲役、罰金
●被害者保護の法的措置
人身売買禁止法5章　被害者のプライバシーの保護、尊厳と安全の保護のための措置、被害者の帰還とリハビリテーションなどのための調整、措置など
●その他
人身売買禁止法5条　各省庁を調整し人身売買の禁止に取り組む中央機関を設置

ラオス
●特定法の有無　なし
●人身売買を禁止する法
刑法（1990年）。女性法（2004年）
●人身売買の定義、処罰に当たる行為
刑法92条　人の売渡し、取引、身代金目的の誘拐は5年以上15年以下の懲役
●その他

刑法69条　国外への移住、人の移送のために、または不法入国のために公務員を騙すことについて6カ月以上3年以下の懲役

《参考》
Advisory Council of Jurists - 2004 Reference and Reports from APF Members, 2004, Eighth Annual Meeting of the Asia Pacific Forum of National Human Rights Institutions.
Advisory Council of Jurists, Consideration of the Issue of Trafficking, Background Paper, 2002, the Asia Pacific Forum of National Human Rights Institutions.
Trafficking in Persons Report, June 2005, U.S. Department of State
外国の立法220号（2004年5月）
Trafficking in Nepal: Policy Analysis: An Assessment of Laws and Policies for the Prevention and Control of Trafficking in Nepal, Dr. Jyoti Sanghera, Ms. Ratna Kapur (Advocate), December 2000, The Asia Foundation & Population Council, http://www.asiafoundation.org/pdf/nepal_traffickingassesment.pdf
2005 Human Rights Report in Trafficking in Persons, the Protection Project.
United Nations Inter-Agency Project on Human Trafficking in the Greater Mekong Sub-Region (UNIAP), http://www.no-trafficking.org/uniap-frentend/Default.aspx

（作成：岡田仁子）

資料2

アジア・太平洋地域における人身売買のデータが記載されている主なウェブサイト

【英語】

国連機関
- ●国連人権高等弁務官事務所(OHCHR)
  http://www.ohchr.org/english/issues/trafficking/index.htm
- ●国連麻薬犯罪事務所(UNODC)
  http://www.unodc.org/unodc/en/trafficking_human_beings.html
- ●UNICEF　　http://www.unicef.org/protection/index_exploitation.html
- ●UNIFEM East and Southeast Asia Regional Office
  http://www.unifem-eseasia.org/
- ●UN Inter-Agency Project on Human Trafficking in the Greater Mekong Sub-Region　　http://www.no-trafficking.org/uniap_frontend/Default.aspx
- ●UNESCO Bangkok　　http://www.unescobkk.org/index.php?id=475
- ●ILO Regional Office for the Asia and the Pacific
  http://www.ilo.org/public/english/region/asro/bangkok/child/trafficking/

多国間機関
- ●国際移住機関(IOM)　　http://www.iom.int/
- ●Asia Pacific Forum of National Human Rights Institutions (APF)
  http://www.asiapacificforum.net/advisory/trafficking/index.htm
- ●Bali Process　　http://www.baliprocess.net/

米国政府
- ●米国国務省　　http://www.state.gov/g/tip/

NGOなど
- ●Anti-Slavery International　　http://www.antislavery.org/
- ●Asia Against Child Trafficking (Asia ACTs)
  http://www.stopchildtrafficking.info/
- ●Asia Foundation
  http://www.asiafoundation.org/Publications/wppubs.html

- Coalition Against Trafficking in Women-Asia Pacific(CATW-AP)
  http://www.catw-ap.org/
- ECPAT International　http://www.ecpat.net/eng/index.asp
- Global Alliance Against Traffic on Women (GAATW)　http://gaatw.net/
- Human Rights Watch　http://www.hrw.org/
- humantrafficking.org　http://www.humantrafficking.org/
- Protection Project, Foreign Policy Institute at The Johns Hopkins University School of Advanced International Studies　http://www.protectionproject.org/
- TIP in Asia　http://www.tipinasia.info/index.php?l=en
- Vital Voices　http://www.vitalvoices.org/

【日本語】

国連機関
- 国際労働機関(ILO)駐日事務所
  http://www.ilo.org/public/japanese/region/asro/tokyo/

国際機関
- 国際移住機関(IOM)駐日事務所　http://www.iomjapan.org/act/trafficking.cfm

日本政府
- 内閣官房　http://www.cas.go.jp/jp/seisaku/jinsin/index.html
- 外務省　http://www.mofa.go.jp/mofaj/gaiko/jinshin/index.html
  http://www.mofa.go.jp/mofaj/press/pr/pub/pamph/j_torihiki.html
- 法務省　http://www.moj.go.jp/
- 法務省入国管理局　http://www.moj.go.jp/NYUKAN/nyukan39.html
- 警察庁　http://www.npa.go.jp/

米国政府
- 米国大使館　http://tokyo.usembassy.gov/j/policy/tpolicyj-other.html#jinshin

NGOなど
- 人身売買禁止ネットワーク　http://www.jnatip.org/
- アジア財団　http://www.tafjapan.org/index.html
- 反差別国際運動　http://www.imadr.org/japan/project/trafficking/index.html
- ポラリスプロジェクトジャパン　http://www.polarisproject.jp/polarisproject.jp/
- ヒューライツ大阪　http://www.hurights.or.jp

(作成：藤本伸樹)

第 II 部

Part 2 Development of Human Rights Activities in the Asia-Pacific Region
アジア・太平洋地域の人権の動向

●国連の動向

Human Rights Activities by UN in 2005

2005年の国連の動き

1.国連人権委員会

⑴国連改革

　国連設立60周年を迎えるにあたり、人権委員会開会間もなく発表されたコフィ・アナン国連事務総長の報告「より大きな自由を求めて――すべての人々のための開発、安全、および人権に向けて」は、国連人権システムの大規模な改革を提案した。その中でも人権委員会を「人権理事会」とする提案は人権委員会に大きな衝撃を与え、残りの5週間の議論に大きな影響を与えた。

　事務総長は「人権委員会の任務遂行能力は、新しいニーズについていっておらず、また議論の政治化と作業の選択性によって損なわれてきている」とし、ルイーズ・アーバー人権高等弁務官も、「人権委員会が国家レベルの人権問題を扱う能力は明らかに不足して」いると指摘した。さらに「ある国の状況をどのように扱うかについての決定が、政治的勝利あるいは敗北のようにみられている」として、「システム内に何か根本的な間違いがある」と強く非難している。

⑵特定国の人権状況

　そんなゲームは今会期（第61会期、2005年3月14日〜4月22日）も続き、その結果、深刻な人権侵害が発生しているとみなされる国が取り上げられ非難される「特定国の人権侵害」に関する議題項目9のもと、4つの国についての決議を採択するにとどまった（朝鮮民主主義人民共和国、キューバ、ベラルーシ、ビルマ）。チェチェン共和国、中国、イラク、トルクメニスタン、ジンバブエに関して、欧州連合は今会期決議案の提出を見送ることを決定した。

　クーデター後内政が悪化するネパールについては、人権状況を監視する特別報告者の設置を求める決議案が用意された。しかし、ネパール政府が人権高等弁務官との覚書に署名し、その中で高等弁務官事務所が人権状況を現場で監視するためにネパール国内に事務所を設置することが決まったことを受け、スイスが中心となって進められた長い協議のうえ、諮問サービス・技術協力に関する議題項目のもとでの採択となった。コンゴ民主共和国、ブルンジ、シエラレオネ、カンボジア、ソマリア、チャド、リベリア、スーダンに関する決議も、同議題項目の下で採択されている。スーダンに関しては前年に比べより厳しい内容の決議になっており、また国内の人権状況を監視する1年の任期の特別報告者が設置されている。コロンビアに関しては、変化球で、実質的内容のない「作業方法」についての議

題項目の下で取り上げられた。

グアンタナモ米軍基地における人権侵害問題については、例年以上に活発な議論が行われたが、キューバ作成の決議案は前年同様大差で却下された。

(3)テーマ別
(a)マイノリティ

他方テーマ別に限ってはいくつか前進した分野もある。その1つが、長年求められてきたマイノリティに関する人権委員会のマンデートの設置である。人権高等弁務官が任命する「マイノリティ問題に関する独立した専門家」は、関連する他の国連ならびに地域機関やマンデートと協力し、NGOの意見を考慮しつつ、国連マイノリティ権利宣言の実施を促進し、優良事例(ベストプラクティス)を探り、かつ政府からの要請に基づき人権高等弁務官事務所の技術協力の可能性を図ることをその任務とする。マイノリティ作業部会との作業の重複などに懐疑的な国への妥協として、通常はテーマ別マンデートの任期は3年であるのに対し、2年後にそのパフォーマンスと有効性を事務総長によって見直されることになっている。

(b)先住民族

「世界の先住民の国際10年」が終了し、その継続が焦点となった先住民族の権利宣言案作業部会は、2005年に最低10日間の会合を持つことへの承認を得たが、オーストラリアと米国は、次回人権委員会までにその作業を終了させるという条件でのコンセンサス参加であった。先住民族の権利に関する特別報告者の次回報告書は、先住民族の権利の保護ならびにその適用の有効性に関する憲法改正、立法、法の実施に焦点を当てる。

(c)差別と人種主義

国連の国家間機関で初めて「職業と世系に基づく差別」が直接言及されたことも大きな躍進である。人権委員会は、当該差別の撤廃のための原則と指針をまとめていくことを主な任務とする小委員会特別報告者任命をコンセンサスで承認した。人種差別に関しては、西欧諸国の反対を押し切り、各国の人種差別の程度を査定するための「人種平等インデックス(指標)」の基本文書案の作成を人権高等弁務官に要請している。これも欧州連合が留保を示した、ダーバン宣言・行動計画の実施の5年目の総括も提案された。さらに批判の多い人種差別撤廃のための補足的基準の準備については、人権高等弁務官は必要と思われるそのような基準の作成のためのハイレベルのセミナーを開催することになった。

(d)その他

前年ブラジルがイニシアティブをとった性的志向に基づく人権侵害については、イスラム諸国やバチカンからのプレッシャーを前に今会期決議案は提出されなかったものの、ニュージーランドをはじめとする33カ国がこの問題を取り上げる必要について共同声明を出した。国内人権委員会は、これまで国内人権委員会に関する議題項目の下、それぞれの活動報告を発表する機会を与えられてきたに過ぎなかったが、今後

あらゆる議題項目で独自に発言ができるよう、参加方法の改正を人権委員会議長に求めている。

(4)新しい機関、基準設定など

以上のほか、人権委員会は以下の新しいマンデートを設置している。人権と国際連帯に関する独立した専門家、テロリズムとの闘いにおける人権と基本的自由の促進と保護に関する特別報告者、人権と多国籍企業に関する事務総長特別代表、傭兵作業部会。なお、人権高等弁務官は多国籍企業に関するマンデートと協力し、特定の人権問題を検討するために関連セクターの企業の管理職や専門家と毎年会合を行うことも求められている。

さらに注目すべきなのが、人権小委員会が着手し、その後人権委員会で引き継がれた15年に及ぶ研究と協議の末、「国際人権の重大な侵害ならびに国際人道法の深刻な侵害の被害者の救済と賠償への権利に関する原則と指針」が採択されたことである。「免罪と闘うことを通して人権を促進ならびに保護するための原則」を最新のものにする作業も今会期をもって終了している。

人権委員会はまた、紛争中あるいは紛争後の過渡期の司法、真実への権利、ならびに軍事紛争からの民間人の権利の保護、それぞれについて初めて決議を採択している。

(5)人権委員会廃止、人権理事会へ

前述の国連改革はその後この報告を執筆する2006年3月まで大きく進展した。2006年3月15日、国連総会は数カ月に及ぶ話し合いののち、賛成170票、反対4票(米国、イスラエル、パラオ、マーシャル諸島)、棄権3票(イラン、ヴェネズエラ、ベラルーシ)で人権理事会を設置する決議が採択された。

動向をうかがっていた第62会期人権委員会は、開会予定の3月13日、続いて翌週の20日、それぞれ1週間の休会を決定。総会決議が採択された時点で存在していた人権委員会のマンデート、機関、機能、そして責務はすべて人権理事会に移行し、よってこれらの延長、移行のために人権委員会はなんらのアクションもとる必要がない、という理解のもと、人権委員会は3月27日、手続的作業を行うためだけに3時間の会合を開き、高等弁務官、議長、各地域グループコーディネーターから、人権委員会の60年の歴史を振り返るスピーチが行われた後、すべての報告を人権理事会に対し、2006年6月の第1会期でさらに検討するために、付託する、とする決議を採択した。

実質最後の会期となった第61会期人権委員会には、3,000名以上が参加し、記録的な88名の高官がスピーチを行った。85の決議、15の決定、そして4つの議長声明が採択されている。

(田中フォックス敦子／反差別国際運動
ジュネーブ事務所・国連代表)

2.国連難民高等弁務官事務所(UNHCR)

(1)UNHCRの支援対象者数

2005年初めにおけるUNHCRの

支援対象者は前年の1,700万人より1,920万人となり、13％の増加となった。支援対象者の詳しい分類を見てみると、難民は920万人となり、2004年からさらに4％落ち込み、過去25年で最も少ない数となっている。UNHCRとしては、アフガニスタンへ94万人が帰国し、また19.4万人がイラクへ帰還し、新たに発生した23.2万人のスーダン難民を上回っていると説明している。

しかし、2005年10月の執行委員会にてケニア政府代表は、難民を受け入れる国が減ってきた結果ではないかと指摘。「難民を受け入れないという政策が短期的には心地よくても、難民を受け入れるという国際的な義務を放棄してはいけない」と各国へ呼びかけている。

さらにUNHCRは、2005年の支援対象者の拡大はスーダン・ダルフール地域において180万人の国内避難民のうち66万人を支援していること、コロンビアの1.2万人の国内避難民が2万人に増加したことを挙げている。また、無国籍者の数がより正確に把握されるようになり、従来の91.2万人が200万人へ増加した。

アフガニスタン難民については、多くの帰還が実現した一方で、現在でも210万人の難民が周辺国を中心に滞在しており、UNHCRの支援対象者の中で最大の集団を構成している。

(2) 新高等弁務官

2005年6月15日、第10代国連難民高等弁務官として、ポルトガル元首相であり、1991年にポルトガル難民評議会 (Portuguese Refugee Council) を設立したアントニオ・グテーレス氏が就任した。同氏は最初の記者会見にて、難民と国内避難民の保護にUNHCRが献身する大切さを強調すると同時に、国際社会に向けて難民とテロリストの区別を明らかにする重要性を訴えた。

また同氏は、2005年9月に行われたUNHCRとNGOの年次会合で、UNHCRの課題と対応について以下のように述べた。まず1つめの課題として、先進国において非寛容が台頭していること。排外主義や政治的なキャンペーンの中で難民への非難、宗教的な原理主義が非寛容な雰囲気を作り出し、メディアによって助長されている現状がある。2006年をポピュリズムと戦う年にしたい。2つめの課題として、入り混じった人口移動 (Mixed flows of Population) が起きていること。難民申請者、移住労働者、人身売買等、人の移動が入り混じって起きている。その中で難民申請への物理的なアクセスを確保することが非常に重要である。3つめは緊急人道支援が終了し、復興・開発へ移行する時期に担当機関が変わることによって生じる援助の空白期間を埋めること。

上記のような主要な問題等に対応するため、UNHCRとしての3つの対応策を述べた。まず1つめは、「保護を提供する機関」としてのUNHCRの本来の意義に立ち返りたい。すべての活動は「保護」を指向したものであるべきであり、すべての優先順位も「保護」を考慮されるべき。2つめは国内避難民 (IDP) に

対して、他の国連機関と協力し、対応をすること。現在UNHCRは他の機関との約束によりIDPに関して保護、キャンプの調整、緊急時の仮設住居の提供を受け持つことになっているが、調整・連携が非常に重要となる。3つめはアドボカシー（広報・提言）も優先課題としたい。とくに、難民申請への物理的なアクセスの確保が維持されるべき。先進国において難民申請者数が減少するなかでアドボカシーの重要性が増している。

(3)執行委員会（EXCOM）での議論

2005年の執行委員会は、10月4日～7日、68カ国が参加して開催された。

新高等弁務官より、UNHCRの本来の業務である保護の機能を拡大していくために、保護に関する高等弁務官補佐官ポストの設置が発表された。

また、拡大する国内避難民への対応を組織的に行うことがあわせて紹介された。会期中はコフィ・アナン国連事務総長が参加し、国内避難民への支援に対するUNHCRの新たな役割について「UNHCRが国内避難民への取組みを強化し、緊急時の仮設住居の提供や難民キャンプの調整において主導的役割を担うことを讃えたい」と各国政府の理解を求めた。UNHCRの支援対象である難民・庇護希望者・無国籍者・（一部の）国内避難民自体は全体として年々減少傾向にあるなかで、国内避難民は増加の一途をたどっている。保護を要するに至った原因もしくは必要性は同じであっても、さまざまな制限により物理的に国境を越えることが非常に困難になっているなかで、国境内に閉じ込められている国内避難民へ支援の手を差し伸べることが必要になってきたといえるだろう。

(4)執行委員会結論

国際的保護についての結論に加えて庇護国での定住（Local Integration）、および補完的保護についての結論が採択された。庇護国での定住については、難民条約および同議定書に記載されている最低限の権利保障を行うこと、自立して受入国に貢献すると受入国にとって有益であること等が述べられた。補完的保護については、難民条約上の難民に当てはまらない人へ適用すること、補完的保護を実施する際には現存する国際難民保護レジームを強化する形で適用されるよう確保すること、等を確認し、政府に対して明確な基準で規定することを求めた。

(5)難民条約締約国数

新たに2005年8月にアフガニスタンが難民条約に加入し、難民条約および同議定書（もしくはどちらか一方）の締約国は146カ国となった。

(6)日本における新制度施行

出入国管理及び難民認定法が施行されて以来初めてとなる、難民手続に関する法改正が5月に施行され、2005年の認定数は前年比3倍以上の46人、人道配慮による在留許可を得た人は97人となり、あわせて143人の過去最

高数が庇護を受けた。

（石川えり／特定非営利活動法人
難民支援協会専門調査員）

3.条約委員会

主要7条約の締約国による履行を監視するために、それぞれ条約委員会が設置されている。2006年～2007年のそれら委員会の会合予定は表1、2006年4月現在のアジア・太平洋地域の各国の条約の批准状況は表2のとおり。

表1●2006年～2007年の国連条約機関の検討仮日程（2006年4月21日現在）

委員会	会期	期間	審議される国（予定）
社会権規約委員会	第36会期	2006.5.1-2006.5.19	モナコ(1)、リヒテンシュタイン(1)、カナダ(5)、モロッコ(3)、メキシコ(4)
	第37会期	2006.11.6-2006.11.24	アルバニア(1)、エルサルバドル(2)、**タジキスタン(1)**、マケドニア(1)、オランダ(3)
自由権規約委員会	第87会期	2006.7.-2006.7.	中央アフリカ(2)、米国(2-3)、ホンデュラス(1)、国連コソボ暫定行政ミッション
人種差別撤廃委員会	第69会期	2006.7.31-2006.8.18	エストニア(6-7)、デンマーク(16-17)、**モンゴル(18)**、ノルウェー(17-18)、オマーン(1)、ウクライナ(17-18)、イエメン(15-16)、南アフリカ(1-3)、イスラエル(10-13)、モザンビーク(*)、マラウィ(*)、セント・ルシア(*)、セイシェル(*)、ナミビア(*)
	第70会期	2007.2.-2007.3.	リヒテンシュタイン(2-3)、チェコ(6-7)、マケドニア(4-7)、**インド(15-19)**、カナダ(17-18)、アンティグア・バーブーダ(1-9)、イタリア(14-15)、モルドバ(5-7)、**インドネシア(1-3)**
子どもの権利委員会	第42会期	2006.5.15-2006.6.2	ラトビア(2)、タンザニア(2)、レバノン(3)、**マーシャル諸島(2)**、メキシコ(3)、**トルクメニスタン(1)**、コロンビア(3)、**ウズベキスタン(2)**
	第43会期	2006.9.11-2006.9.29	ベニン(2)、エチオピア(3)、アイルランド(2)、ヨルダン(3)、**キリバス(1)**、オマーン(2)、コンゴ(1)、**サモア(1)**、セネガル(2)、スワジランド(1)
女性差別撤廃委員会	第35会期	2006.5.15-2006.6.2	ボスニア・ヘルツェゴビナ(1-3)、**マレーシア(1-2)**、セント・ルシア(1)、**トルクメニスタン(1-2)**、マラウィ(2-5)、ルーマニア(6)、キプロス(3-5)、グアテマラ(6)
	第36会期	2006.8.7-2006.8.25	カボ・ヴェルデ(1-6)、チリ(4)、**中国(5-6)**、キューバ(5-6)、チェコ(3)、コンゴ(4-5)、デンマーク(6)、グルジア(2-3)、ガーナ(3-5)、ジャマイカ(5)、モーリシャス(3-5)、メキシコ(6)、**フィリピン(5-6)**、モルドバ(2-3)、**ウズベキスタン(2-3)**
拷問禁止委員会	第37会期	2006.11.13-2006.11.24	ハンガリー(4)、ロシア(4)、メキシコ(4)、南アフリカ(1)、ガイアナ(1)、ブルンジ(1)、**タジキスタン(1)**、セイシェル(*)
	第38会期	2007.5.7-2007.5.26	イタリア(4)、ベニン(2)、ポーランド(4)、ウクライナ(5)、デンマーク(5)、オランダ(4)、エストニア(2)
	第39会期	2007.11.-2007.11.	ルクセンブルグ(5)、**オーストラリア(3)**、ノルウェー(5)、**ウズベキスタン(3)**、ラトビア(2)、**日本(1)**、ザンビア(2)
移住労働者権利委員会	第4会期	2006.4.24-2006.4.28	マリ(1)

注1●国連人権高等弁務官事務所のホームページ（http://www.ohchr.org/english/）、女性差別撤廃条約ホームページ（http://www.un.org/womenwatch/daw/cedaw/）より（2006年4月21日）。審議済みを含む。
注2●審議される（予定）国の太字はアジア・太平洋地域。
注3●審議される国の後の（ ）内は対象となる報告、(*)は報告書なしの審議。

表2●アジア・太平洋地域各国の人権条約批准状況

		社会権規約	自由権規約	自由権規約第一選択議定書	自由権規約第二選択議定書	人種差別撤廃条約	アパルトヘイト禁止条約	アパルトヘイト・スポーツ禁止条約	ジェノサイド条約	戦争犯罪時効不適用条約	子どもの権利条約	子どもの権利条約選択議定書（武力紛争）	子どもの権利条約選択議定書（人身売買など）
	採択時期	66/12	66/12	66/12	89/12	65/12	73/11	85/12	48/12	68/11	89/11	00/5	00/5
	世界194カ国中の締約国数	153	156	105	57	170	106	59	138	49	192	107	106
	アジア太平洋地域内(45カ国)の締約国数	24	22	11	5	29	14	6	26	7	45	17	18
東アジア	韓国	90/4	90/4a	90/4		78/12b			50/10		91/11	04/9	04/9
	北朝鮮	81/9	81/9*						89/1	84/11	90/9		
	中国**	01/3				81/12	83/4	s	83/4		92/3		02/12
	日本	79/6	79/6			95/12					94/4	04/8	05/1
	モンゴル	74/11	74/11	91/4		69/8	75/8	87/12	67/1	69/5	90/7	04/10	03/6
東南アジア	インドネシア	06/2	06/2			99/6	93/7				90/9	s	s
	カンボジア	92/5	92/5	s		83/11	81/7		50/10		92/10	04/7	02/5
	シンガポール								95/8		95/10	s	
	タイ	99/9	96/10			03/1					92/3	06/2	06/1
	フィリピン	74/6	86/10a	89/8		67/9	78/1	87/7	50/7	73/5	90/8	03/8	02/5
	ブルネイ										95/12		
	ベトナム	82/9	82/9			82/6	81/6		81/6	83/5	90/2	01/12	01/12
	マレーシア							s	94/12		95/2		
	ミャンマー(ビルマ)								56/3		91/7		
	ラオス	s	s			74/2	81/10		50/12	84/12	91/5		
	東ティモール	03/4	03/9	03/9		03/4					03/4	04/8	03/4
南アジア	アフガニスタン	83/1	83/1			83/7	83/7		56/3	83/7	94/3		02/9
	インド	79/4	79/4			68/12	77/9	90/9	59/8	71/1	92/12	05/11	05/8
	スリランカ	80/6	80/6a	97/10		82/2	82/2		50/10		91/7	00/9	s
	ネパール	91/5	91/5	91/5	98/3	71/1	77/7	89/3	69/1		90/9	s	06/1
	パキスタン	s				66/9	86/2		57/10		90/11	s	
	バングラデシュ	98/10	00/9			79/6	85/2		98/10		90/8	00/9	00/9
	ブータン					s					90/8		
	モルディブ					84/4	84/4	s	84/4		91/2	04/12	02/5
太平洋	オーストラリア	75/12	80/8a	91/9	90/10	75/9b			49/7		90/12	s	s
	キリバス										95/12		
	クック諸島										97/6		
	サモア										94/11		
	ソロモン諸島	82/3				82/3					95/4		
	ツバル										95/9		
	トンガ					72/2			72/2		95/11		
	ナウル		s	s		s					94/7	s	s
	ニウエ										95/12		
	ニュージーランド	78/12	78/12a	89/5	90/2	72/11			78/12		93/4	01/11	s
	バヌアツ										93/7	s	
	パプアニューギニア					82/1			82/1		93/3		
	パラオ										95/8		
	フィジー					73/1			73/1		93/8	s	s
	マーシャル諸島										93/10		
	ミクロネシア										93/5		s
中央アジア	ウズベキスタン	95/9	95/9	95/9		95/9			99/9		94/6		
	カザフスタン	06/1	06/1			98/8			98/8		94/8	03/4	01/8
	キルギス	94/10	94/10	95/10		97/9	97/9	05/7	97/9		94/10	03/8	03/2
	タジキスタン	99/1	99/1	99/1		95/1					93/10	02/8	02/8
	トルクメニスタン	97/5	97/5	97/5	00/1	94/9					93/9	05/4	05/3

*97年8月、北朝鮮は国連事務総長に対し、規約の破棄を通告したが、同規約には破棄条項が設けられていないため、事務総長はすべての締約国の同意を得られないかぎり、そのような破棄は不可能だという見解を出している。

**香港とマカオを含む。

※奴隷条約、奴隷条約改正議定書、改正奴隷条約は、実質的に同じものとみなした。批准(加入)の時期は国連事務総長に批准書もしくは加入書が寄託された年月による。

国連の動向●2005年の国連の動き

女性差別撤廃条約	女性差別撤廃条約選択議定書	女性の参政権条約	既婚女性の国籍に関する条約	結婚最低年齢に関する条約	拷問等禁止条約	拷問等禁止条約選択議定書	改正奴隷条約※	奴隷制廃止補足条約	人身売買禁止条約	無国籍者の地位に関する条約	無国籍者削減に関する条約	難民条約	難民議定書	移住労働者権利条約	合計
79/12	99/10	52/12	57/1	62/11	84/12	2/12	53/12	56/9	49/12	61/8	54/9	51/7	67/1	90/12	
182	78	119	78	53	141	18	95	119	79	31	59	143	143	34	
39	11	22	8	7	20	1	16	18	15	2	4	18	18	5	
84/12		59/6			95/1				62/2		62/8	92/12	92/12		15
01/2															6
80/11					88/10							82/9	82/9		10
85/6		55/7			99/6				58/5			81/10	82/1		12
81/7	02/3	65/8		91/3	02/1		68/12	68/12							18
84/9	s	58/12			98/10				s					s	8
92/10	s	s			92/10	s		57/6	s			92/10	92/10	s	13
95/10			66/3				72/3	66/10							6
85/8	00/6	54/11													9
81/8	03/11	57/9		65/1	86/6		55/7	64/11	52/9		s	81/7	81/7	95/7	22
															1
82/2															10
95/7			59/2					57/11							5
97/7		s					57/4		s						4
81/8		69/1						57/9	78/4						9
03/3	03/4				03/4	s						03/5	03/5	04/1	13
03/3		66/11			87/4		54/8	66/11	85/5			05/8	05/8		16
93/7		61/11	s		s		54/3	60/6	53/1						15
81/10	02/10		58/5	s	94/1		58/3	58/3	58/4					96/3	16
91/4	s	66/4			91/5		63/1	63/1	02/12						16
96/3		54/12	s				55/9	58/3	52/7						9
84/11	00/9	98/10		98/10	98/10		85/1	85/2	85/1					s	16
81/8															2
93/7	06/3				04/4	06/2									10
83/7		74/12	61/3		89/8c		53/12	58/1		73/12	73/12	54/1	73/12		17
04/3										83/11	83/11				4
															1
92/9				64/8								88/9	94/11		5
02/5	02/5	81/9					81/9	81/9				95/5	95/4		10
99/10												86/3	86/3		4
															3
				s											1
															1
85/1	00/9	68/5	58/12	64/6	89/12c	s	53/12	62/4		60/6	73/0				18
95/9															2
95/1		82/1					82/1					86/7	86/7		8
															1
95/8		72/6	72/6	71/7			72/6	72/6			72/6	72/6	72/6		12
06/3															2
04/9							s								2
95/7		97/9			95/9			04/2							10
98/1	01/8	00/3		00/3	98/8				06/1			99/1	99/1		14
97/2	02/7	97/2	97/2	97/2	97/9		97/9	97/9	97/9			96/10	96/10	03/9	22
93/10	s	99/6			95/1				01/10			93/12	93/12	02/1	14
97/5		99/10			99/6			97/5	97/5			98/3	98/3		15

a：自由権規約第41条に基づく、人権侵害に対する他国による申立ての審査についての自由権規約委員会の権限の受諾
b：人種差別撤廃条約第14条に基づく、人権侵害に対する個人・集団による申立ての審査についての人種差別撤廃委員会の権限の受諾
c：拷問等禁止条約第22条に基づく、人権侵害に対する個人の申立ての審査についての拷問禁止委員会の権限の受諾
s：署名のみ
※2006年4月21日、国連条約データベースホームページhttp://www.untreaty.un.org/、UNHCRホームページhttp://www.unhcr.ch/参照。

131

● 国連の動向

Reporting Status of Asia-Pacific Countries by the Treaty Bodies in 2005

条約委員会による2005年のアジア・太平洋地域国別人権状況審査

ICESCR：社会権規約
ICCPR：自由権規約
ICERD：人種差別撤廃条約
CRC：子どもの権利条約
CEDAW：女性差別撤廃条約
CAT：拷問等禁止条約
ICRMW：移住労働者権利条約

1. 東アジア

⑴ 韓国
①ICESCR（1990.7.10発効）第3回報告期限は06年6月30日。
②ICCPR（1990.7.10発効） 第3回報告（CCPR/C/KOR/2005/3）は05年2月10日に提出。
③ICERD（1979.1.4発効）第13、14回報告（期限06年1月4日）は未提出。
④CRC（1991.12.30発効）第3、4回報告期限は08年12月19日。
⑤CEDAW（1985.1.26発効） 第5回報告（CEDAW/C/KOR/5）は03年7月23日に提出。第6回報告（期限06年1月26日）は未提出。
⑥CAT（1995.2.8発効）第2回報告（CAT/C/53/Add.2）は04年6月1日に提出され、第36会期（06年5月）に審議予定。

⑵ 朝鮮民主主義人民共和国
①ICESCR（1981.12.14発効）第3回報告期限は08年6月30日。
②ICCPR（1981.12.14発効）第3回報告（期限04年1月1日）は未提出。
③CRC（1990.10.21発効）第3、4回報告期限は07年10月20日。
④CEDAW（2001.3.29発効）第1回報告（CEDAW/C/PRK/1）は第33会期（05年7月）に審議された。総括所見（CEDAW/C/PRK/CO/1）に挙げられた主な懸念事項の概要は以下のとおり。

・婚姻の最低年齢が男性が18歳であるのに対して女性が17歳であること
・公的、社会的な領域が「男性の領域」であるという考え方が続いていること
・女性差別撤廃のための機関である国家調整委員会に十分な意思決定権や財政的、人的資源がないこと
・家庭内暴力に関して十分認識がなく、それを含む女性に対する暴力に関する法的措置がないこと
・第11回最高人民会議の代表約20％、地方人民会議の議員の約30％が女性であるにもかかわらず、政治や司法、および外交を含む公務員職の意思決定レベルに女性が少ないこと
・経済危機の中での医療サービスに関する情報、とくにリプロダクティブ・ヘルス政策に関する情報が報告に含まれていないこと
など。主な勧告の概要は以下のとおり。
・1条に沿った女性に対する差別の定義を憲法または適切な国内の法律に含めること
・地方人民委員会に女性が適切に代表され

ることを確保すること
・ジェンダー平等実施のための包括的な国内行動計画をつくり、国家調整委員会と関連機関の調整を図り、実施の監視、評価などを行うこと
・女性の状況を評価できるよう、データ収集や計測できる指標など包括的な制度をつくること
・男女の役割に関する固定観念、教育や雇用やその他の分野における女性に対する直接および間接差別に対処すること
・女性の状況改善に向けた具体的な貧困軽減措置を導入し、とくに農村地域の女性の食糧に対する平等なアクセスが保障されるよう、国際援助を求めること、渡航許可なしに国外に出た女性が帰国した際、権利侵害から保護し、家族や社会に復帰できるよう支援すること、人身売買や性的商業的搾取の被害者となるおそれのある女性を支援できるよう、法執行官、出入国管理官、国境警察などを訓練すること
・HIV/AIDSに関して信頼できるデータを収集し、HIV/AIDSに感染した女性が差別されたり、スティグマを受けないよう保障し、適切な支援を受けるよう図ること
など。第2回報告期限は06年3月27日。

(3)中国
①ICESCR（2001.6.27発効） 第1回報告（E/1990/5/Add.59）は第34会期（05年4〜5月）に審議された。総括所見（E/C.12/1/Add.107）に挙げられた主な懸念事項は以下のとおり。
・庇護申請者、難民や無国籍者が規約の権利の保障から除外されていること
・国内移住者に対する雇用、社会保障、医療、住居、教育などにおける事実上の差別があること
・障害をもつ人に対する雇用、社会保障、教育や医療における差別が継続していること
・女性に対する事実上の差別が継続している

こと、胎児が女の子である場合の中絶率が高いこと、女性、女児の売買、高齢の女性の遺棄の問題があること
・とくに農村地域で失業率が増加していること
・矯正措置として強制労働が行われていること
・子どもが採鉱など危険な労働に従事していること、学校の生徒の「勤労と経済学習」が子どもの労働搾取であること
・労働法が十分実施されず、労働条件が悪いこと、労働災害が多発していること、労働者およびその家族の生活を支えるのに不十分な低賃金がとくに農村地域や西部で見られること
・独立した労働組合を組織し、加入する権利が否定されていること
・家庭内暴力、女性と子どもの性的搾取に関して信頼できるデータがないこと
・都市と農村地域、沿海部と内陸部の間の所得や生活水準の格差が拡大していること
・都市開発や地域開発プロジェクトのための強制立退きが報告されていること
・公共医療の予算、農村地域における医療サービス制度が低下していること、予防プログラムが不十分なことによりHIV/AIDSや他の感染症が拡大していること
・工業地域で安全な飲料水へのアクセスが不足していること
・精神障害をもつ人に対して、治療や生活支援、施設などが水準以下であること
・強制中絶、強制避妊が報告されていること、危険な中絶により死亡する率が高いこと
・初等教育へのアクセスがとくに農村地域、マイノリティが住む地域、国内移住者などで普遍的ではないこと、一部農村地域において中等教育からの中退率が高いこと
・民族的マイノリティに対する差別が報告されていること、新疆ウイグル自治区、チベット自治区におけるマイノリティ言語、歴史や文化の使用や教育の権利に関して報告されてい

ること
など。主な勧告の概要は以下のとおり。
・人権に関して国内行動計画を策定し、パリ原則に則った国内人権機関の設立を検討すること
・規約の権利の裁判適用可能性を十分考慮した法および司法研修を行うこと
・次回の報告作成にあたり、行った一般協議および協議した市民組織やNGOの詳細な情報を入れること
・自国領域内のすべての人に差別なく規約に挙げられた経済的、社会的、文化的権利の享有を確保する必要な措置をとること
・国内移住者が、都市部に住む人と同じ社会保障、住居、教育などを享有できるよう世帯登録制廃止の決定を実施すること
・障害をもつ人の機会の平等を確保する措置をとり、治療やケアのための十分な資源を配分すること
・同一価値労働同一賃金の原則を実施することなどを含め、男女の平等を確保する実効的措置をとること
・失業者数を低減させるプログラムを強化すること、現行労働法の下の労働者の保護を移住労働者の保護も含めて強化すること、すべての分野の安全および衛生状況の独立調査ができるよう十分な資源を配分し、安全基準を遵守しない雇用者が罰せられるよう確保すること
・独立した労働組合を組織できるよう労働組合法を改正すること
・人身売買を犯罪とし、その実施を監視する仕組みを設置すること、性的搾取の被害者に保護を提供すること
・不利な地域に住む人に対して、とくに住居、食糧、水、医療サービスなどについて経済的、社会的および文化的権利の保護に向けて直ちに措置をとること、農村地域や民族的マイノリティ地域での医療サービスの提供を改善する措置をとること
・強制立退きを禁止する法を実施する措置を直ちにとること、開発計画実施の前に影響を受ける住民と開かれた、実効的な協議を行うこと
など。さらに、香港に関して、人種差別禁止法案が中国本土からの移住者を含まないこと、外国人家事労働者の状況、社会保障制度の下の給付が最低限の生活水準に十分ではないことなどを懸念事項として挙げ、マカオに関して女性、障害をもつ人などが雇用などで不利を被っていること、移住労働者が社会保障から排除されていることなどを懸念事項として挙げた。第2回報告期限は10年6月30日。
②ICCPR（中国は署名のみ）　香港特別行政区に関する第2回報告（CCPR/C/HKSAR/2005/2）は05年1月14日に提出され、第86会期（06年3月）に審議された。
③ICERD（1982.1.28発効）第11、12回報告（期限05年1月28日）は未提出。
④CRC（1994.4.1発効）第2回報告（CRC/C/83/Add.10; CRC/C/83/Add.11; CRC/C/83/Add.12）は第40会期（05年9月）に審議された。総括所見（CRC/C/15/Add.271）に挙げられた主な懸念事項の概要は以下のとおり。
・中国本土に関して、条約実施に関して独立した国内人権機関がないこと、香港とマカオに関して、独立した人権機関の権限範囲に子どもが特定されていないこと
・本土でとくに女の子や障害をもつ子どもの選択的中絶、嬰児殺しや放棄が家族計画政策や社会的態度の結果起こっていること
・本土での女の子、HIV/AIDSに感染した子ども、障害をもつ子ども、民族的、宗教的少数者、国内移住者の子どもに対する差別があること、香港に関して、難民、身分証などのない移住者の子どもなどに対する差別があること
・16歳以上で自活しているのでないかぎり、裁判所において保護者の同意なしに訴えたり、直接意見を聴かれたりすることができな

いこと、香港に関して、子どもに関わる政策などすべてについて制度的に意見を求めているのではないこと
・家族計画政策などにより子どもが出生後制度的に登録されておらず、とくに女の子、障害をもつ子ども、一部農村地域の子どもなどが未登録であること
・チベット、ウイグル、フイ（回族）の子どもなどの宗教の自由が制限されていると報告があること
・本土から香港とマカオに入る人の人数制限があり、居住権の規制が子どもが親と引き離されることにつながり、家族との再統合を妨げていること
・教育のアクセスについて女の子、学習障害をもつ子ども、民族的マイノリティの子ども、農村地域の子どもや移住者の子どもに不利な格差があること、教員1人あたりの生徒数の多さ、中等教育における中退率、本土における教育の質や義務教育の際にさまざまな料金が課されること
・永住許可を有するインドシナ難民の中国で出生した子どもが市民権を付与されないこと、北朝鮮から来た子どもが帰国の際の危険を考慮されずに送還されること
・本土に関して、18歳未満の子どもが終身刑を科されうること、香港に関して刑事責任を問われる最低年齢が10歳に下げられたこと
など。主な勧告の概要は以下のとおり。
・中国本土に関して、国家子ども発展計画の実施について、全国的な実施を確保するために、関連機関、団体の調整を図ること、香港とマカオに関して、行動計画を策定すること
・本土において、女の子、HIV/AIDSに感染した子ども、障害をもつ子ども、民族的、宗教的マイノリティおよび国内移住者の子どもなどに、医療、教育などを含む基本的なサービスへの平等なアクセスの確保などを通して差別を廃止すること
・本土、香港、マカオにおいて、子どもが自分に関わるすべての事項について意見を自由に述べる権利の享有を確保する努力を強化すること、本土では自分に関わる司法および行政手続において、意見を述べる機会を確保するよう立法を見直すこと
・18歳未満の子どもの宗教の自由を明文で認め、親がその自由の行使に関して指導する権利と義務を尊重する法を制定すること、チベットの宗教行事、モスクなどへの参加、宗教教育の禁止を廃止すること
・家庭、学校、矯正およびその他施設などあらゆる場面において体罰を法律により明文で禁止すること、非暴力的なしつけに関して啓発や教育を行うこと
・国際養子縁組が人身売買である可能性や養親からの手数料や寄付の支払いに関する監視を強化し、出生証のない子どもにも養子縁組過程において自己のアイデンティティの権利をもつことを確保するよう立法的、行政的措置をとること
・子どもの虐待、ネグレクト、暴力などに対する努力を、医師、教員など子どもに関わる職に就く人の報告義務も含めてあらゆる分野において強化すること、子どもに対する暴力のさまざまな形態を研究し、その成果に基づき、子どもの保護のための立法を強化し、暴力に対する啓発などの取組みを行い、被害者のケアと回復を確保するプログラムをつくること
・未登録の子どもも含めてすべての子どもに医療ケアのアクセスを提供する必要な措置をとること、HIV/AIDSに感染したまたは影響を受ける子どものための政策を強化すること
・初等教育におけるすべての「隠れた」ものも含めて料金を廃止し真に無料であることを確保すること、すべての子どもが9年間の義務教育を修了できるよう予算を配分すること、とくに貧困や移住によって学校を中退した子どもが適切な資格を取得できる柔軟な学習制度を開発促進すること、初等、中等教育のすべての教材がマイノリティ言語でも入手できるようにすること
・最低就業年齢に関するILO138号条約と最

悪の形態の児童労働に関する182号条約の実施を、データ収集およびそれを活かした児童労働防止や撤廃に向けた政策や18歳未満が従事してはならない危険な労働に関する規則策定などを通して強化すること

など。第3、4回報告期限は09年3月31日。

⑤CEDAW（1981.9.3発効）第5、6回報告（CEDAW/C/CHN/5-6）は04年2月4日に提出され、第36会期（06年8月）に審議予定。

⑥CAT（1988.11.2発効）第4回報告（CAT/C/CHN/4）は06年2月14日に提出。

(4)日本

①ICESCR（1979.9.21発効）第3回報告期限は06年6月30日。

②ICCPR（1979.9.21発効）第5回報告（期限02年10月31日）は未提出。

③ICERD（1996.1.14発効）第3～5回報告（期限05年1月14日）は未提出。

④CRC（1994.5.22発効）第3回報告期限は06年5月21日。

⑤CEDAW（1985.7.25発効）第6回報告期限は06年7月25日。

⑥CAT（1999.7.29発効）第1回報告（CAT/C/JPN/1）は05年12月20日に提出され、第39会期（07年11月）に審議予定。

(5)モンゴル

①ICESCR（1976.1.3発効）第4回報告（期限03年6月30日）は未提出。

②ICCPR（1976.3.23発効）第5回報告（期限03年3月31日）は未提出。

③ICERD（1969.9.5発効）第16～18回報告（CERD/C/476/Add.46）は05年9月27日に提出。

④CRC（1990.9.2発効）第2回報告（CRC/C/65/Add.32）は第39会期（05年5月）に審議された。総括所見（CRC/C/15/Add.264）に挙げられた主な懸念事項は以下のとおり。

・包括的な法改正が行われたにもかかわらず、実施措置が不十分で法と実践の間に格差があること、義務教育が17歳まででありながら、14歳から週30時間労働できるなど、法の矛盾により保護されない子どもがいること

・データ収集制度が十分開発されておらず、条約の範囲にあるすべての分野について分類されていないこと

・貧困にいる子ども、ストリート・チルドレン、農村地域の子ども、農村から都市に移住してきた子どもなどに対して事実上の差別があること

・体罰が、公式に禁止されている学校や他の施設も含めて、社会的に認められていること

・里親や養子制度が十分に条約の原則規定と合致していないこと

・障害をもつ子どもに対する差別があること、そのような子どものための包括的な政策やサービスなどがないこと

・医療サービスに地域格差があること、出産死亡率および5歳未満の子どもの死亡率が高いこと、子どもの栄養失調が蔓延していること、薬品の知識が不足し、安価な薬品へのアクセスが制限されていること

・18歳未満の子どもが長期にわたり未決勾留されること、軽犯罪の初犯でも禁固刑が科されること、18歳未満の女の子が成人の女性と同じ刑務所に収容されること

など。主な勧告の概要は以下のとおり。

・01年に設立された国家人権委員会が十分な人的、財政的および技術的資源を有し、条約の実施を監視・評価できるよう、子どもからの苦情を受理し、調査して対応できるよう確保すること、子どもに関するオンブズパーソンを別途設置する検討をすすめること

・国際協力も含めて、子どもの権利の実現に配分される予算を拡大すること

・移動登録所を含めて、領域内全土を網羅する実効的で無料の出生登録制度を実施すること

・家庭における体罰の明示的禁止も含め、体罰を防止し、廃止する措置をとること

・子どもが家庭環境から離れることを防止す

る措置や、施設で生活する子どもの数を減らす措置を直ちにとること、条約の権利に注意を払いながら伝統的な里親制度を発展させる努力を強化すること
・家庭内暴力を防止するあらゆる適切な措置をとること、法制度や報告制度の整備などを含め、子どもの性的虐待を撲滅する措置をとること、暴力や性的虐待の被害者や加害者にカウンセリングや他の社会復帰のためのサービスを提供できるよう子ども専門の精神科医、ソーシャルワーカーや他の専門家の不足に対応すること
・すべての子どもに区別なく良質の教育へのアクセスを漸進的に確保し、初等、中等教育への就学率を地域格差なく向上させ、非識字率の増加に対応するさらなる措置をとるほか、適切な訓練により教員の質を向上させ、学校設備を改善するなどのために十分な財政的、人的資源を配分すること
・子どもの危険な労働従事禁止を含めて、児童労働規定を十分に実施し、労働監督官の人数を増やし、働く子どもの良質な教育へのアクセスを確保するなどの実効的措置を直ちにとること、ストリート・チルドレンの状況に対応する包括的政策をつくり、政策として監督者のいない子どもの拘禁を控え、条約に合致する代替的方法を検討すること
　第3、4回報告期限は07年9月1日。
⑤CEDAW（1981.9.3発効）第5、6回報告（期限02年9月3日）は未提出。
⑥CAT（2002.2.23発効）第1回報告（期限03年2月23日）は未提出。

2.東南アジア

⑴インドネシア
①ICERD（1999.7.25発効）第1～3回報告（CERD/C/IDN/3）は06年3月17日に提出され、第70会期（07年2～3月）に審議予定。
②CRC（1990.10.5発効）第3、4回報告の期限は07年10月4日。
③CEDAW（1984.10.13発効）第4、5回報告は05年6月20日に提出。
④CAT（1998.11.27発効）第2回報告は05年8月25日に提出。

⑵カンボジア
①ICESCR（1998.8.26発効）第1、2回報告（期限99年6月30日）は未提出。
②ICCPR（1992.8.26発効）第2回報告（期限02年7月31日）は未提出。
③ICERD（1986.12.28発効）第8～11回報告（期限04年12月28日）は未提出。
④CRC（1992.11.14発効）第2、3回報告（期限04年11月13日）は未提出。
⑤CEDAW（1992.11.14発効）第1～3回報告（CEDAW/C/KHM/1-3）は04年2月11日に提出され、第34会期（06年1～2月）に審議された。
⑥CAT（1992.11.14発効）第2回報告期限は06年8月29日。

⑶シンガポール
①CRC（1995.11.4発効）第2、3回報告期限は07年11月3日。
②CEDAW（1995.11.5発効）第3回報告は04年1月1日に提出。

⑷タイ
①ICESCR（1999.12.5発効）第1回報告（期限02年6月30日）は未提出。
②ICCPR（1997.1.29発効）　第1回報告（CCPR/C/THA/2004/1）は第84会期（05年3～4月）に審議された。総括所見（CCPR/CO/84/THA）に挙げられた主な懸念事項は以下のとおり。
・警察や軍などによる司法手続を経ない殺害、虐待が広範に行われていることが報告されていること
・民法の離婚の根拠が女性に対して差別的であること、DVに関する規定が国内法にないこと

137

・南部3州について発せられた緊急事態令が停止される規約の権利を特定せず、また停止に十分な制限を付していないこと、同令が緊急事態を実施する公務員を訴訟や懲戒手続から免除すること

・死刑が「最も重大な犯罪」に限定されておらず、麻薬取引にも科されること

・勾留、拘禁施設の衛生、医療アクセスや食糧などの状況が悪いこと、死刑囚が鎖につながれることや、長期の独房での拘禁があること、未決勾留者が他の囚人と区別されないことが多いこと、少年が成人用の監房に入れられること

・庇護申請認定の制度的な手続がないこと、ミャンマーからの難民の移住計画に従わない人が不法移民として強制送還されること、モン人が難民と認められず、迫害されうる国に送還されようとしていること

・ジャーナリストに対する威嚇や嫌がらせが報告されていること、緊急事態令がメディアの自由に重大な制限を課すこと、人権活動家の強制失踪や殺害を含む攻撃が報告されていること

・移住労働者の権利、とくに移動の自由、社会サービスのアクセスなどが制限されること、とくに民族的マイノリティおよびミャンマーからの移住者が搾取されやすいこと

・市民権、土地所有の権利、移動の自由に関してマイノリティ、とくに山岳民族に対して国家による構造的差別があること、1992年山岳地帯における共同体開発、環境および麻薬植物管理に関する基本計画により強制退去や強制移住が行われること、「対麻薬戦争」においてマイノリティ、山岳民族に対する殺害、嫌がらせ、財産の没収が報告されていること、タイ−マレーシア・ガスパイプラインや他の開発計画に関して、住民との協議がほとんど行われていないこと

など。主な勧告の概要は以下のとおり。

・国家人権委員会の提言が十分にフォローアップされるよう確保すること、同委員会に十分な財源を確保すること

・警察や軍による殺害、虐待に対して十分な捜査を行い、加害者を処罰し、被害者に十分な救済を確保すること、警察、軍、刑務官などに対して適用される国際基準を尊重するよう訓練する努力を継続すること

・逮捕直後および拘束中に弁護士や医者のアクセスが妨げられないことを保障すること、逮捕された人が家族に直ちに拘束場所を知らせることができるようにすること、警察に対する拷問や虐待の訴えを直ちに十分に捜査し、責任者を処罰し、被害者および家族に補償することを確保すること

・人身売買を訴追し処罰する措置を強化し、被害者や証人を十分に保護すること、人身売買禁止法を早急に制定すること

・タイで生まれ住む無国籍の人の帰化の措置を継続して実施し、民族的マイノリティや難民などの子どもを含めてタイで生まれたすべての子どもが出生証を得られるよう、出生届の政策を見直すこと

など。第2回報告期限は09年8月1日。

③ICERD（2003.2.27発効）第1回報告（期限04年2月27日）は未提出。

④CRC（1992.4.26発効）第2回報告（CRC/C/83/Add.15）は04年6月7日に提出され、第41会期（06年1月）に審議された。

⑤CEDAW（1985.9.8発効）第4、5回報告（CEDAW/C/THA/4-5）は03年10月7日に提出され、第34会期（06年1〜2月）に審議された。

⑸東ティモール

①ICESCR（2003.7.16発効）第1回報告（期限05年6月30日）は未提出。

②ICCPR（2003.12.18発効）第1回報告（期限04年12月19日）は未提出。

③ICERD（2003.5.16発効）第1回報告（期限04年5月16日）は未提出。

④CRC（2004.5.16発効）第1回報告（期限05年5月16日）は未提出。

⑤CEDAW（2003.5.16発効）第1回報告（期限04年5月16日）は未提出。
⑥CAT（03年5月16日発効）第1回報告（期限04年5月16日）は未提出。
⑦ICRMW（2004.5.1発効）第1回報告（期限05年5月1日）は未提出。

⑹フィリピン
①ICESCR（1976.1.3発効）第3回報告（期限00年6月30日）は未提出。
②ICCPR（1987.1.23発効）第3回報告期限は06年11月1日。
③ICERD（1969.1.4発効）第15〜18回報告（期限04年1月4日）は未提出。
④CRC（1990.9.20発効）第2回報告（CRC/C/65/Add.31）は第39会期（05年5月）に審議された。総括所見（CRC/C/15/Add.259）に挙げられた主な懸念事項は以下のとおり。

・国内武力紛争によるものも含め、子どもの生命の権利が侵害されること、ブラン、ソルソゴンにおける軍による子どもの殺害、ダバオ、ディゴスにおける武装グループによる子どもの殺害などが報告されていること、18歳未満のときに犯罪を犯した子どもの死刑が法律で禁じられているにもかかわらず、18歳未満の子どもが、年齢の確実な証明がなく死刑囚になっていること
・子どもの電話ヘルプラインに首都圏に住む子どもしかアクセスできず、地方へ拡大する資金がないこと
・国外で生まれ、父親が確定していない子どもが増えていることについて、扶養料の支払いが十分確保されていないこと
・養子縁組手続が長く、子どもが施設にいる期間が長くなること、国際養子縁組が他の代替措置がない場合の最後の手段ではないこと
・障害をもつ子どもが事実上の差別を受けていることや偏見や誤解に直面していること
・出産死亡率および5歳未満の乳幼児死亡率が比較的高いこと、栄養失調がみられること、地方において良質の医療サービスへのアクセスが限られること、他国と交渉中の自由貿易協定が安価な薬品へのアクセスを妨げうる危険があること
・貧困、武力紛争の中で生きる子ども、障害をもつ子ども、働く子ども、先住民族の子どもなど弱い立場にある子どもが初等教育への平等なアクセスを欠いていること、食事、通学費、制服などの負担が教育への平等なアクセスを妨げていること、地方の子どもの中等教育へのアクセスが非常に制限されること
・働く子どもの数が370万人と大きいこと、労働法が十分実施されないこと、ストリート・チルドレンが多数いること、その状況に対する制度的、包括的な政策がないこと

など。主な勧告の概要は以下のとおり。
・子どもの権利、とくに社会的、経済的および文化的権利実現に向けて予算配分を拡大するために債務支払い水準を削減する努力を強化すること、予算配分の子どもの権利実施への影響の制度的評価を行い、18歳未満の子どもに対する年度ごとの予算額と歳出割合を特定すること
・非差別の原則を保障する現行法の実効的実施を確保し、弱い立場にある子どもに対する複合差別を含むすべての差別の形態を撤廃する積極的で包括的な戦略をとること、とくに女の子の平等と人権の十分な享有に注意を払うこと、婚外子の平等、とくに相続の平等を保障するよう国内法を見直し、「非嫡出」の差別的呼称を廃止すること
・出生登録が完全に行われるよう、移動登録所の活用などにより全国を網羅し、すべての段階で無料の出生登録制度の開発の努力を強化すること、婚外子、宗教および他のマイノリティ、先住民族の親による登録が早期に行われるよう、登録へのアクセスの改善に注意を払うこと、親の在留資格にかかわらず、国外で出生した子どもの登録を奨励、促進すること、未登録の子どもが登録されるまでの期間、医療や教育などの基本サービスを受けら

139

れるようにすること
・法律で拷問を禁止すること、子どもに対する拷問および虐待のすべての事件を捜査し、訴追すること、その際、子どもが司法手続で傷つけられず、プライバシーが保護されることが確保されること
・家庭、民間および公的施設、少年司法制度などにおいてあらゆる形態の体罰を法律で禁止すること
・二国間協定締結も含めて、フィリピンの海外労働者が男女平等に親としての責任を果たせるよう確保するあらゆる措置をとり、家族の再統合や子どもの養育のための安定した家族環境を促進すること
・性的虐待、ネグレクト、暴力などあらゆる形態の虐待を罰するために国内法を見直し、子どもに対するこれらの犯罪を明確に定義すること、宗教施設の枠組みにおける子どもの性的虐待および搾取を防止し、子どもを保護する実効的措置をとること、子どもの虐待や暴力のすべての事件を十分に捜査し、訴追、処罰し、被害者が回復、社会復帰できるための十分な支援へのアクセスを確保すること
・刑務所に収容されている母親と生活する子どもについて、生活状況が子どもの発育に適切であるよう確保すること、収容された母親と別れて生活する子どもの代替ケアが子どものニーズに適切に応じているか定期的に見直し、母親との関係および直接の接触が維持できるよう確保すること
・武装反政府運動との和平努力を継続し、子どもの徴用や紛争への関与を直ちに止めるよう促すこと、紛争に関与した子どもの保護を確保すること、そのような子どもの回復と社会復帰のためにユニセフなどと協力して十分な支援を提供すること、軍に拘束された子どもが自分の権利について通知され、規定の期限に解放され、十分な医療を提供されること
・性的搾取の被害者である子どもに平等に保護を提供できるよう国内法を見直すこと、国際基準に合致した性行為同意最低年齢を明確に規定すること、性的搾取、人身売買の被害者の支援、社会復帰のための適切なプログラムを提供すること
・包括的な少年司法制度に関する法案を早急に制定し、刑事責任年齢を国際基準に合致した水準に引き上げること、自由の剥奪が最後の手段としてとられ、18歳未満の子どもが成人と拘禁されないよう確保すること
・先住民族の子どもやマイノリティの子どもが差別なく権利を享有できるよう確保すること、これらの子どもの言語ニーズに対応する努力を継続すること、早婚など健康や福利を損なう伝統的慣行を廃止する実効的措置を先住民族やマイノリティ共同体と協力して検討すること

⑤CEDAW（1981.9.4発効）第5、6回報告（CEDAW/C/PHI/5-6）は04年7月27日に提出され、第36会期（06年8月）に審議予定。
⑥CAT（1987.6.26発効）第2〜5回報告（期限04年6月25日）は未提出。
⑦ICRMW（2003.7.1発効）第1回報告（期限04年7月1日）は未提出。

⑺ブルネイ
①CRC（1996.1.26発効）第2、3回報告期限は08年7月25日。

⑻ベトナム
①ICESCR（1982.12.24発効）第2、3回報告（期限00年6月30日）は未提出。
②ICCPR（1982.12.24発効）第3回報告（期限04年8月1日）は未提出。
③ICERD（1982.7.9発効）第10、11回報告（期限03年7月9日）は未提出。
④CRC（1990.9.2発効）第3、4回報告期限は07年9月1日。
⑤CEDAW（1982.3.19発効）第5、6回報告（CEDAW/C/VNM/5-6）は05年提出。

⑼マレーシア
①CRC（1995.3.19発効）第1、2回報告（期

限02年3月19日)は未提出。
②CEDAW(1995.8.4発効)第1、2回報告(CEDAW/C/MYS/1-2)は04年3月22日に提出され、第35会期(06年5〜6月)に審議予定。

⑽ミャンマー
①CRC(1991.8.14発効)第3、4回報告の期限は08年8月13日。
②CEDAW(1997.8.21発効)第2回報告(期限02年8月21日)は未提出。

⑾ラオス
①ICERD(1974.3.24発効)第6〜15回報告(CERD/C/451/Add.1)は04年3月31日に提出され、第66会期(05年5〜6月)に審議された。総括所見(CERD/C/LAO/CO/15)に挙げられた主な懸念事項は以下のとおり。
・国内法に人種差別の明確な定義がないこと、条約が国内法に編入されていないこと
・人種を根拠とする暴力や暴力の唱道を犯罪とする法規定がないこと
・山岳部の民族集団を平野部や高地に移住させる政策をとっていること
・しばしば民族集団に属する宗教的少数者、とくにキリスト教徒の宗教の自由の侵害が報告されていること
など。主な勧告の概要は以下のとおり。
・パリ原則に則った国内人権機関を設立すること
・国内で独立したNGOの出現を可能にする条件をつくること
・国際法に基づいてマイノリティや先住民族とされる人の権利を、そのような人の国内法上の呼称にかかわらず認めること
・民族的マイノリティの移住政策策定・実施の際、あらゆる代替方策が検討され、影響を受ける人々に方法や理由、補償などについて周知し、そのような人々の同意を得るよう努力することを確保すること、先住民族とその土地との結びつきにとくに注意を払うこと

・民族集団に属する人の教育および職業訓練がそれぞれの母語で受けられるようあらゆる可能な措置をとり、一方、それらの人々がラオ語を学ぶことを確保する努力も拡大すること
・紛争が報告されているモン人との問題に対して、必要に応じ国連機関や国際社会の支援を受け、できるだけ早く政治的人道的解決を模索するあらゆる措置をとり、対話開始の条件をつくること、モン人に対する国連機関の緊急人道支援を認めること
・必要に応じて国際社会の支援を受け、人権および反人種差別に関する教育プログラムを学校に導入し、法執行官に訓練を提供する努力を拡大すること
など。第16、17回報告の期限は07年3月24日。
②CRC(1991.6.7発効)第2回報告(期限98年6月7日)は未提出。
③CEDAW(1981.9.13発効)第6、7回報告の期限は06年9月13日。

3.南アジア

⑴アフガニスタン
①ICESCR(1983.4.24発効)第2〜4回報告(期限05年6月30日)は未提出。
②ICCPR(1983.4.24発効)第3、4回報告(期限99年4月23日)は未提出。
③ICERD(1983.8.5発効)第2〜11回報告(期限04年8月5日)は未提出。
④CRC(1994.4.27発効)第1、2回報告(期限01年4月26日)は未提出。
⑤CEDAW(2003.4.4発効)第1回報告(期限04年4月4日)は未提出。
⑥CAT(1987.6.26発効)第2〜5回報告(期限04年6月25日)は未提出。

⑵インド
①ICESCR(1979.7.10発効)第2〜4回報告(期限01年6月30日)は未提出。

②ICCPR（1979.7.10発効）第4回報告（期限01年12月31日）は未提出。
③ICERD（1969.1.4発効）第15〜19回報告（CERD/C/IND/19）は06年1月26日に提出され、第70会期（07年2〜3月）に審議予定。
④CRC（1993.1.11発効）第3、4回報告の期限は08年1月10日。
⑤CEDAW（1993.8.8発効）第2、3回報告（CEDAW/C/IND/2-3）は05年提出。

⑶スリランカ
①ICESCR（1980.9.11発効）第3回報告（期限00年6月30日）は未提出。
②ICCPR（1980.9.11発効）第5回報告期限は07年11月1日。
③ICERD（1982.3.20発効）第10〜12回報告（期限05年3月20日）は未提出。
④CRC（1991.8.11発効）第3、4回報告期限は08年8月10日。
⑤CEDAW（1981.11.4発効）第5回報告期限は不明。
⑥CAT（1994.2.2発効）第2回報告（CAT/C/48/Add.2）は04年3月29日に提出され、第34会期（05年5月）に審議された。総括所見（CAT/C/LKA/CO/1/CRP.2）に挙げられた主な懸念事項の概要は以下のとおり。
・国内法に条約の1条に示される包括的な拷問の定義がないこと
・国内人権委員会の勧告が実施されないこと
・主に警察による拷問、虐待や強制失踪が広範に行われていると報告されていること、そのような訴えが権限を有する機関によって直ちに捜査されていないこと
・拷問を報告する人に対する報復や脅迫が報告されていること、証人や被害者の実効的な保護の仕組みがないこと
など。主な勧告の概要は以下のとおり。
・警察に拘束された人の、人身保護、親族に通知する権利、法律や医師へのアクセスなどの基本的な法的保障が尊重されるよう確保する実効的措置をとること
・国内法に3条のノン・ルフールマン原則を導入し、国内に居住し、国外で拷問を行った非国籍保持者をも訴追できるよう拷問を普遍的管轄の対象とすること
・国内人権委員会を含む、独立人権モニターに人が拘禁されるあらゆる場所を事前通知なしにアクセスすることを認めること、制度的な検査制度を設置すること
・法執行官による拷問、虐待や強制失踪の訴えが、警察以外の独立した機関により直ちに徹底して捜査されることを確保すること、加害者を裁判にかけ、適切に処罰すること、性的暴力の訴えについても同様に捜査し、加害者を処罰する手続を設置すること、紛争地域の警察署に女性と子どものための窓口の設置を検討すること
・「タミール・イーラム解放の虎（LTTE）」による子どもの拉致や軍事徴用を防止するのに必要な措置を可能なかぎりとり、元子ども兵士の社会復帰を促進すること
など。第3、4回報告の期限は07年2月1日。
⑦ICRMW（2003.7.1発効）第1回報告（期限04年7月1日）は未提出。

⑷ネパール
①ICESCR（1991.8.14発効）第2回報告期限は06年6月30日。
②ICCPR（1991.8.14発効）第2、3回報告（期限02年8月13日）は未提出。
③ICERD（1971.3.1発効）第17〜19回報告の期限は08年3月1日。
④CRC（1990.10.14発効）第2、3回報告（CRC/C/65/Add.30）は03年3月4日に提出され、第39会期（05年5〜6月）に審議された。総括所見（CRC/C/15/Add.261）に挙げられた主な懸念事項は以下のとおり。
・紛争により資源が基本的社会サービスから他に配分され、子どもに関する行動計画の実施が妨げられること、条約の実施に関わる機関が複数あり、その間の調整が行われていないこと

・市民社会組織に検閲、旅行規制などの広範な規制が課されていること
・差別禁止の憲法規定や政府の取組みにもかかわらず、ダリット、先住民族、難民、ストリート・チルドレンなど最も弱い立場にある集団の子どもに対する事実上の差別が広範に存続すること
・触法少年、レイプ被害者や困難な状況にある子どもの身元がメディアに伝えられること
・紛争により家族の分裂や子どもの家族からの分離の危険が増えていること、紛争だけでなく、HIV/AIDSなどの理由により施設に収容される子どもの数が増えていること、これら施設には国内基準を満たさず、登録されていないものも多くあること
・国際養子縁組の適切な法律がないこと、家事労働者としての搾取につながりうる非公式養子縁組の慣行があること
・幼児死亡率などが高いこと、予防可能な病気で子どもの生命や発育が脅かされること、とくに地方で衛生設備や安全な飲料水へのアクセスが不十分であること
・法定婚姻最低年齢が18歳であるのに、実際にそれよりも早い結婚が慣行として広範に行われていること
・ブータンからの難民キャンプで女性と子どもの虐待、性的虐待が報告されていること
・武力紛争で殺害される子どもの数が多いこと、子どもの武装集団による拉致、強制動員が報告されていること、子どもの強制失踪や恣意的拘束が報告されていること
・子どもの性的搾取、とくに低カーストの子どもの性的搾取が多いこと、危険な労働を含む、労働に従事する子どもが多数いること、債務労働が2002年の禁止法以降もまだ継続していること
・子どもの国境を越えた人身売買が続いていること、被害者保護の現行法が不十分で実施も十分行われていないこと
など。主な勧告の概要は以下のとおり。
・領域内の一部が、反政府組織の実効的支配下にあることは留意しつつも、締約国政府に条約上の責任があることを強調し、いつでも条約を尊重する義務を喚起し、緊急事態においてもどの規定からも逸脱しないこと
・家庭、学校や子どもに関わる社会のあらゆる分野への子どもの参加と意見の尊重を促進すること、子どもの監護権や他の子どもに関わる法的手続において子どもが意見を表明できるよう法律を改正すること
・子どもの出生登録が直ちに行われるよう啓発キャンペーンを含め努力を拡大すること、地方自治体と共同体が子どもの登録が早期に行われるよう協力するよう確保すること
・家庭、学校および他の施設における体罰を法律により明白に禁止すること、親、教員、子どもに関わる専門家に対して体罰の弊害に関する啓発キャンペーンを行い、子どもやメディアの参加を積極的に促進すること
・親としての責任を果たせるよう支援するプログラムを共同体や社会保障を通して開発し、実施すること、その際、とくに武力紛争に影響を受けた家庭や単親の家庭に注意を払うこと
・子どもが刑務所にいる親と同居する慣行を見直し、子どもの最善の利益に基づく場合にのみ限定し、その場合環境が子どもの健全な発育に適切であるよう確保すること
・貧困との闘いの戦略を強化し、貧困を示す指標や公式の貧困基準を設定し、子どもの生活水準の改善を監視し評価すること、一貫した家族政策ならびに社会保障政策を策定すること
・すべての子どもに対する無料の義務教育を初等教育5年より長くすること、就学率向上に向けた措置を強化すること、とくに女の子の学校へのアクセスを改善すること
・子どものための矯正施設の建設を行い、すべての地域の拘禁施設に18歳以下の子ども用の別の監房を確保すること、18歳以下の子どもが反テロ法の下で拘束され、起訴されないようにすること

第3～5回報告の期限は10年10月13日。
⑤CEDAW（1991.5.22発効）第4、5回報告の期限は08年5月22日。
⑥CAT（1991.6.13発効）第2回報告（CAT/C/33/Add.6）は04年5月5日に提出され、第35回会期（05年11月）に審議された。総括所見（CAT/C.NPL/CO/CRP.3）に挙げられた主な懸念事項の概要は以下のとおり。
・2004年公安法、テロリストおよび破壊活動（規制および処罰）令の下の長期拘禁の人数が多いこと、15カ月までの予防拘禁が広範に使われること、2005年テロリストおよび破壊活動令の下で自由を剥奪された人の人権の基本的保障が欠けていること
・国家人権委員会の勧告がしばしば実施されないこと
・難民、庇護申請者の権利を規定する法律がなく、チベットからの庇護申請者がノン・ルフールマン原則に反して送還された事例が報告されていること
・未決勾留の人数が多いこと、未決勾留や予防拘禁に兵営が制度的に使用されること、逮捕、拘禁された人の公式、制度的な記録がないこと、逮捕時の医師の診断が定期的に行われないこと、外部との連絡の絶たれた拘禁が継続して行われていること、少年司法が機能せず、子どもが成人と同じ手続に付されること
・拷問に関連する賠償法の下で、立証責任が被害者にあること、時効が35日であること、拷問を訴えた人に対する再逮捕や脅迫などが報告されていること、証人保護の仕組みがないこと
・拷問によって得られた証言が法手続で証拠として採用された事例が報告されていること
など。主な勧告の概要は以下のとおり。
・拷問の行為、およびそれに対して適切な処罰を確保する条約に合致した国内法を制定、改正すること、拷問を公に非難し、領域内の拷問を防止する実効的措置をとること
・司法の独立を保障し、治安部隊が裁判所命令に従うことを確保するあらゆる努力を行うこと
・いかなる状況においても法執行官が条約に反する尋問方法をとらないことを確保すること
・人が拘禁されるあらゆる場所の検査制度を設置すること、そのような場所に対して、赤十字国際委員会、国連人権高等弁務官事務所、国家人権委員会および国内、国際NGOなど国内および国際モニターに定期的および事前通知、制限のない視察を認めること
・領域内のすべての人に対する拷問および虐待が許されないことを明白に表明すること、令状のない逮捕、違法な殺害、拘禁中の死亡や強制失踪の訴えが直ちに捜査され、訴追、処罰されることを確保するあらゆる実効的措置をとること、法執行官による拷問や虐待の訴えを捜査する独立した機関を設置すること
・治安部隊が子どもをスパイや伝令に使うことを防止する実効的措置をとること、ネパール共産党毛沢東主義派による子どもの拉致を防止し、元子ども兵士の社会復帰を促進すること
など。第3～5回報告の期限は08年6月12日。

⑸パキスタン
①ICERD（1969.1.4発効）第15～18回報告（期限04年1月4日）は未提出。
②CRC（1990.12.12発効）第3、4回報告期限は07年12月11日。
③CEDAW（1996.4.11発効）第1～3回報告（CEDAW/C/PAK/1-3）は05年提出。

⑹バングラデシュ
①ICESCR（1999.1.5発効）第1回報告（期限00年6月30日）は未提出。
②ICCPR（2000.12.6発効）第1回報告（期限01年12月6日）は未提出。
③ICERD（1979.7.1発効）第12、13回報告

（期限04年7月11日）は未提出。
④CRC（1990.9.2発効）第3、4回報告期限は07年9月1日。
⑤CEDAW（1984.12.6発効）第6回報告（期限05年12月6日）は未提出。
⑥CAT（1998.11.4発効）第1、2回報告（期限03年11月4日）は未提出。

⑺ブータン
①CRC（1990.9.2発効）第2、3回報告（期限02年9月1日）は未提出。
②CEDAW（1981.9.30発効）第7回報告の期限は06年9月30日。

⑻モルディブ
①ICERD（1984.5.24発効）第5〜10回報告（期限03年5月24日）は未提出。
②CRC（1991.3.13発効）第2、3回報告（CRC/C/MDV/2）は06年3月1日に提出。
③CEDAW（1993.7.31発効）第2、3回報告（CEDAW/C/MDV/2-3）は05年提出。
④CAT（2004.5.20発効）第1回報告（期限05年5月20日）は未提出。

4.中央アジア

⑴ウズベキスタン
①ICESCR（1995.12.28発効）第1回報告（E/1990/5/Add.63）は04年4月14日に提出され、第35会期（05年11月）に審議された。総括所見（E/C.12/UZB/CO/1）に挙げられた主な懸念事項の概要は以下のとおり。
・義務的住所登録制が広範な人権の制限につながること
・労働人口の大部分が非正規部門で雇用されていること
・男女の賃金格差があること
・労働組合の独立性が欠如していること
・人身売買が増加していること、それを規制する法律や信頼できるデータなどがないこと
・人口の28％が貧困線以下で暮らしていること

・住民、とくに女性と子どもの健康に悪影響を与えるほど環境破壊が起こっていること
・無料から前払い制の保険制度への移行および民間保険を基盤とする医療制度の導入が低所得層および地方の住民に影響を及ぼしうること
など。主な勧告の概要は以下のとおり。
・司法の独立性を確保する必要な措置をとること
・差別禁止法を制定し、裁判官や他の法曹に携わる人に国際基準について啓発すること、ジェンダー平等に関して法律を制定し、公私の分野における女性の地位に関する伝統的なステレオタイプを克服する実効的措置をとること
・最低賃金が労働者とその家族が十分な生活水準を享有できるようにすることを確保すること、最低賃金基準が十分実施されるよう確保すること
・DVに対する法律を制定し、犯罪とすることを検討すること
・立退きにあった人にすべて十分な補償または代替の住居が提供されるよう実効的な措置をとること
・刑務所の衛生状態を改善し、すべての被拘禁者の健康に対する権利を尊重するよう確保すること
など。第2回報告期限は10年6月30日。
②ICCPR（1995.12.28発効）第1回報告（CCPR/C/UZB/2004/2）は04年4月14日に提出され、第83会期（05年3〜4月）に審議された。総括所見（CCPR/CO/83/UZB）に挙げられた主な懸念事項の概要は以下のとおり。
・選択議定書に基づく個人通報の申立があり、委員会が仮保全措置を要請しているにもかかわらず、死刑が執行された事例が数件あること
・死刑が執行された際、家族にそのことを通知する制度がなく、死亡証明の発行を遅ら

せ、埋葬場所を知らせないことが報告されていること
・公判前の拘禁中、規約7条に適合しない方法で得られたと報告される自白に基づく有罪判決の数が高いこと
・逮捕時の弁護士へのアクセスが法律により規定されているにもかかわらず、実際には保障されていないこと
・司法が完全に独立しておらず、裁判官の任命が5年ごとに行政府により見直されること
・自国民が外国に渡航するために「出国ビザ」がいること、NGOの代表がそのビザを拒否されたことがあること
・法規定および司法省によるその適用により政党や団体の登録が制限されること
・宗教団体の登録を要求する信仰の自由および宗教組織法が改宗を犯罪とするなど事実上の信仰の自由の制限であること、宗教の自由の平和的な行使に対して刑法が適用され、多数の人が有罪となっていること
など。主な勧告の概要は以下のとおり。
・拷問や虐待の苦情が直ちに、独立した機関により捜査されるよう確保すること、責任者が起訴され、その犯罪の重大性に応じて処罰されること、すべての拘禁施設を定期的な独立した調査の対象とすること、警察、および拘禁施設におけるオーディオ・ビデオ設備の利用を検討すること
・拷問および虐待のおそれがある国に外国人を強制送還、追放などすることを禁止するために必要な規則を制定すること
・どのような行為が「テロリスト行為」を構成するのか定義し、テロに関連する法が規約、とくに2条、6条、7条、9条および14条に規定される保障に適合するよう確保すること
・ジャーナリストに対する嫌がらせや脅迫を防止する適切な措置をとること
・一夫多妻の慣行を撲滅するよう刑法の禁止規定を実施するよう確保し、女性を誘拐して強制結婚する慣行に対して措置をとること
・学校の生徒を綿花収穫に送り出すことをや

め、児童労働に対して実効的措置をとることなど。第3回報告の期限は08年4月1日。
③ICERD（1995.10.28発効）第3〜5回報告（CERD/C/463/Add.2）は05年3月22日に提出され、第68会期（06年2〜3月）に審議された。
④CRC（1994.7.29発効）第2回報告（CRC/C/104/Add.6）は05年2月22日に提出され、第42会期（06年5〜6月）に審議予定。
⑤CEDAW（1995.8.18発効）第2、3回報告（CEDAW/C/UZB/2-3）は04年10月11日に提出。
⑥CAT（1995.10.28発効）第3回報告（CAT/C/79/Add.1）は05年7月1日に提出され、第39会期（07年11月）に審議予定。

(2)**カザフスタン**
①ICERD（1998.9.26発効）第4、5回報告の期限は07年9月25日。
②CRC（1994.9.11発効）第2、3回報告の期限は06年9月10日。
③CEDAW（1998.8.25発効）第2回報告（CEDAW/C/KAZ/2）は05年3月3日に提出。
④CAT（1998.9.25発効）第2回報告（期限03年9月24日）は未提出。

(3)**キルギス**
①ICESCR（1994.10.7発効）第2回報告（期限05年6月30日）は未提出。
②ICCPR（1995.1.7発効）第2回報告（期限04年7月31日）は未提出。
③ICERD（1997.10.5発効）第2〜4回報告（期限04年10月5日）は未提出。
④CRC（1994.11.6発効）第3、4回報告の期限は10年5月6日。
⑤CEDAW（1997.3.11発効）第3回報告の期限は06年3月12日。
⑥CAT（1997.10.5発効）第2回報告（期限02年10月4日）は未提出。
⑦ICRMW（2003.7.1発効）第1回報告（期

限05年7月1日)は未提出。

⑷タジキスタン
①ICESCR(1999.4.4発効) 第1回報告(E/1999/5/Add.68)は05年5月12日に提出され、第37会期(06年11月)に審議予定。
②ICCPR(1999.4.4発効) 第1回報告(CCPR/C/TJK/2004/1)は04年7月16日に提出され、第84会期(05年7月)に審議された。総括所見(CCPR/CO/84/TJK)に挙げられた主な懸念事項の概要は以下のとおり。
・選択議定書に基づく個人通報の申立があり、委員会が仮保全措置を要請しているにもかかわらず、死刑が執行された事例が少なくとも2件あること
・死刑が執行された際、家族にそのことを通知する制度がなく、執行日や埋葬場所も知らされないこと
・容疑者や証人から情報や自白を得るために虐待や拷問が広範に使われていること
・裁判官ではなく、行政長官が逮捕を許可する権限を有していること
・15日間の行政的逮捕が認められており、その間は司法の審査が及ばないこと
・裁判官の任命、罷免過程および経済状況に関してなど司法の独立がないこと
・軍事法廷が軍および民間人に関する刑事事件の管轄権を有していること
・刑法に「大統領の名誉と尊厳を傷つけること」や「憲法秩序への攻撃」など広く定義された犯罪が存在すること
・人身売買される女性と子どもが多いこと
など。主な勧告の概要は以下のとおり。
・DVから女性を保護するために啓発やとくに人権教育など警察のトレーニングを含め実効的措置をとること
・公的領域での女性の参加を確保するより積極的な措置をとること
・逮捕時に弁護士のアクセスの権利が発生するよう確保し、法執行官に弁護士のアクセスが妨害されたという申立が十分に捜査され、

適宜処罰されるよう確保すること
・とくに軽微な違反に関して、社会奉仕や自宅拘束などの代替的刑罰を検討すること
・法律に違反して得られた証拠の採用を禁止するよう刑事手続法を改正すること
・良心的兵役拒否者の兵役を免除される権利を認めるための必要な措置をとること
・ジャーナリストが嫌がらせや脅迫を受けないように確保すること
など。第2回報告の期限は08年8月1日。
③ICERD(1995.2.10発効)第6、7回報告の期限は08年2月10日。
④CRC(1993.11.25発効)第2回報告(期限00年11月24日)は未提出。
⑤CEDAW(1993.11.25発効)第1～3回報告(CEDAW/C/TJK/1-3)は05年5月5日に提出された。
⑥CAT(1995.2.10発効)第1～3回報告(期限04年2月9日)は未提出。
⑦ICRMW(2003.7.1発効)第1回報告(期限04年7月1日)は未提出。

⑸トルクメニスタン
①ICESCR(1997.8.1発効)第1回報告(期限99年6月30日)は未提出。
②ICCPR(1997.8.1発効)第1、2回報告(期限03年7月31日)は未提出。
③ICERD(1994.10.29発効)第1～5回報告(CERD/C/441/Add.1)は04年8月12日に提出され、第67会期(05年8月)に審議された。総括所見(CERD/C/TKM/CO/5)に挙げられた主な懸念事項の概要は以下のとおり。
・住民の民族的構成に関する一貫したデータがないこと、95年から05年の間に民族および種族的マイノリティの割合が大きく減少したようにみえること
・民族および種族的マイノリティに対する憎悪発言が、政府高官によるとされるものも含めて報告されていること
・民族および種族的マイノリティの労働が厳

しく制限されていると報告されていること
・国内の住民、とくにウズベク民族の人を強制的に移住させていると報告されていること、国内の渡航証や許可により移動の自由を制限し、それがとくに民族および種族的マイノリティの人に影響を与えていること
・03年のロシアとの二国間協定に基づき、ロシア国籍を選択した元二重国籍保持者が早急に国外退去を求められたこと
・外国の文化、芸術、外国のメディアやインターネットへのアクセスを大幅に制限したと報告されていること
など。主な勧告の概要は以下のとおり。
・強制的な同化政策は人種差別にあたるため、領域内のすべての民族および種族的マイノリティの存在と文化的アイデンティティを尊重し保護すること
・民族および種族的マイノリティの人の文化を尊重し、とくにウズベク、ロシア、カザフ、アルメニアおよび他の少数言語学校を再開することを検討すること
・登録、未登録の宗教を信仰する人が自由に宗教の自由を行使し、登録を希望する宗教団体が登録できるようにすること
など。第6、7回報告の期限は07年10月29日。
④CRC（1993.10.19発効）第1、2回報告（CRC/C/28/Add.24）は05年3月16日に提出され、第42会期（06年5～6月）に審議予定。
⑤CEDAW（1997.5.30発効）第1、2回報告（CEDAW/C/TKM/1-2）は提出され、第35会期（06年5～6月）に審議予定。
⑥CAT（1999.7.25発効）第1、2回報告（期限04年7月25日）は未提出。

5. 太平洋

(1)オーストラリア

①ICESCR（1976.3.10発効）第4回報告（期限05年6月30日）は未提出。

②ICCPR（1980.11.13発効）第5回報告（期限05年7月31日）は未提出。
③ICERD（1975.10.30発効）第13、14回報告（CERD/C/428/Add.2）は03年11月28日に提出され、第66会期（05年2～3月）に審議された。総括所見（CERD/C/AUS/CO/14）に挙げられた主な懸念事項の概要は以下のとおり。
・選出された先住民族の代表で構成されるアボリジニおよびトーレス諸島民委員会が廃止されること、任命制による諮問機関の設置は先住民族の意思決定への参加を減じることになること
・人種差別禁止法の下で、直接の証拠がない場合、人種差別を立証することが困難であり、01年以降連邦裁判所で人種差別が認められた事例がないこと
・93年先住民族権法の98年改正は政府および第三者の法的安定性を先住民族の権原に優先させ、改正前に認められていた権利を制限していること
・先住民族と他の人の間にとくに雇用、住居、健康、教育や所得の面で大きな格差があること
・刑務所の受刑者のうち先住民族の占める割合が著しく大きいこと、拘禁中の先住民族の死亡の割合が高いこと
・有効なビザを持たずに入国する難民に付与される一時的保護ビザでは多くの公的サービスを受けることができず、家族呼寄せの権利につながらないこと
など。主な勧告の概要は以下のとおり。
・アラブおよびイスラム系オーストラリア人に対する偏見撤廃のために国内で協議を行っていることを歓迎し、反テロ法が特定の民族集団や他の民族出身者に影響を及ぼさないよう確保すること
・不法入国者の自動的で無期限の拘禁を見直すこと
など。第15～17回報告の期限は08年10月30日。

④CRC（1991.1.16発効）第2、3回報告（CRC/C/129/Add.4）は03年9月30日に提出され、第40会期（05年9月）に審議された。総括所見（CRC/C/15/Add.268）に挙げられた主な懸念事項の概要は以下のとおり。
・アボリジニおよびトーレス諸島の子どもに対して、とくに基本サービスへのアクセスなど差別的な格差が残ること、子どもの庇護請求者や民族的マイノリティの子どもなどに対して差別的態度があること
・家庭における体罰が「合理的なしつけ」として合法とされること、私立の学校、一部の州では公立の学校でも体罰がまだ合法であること
・家庭外ケアの下にいる子どもが増加していること、そのうち先住民族の子どもの占める割合が大きいこと
・障害をもつ子ども、とくに先住民族の子どもや地方に住む子どもに関するデータが少ないこと
・全国レベルの子どもの肥満と比較して先住民族の子どもの栄養失調や栄養不足があること
・とくに先住民族やホームレスの子どもの自殺率が高いこと
・女性や女児の人身売買の受入国であること
・刑事責任の最低年齢が10歳と低すぎること、一部の州で17歳の子どもが特定の場合成人として裁判を受けること
など。主な勧告の概要は以下のとおり。
・事実上の差別や差別的態度を撤廃するよう行政的および法的措置を強化し、反テロ法を実施するにあたり、条約の権利が十分尊重されるよう確保すること
・インターネットを含むビデオ、ゲームや他の技術をとおして暴力、人種主義およびポルノグラフィに子どもがさらされることから実効的に保護する努力を強化すること
・親が刑務所にいる子どもについてカウンセリングなどの支援を提供し、子どもの最善の利益に反しないかぎり親との接触を促進すること
・障害をもつ子どもが生活のあらゆる側面に平等に参加する機会を有することを確保し、障害のあるなしにかかわらず、子どもの不妊処置を禁止し、望まない妊娠防止の他の措置を促進し、実施すること
・注意欠陥障害（ADD）、注意欠陥多動性障害（ADHD）の診断および治療に関して、とくに薬品治療による悪影響の可能性も含めてさらに研究を実施すること
・学校でのいじめに対して適切な措置をとり、公教育政策および学校のカリキュラムが参加と平等の原則をすべての側面で反映し、障害をもつ子どもを可能なかぎりメインストリームの学校制度に受け入れ、必要な支援を提供すること
・子どもが入国に関連して自動的に拘禁されないよう確保し、拘禁が最後の手段として必要最短にとどめられるよう確保すること、拘禁48時間以内に裁判所または独立した審判所に本当に拘禁が必要か審査を求めること、子どもの拘禁状況を改善すること
など。第4回報告期限は08年1月15日。
⑤CEDAW（1983.8.27発効）第4、5回報告（CEDAW/C/AUL/4-5）は04年1月29日に提出され、第34会期（06年1～2月）に審議された。
⑥CAT（1989.9.7発効）第3回報告（CAT/C/67/Add.7）は05年4月7日に提出され、第39会期（07年11月）に審議予定。

(2)キリバス
①CRC（1996.1.10発効）第1回報告（CRC/C/61/Add.6）は05年8月15日に提出され、第43会期（06年9月）に審議予定。
②CEDAW（2004.4.16発効）第1回報告（期限05年4月16日）は未提出。

(3)クック諸島
①CRC（1996.1.10発効）第1回報告（期限99年6月5日）は未提出。

⑷サモア
①CRC（1994.12.29発効）　第1回報告（CRC/C/WSM/1）は05年11月1日に提出され、第43会期（06年9月）に審議予定。
②CEDAW（1992.10.25発効）第4、5回報告の期限は09年10月25日。

⑸ソロモン諸島
①ICESCR（1982.3.17発効）第2回報告（期限05年6月30日）は未提出。
②ICERD（1982.3.17発効）第2～12回報告（期限05年4月16日）は未提出。
③CRC（1995.5.9発効）第2、3回報告期限は07年5月9日。
④CEDAW（2002.6.5発効）第1回報告（期限03年6月6日）は未提出。

⑹ツバル
①CRC（1995.10.22発効）第1、2回報告（期限02年12月21日）は未提出。
②CEDAW（1999.1.5発効）第1、2回報告（期限04年11月5日）は未提出。

⑺トンガ
①ICERD（1972.3.17発効）第15～17回報告（期限05年3月17日）は未提出。
②CRC（1995.12.6発効）第1、2回報告（期限02年12月6日）は未提出。

⑻ナウル
①CRC（1994.8.26発効）第1、2回報告（期限01年8月25日）は未提出。

⑼ニウエ
①CRC（1996.1.19発効）第1、2回報告（期限03年1月18日）は未提出。

⑽ニュージーランド
①ICESCR（1979.3.28発効）第3回報告期限は08年6月30日。
②ICCPR（1979.3.28発効）第5回報告期限は07年8月1日。
③ICERD（1972.12.22発効）第15～17回報告（期限05年12月22日）は未提出。
④CRC（1993.5.6発効）第3回報告期限は08年11月5日。
⑤CEDAW（1985.2.9発効）第6回報告（期限06年2月9日）は未提出。
⑥CAT（1990.1.9発効）第5回報告期限は07年1月8日。

⑾バヌアツ
①CRC（1993.8.6発効）第2回報告（期限00年8月5日）は未提出。
②CEDAW（1995.10.8発効）第1～3回報告（CEDAW/C/VUT/1-3）は05年3月2日に提出。

⑿パプアニューギニア
①ICERD（1982.2.26発効）第2～12回報告（期限05年2月26日）は未提出。
②CRC（1993.3.31発効）第2回報告期限は08年9月30日。
③CEDAW（1995.2.11発効）第1～3回報告（期限04年2月11日）は未提出。

⒀パラオ
①CRC（1995.9.3発効）第2回報告（期限02年9月2日）は未提出。

⒁フィジー
①ICERD（1973.1.11発効）第16、17回報告（期限06年2月10日）は未提出。
②CRC（1993.9.12発効）第2回報告（期限00年9月11日）は未提出。
③CEDAW（1995.9.27発効）第2、3回報告（期限04年9月27日）は未提出。

⒂マーシャル諸島
①CRC（1993.11.3発効）第2回報告（CRC/C/93/Add.8）は04年12月7日提出され、第

42会期(06年5月)に審議予定。

⑯ミクロネシア
①CRC(1993.6.4発効)第2回報告(期限00年6月3日)は未提出。
②CEDAW(04年10月1日発効)

(2006年4月21日付国連人権高等弁務官事務所ホームページ http://www.ohchr.org/english/、女性差別撤廃条約ホームページ http://www.un.org/womenwatch/daw/cedaw/参照)

(岡田仁子)

●国連の動向

Views on Individual Communication Issued by the Treaty Bodies for 2005

人種差別撤廃委員会による個人通報に関する見解

1. 人権諸条約の個人通報制度

　主要人権条約の中には、条約の規定する権利を侵害された被害者である個人が、直接条約委員会に侵害について条約違反を問う申立を行う制度を有するものがある。これが個人通報制度であり、締約国が権利の実現状況などについて定期的に報告を提出する報告制度と並ぶ、人権条約の実施措置のひとつである。

　報告制度が全締約国に課される義務であることに対し、個人通報制度は条約の批准とは別に選択議定書の批准か選択条項の受諾宣言を行った国にのみ適用される。つまり、個人通報制度を受け入れた国の領域内にいる個人が、この制度を利用することができる。現在この制度を有しているのは、自由権規約(第1選択議定書)、人種差別撤廃条約(14条)、拷問等禁止条約(22条)および女性差別撤廃条約(選択議定書)である。ちなみに日本はいずれの条約についても個人通報制度は受け入れていない。

　委員会は申立について、まず条約の権利に関する訴えであるか、国内で利用できる救済手続を全部利用しつくしているかどうか、明白に根拠があるかどうかなどの受理可能性について審議する。受理可能と判断された申立は、本案について審議され、締約国の違反があったかどうか認定される。審議は非公開で行われるが、委員会の判断は「見解」として申立人と当事国に通報され、一般にも公表される。

　ここでは、2005年に採択された人種差別撤廃委員会の見解を2件紹介する。

2. L.R.ほかv.スロバキア

(CERD/C/66D/31/2003) 2005年3月7日採択(第66会期)

　スロバキアのドブシナ市議会が市内のロマのための低価格住宅を建設する計画を採択し、市長に中央政府がロマの住宅問題緩和のために設立した基金から予算を獲得するよう計画を策定することを求めた。これに対して、一部の住民から、他の地域からも「ジプシー出身の適合できない住民」が移り住むことにつながるため、低価格住宅建設に反対するという請願が出された。市議会はその請願に言及し、先の決議を全会一致で取り消し、「適合できない住民」の問題の解決策を策定するという決議

を採択した。

申立人はドブシナに住むロマ民族で、締約国が人種差別撤廃条約2条1項の「個人、個人の集団又は機関に対する人種差別のいかなる行為又は慣行にも従事しないこと、国及び地方のすべての公の当局及び公の機関がこの義務に従って行動することを確保することを約束する」とする規定などに反すると訴えていた。

スロバキア政府は先に採択された決議が内部の組織にしか及ばない一般的な政策文書であり、裁判所などで援用できる具体的な権利を作り出すものではなく、また、いずれの決議も直接ロマに言及しておらず、差別に当たらないと反論した。

委員会は、まず決議が直接ロマに言及していないことについて、条約の差別の定義が直接差別に当たる措置などだけでなく、事実上または効果において差別となる間接差別をも含むと述べ、市議会決議の状況から、両方の決議および、最初の決議が取り消された根拠が民族性にあることは明らかであるとして、差別に当たると判断した。

また、市議会の決議が具体的な住宅の権利を付与するものではないとする主張に対して委員会は、現代社会において多くの経済的、社会的、文化的権利の実現が、いくつもの行政上の政策決定を経て行われるものであることを指摘し、最終的な実施の段階だけが差別なしに行われなければならないと解釈して、その実施に直接つながる一連の決定は、審査の対象にならないとすることは条約の趣旨に適合しないとした。したがって、住宅の権利の実現に向けた重要な政策決定を行い、それを取り消し、より弱い措置と置き換えることは住宅の権利の平等な保障に反すると判断し、2条1項、住宅の権利の平等な保障の5条d(ⅲ)などの違反があったと認定した。

この見解は、人種差別撤廃条約における差別の定義に間接差別が含まれることを認めたほか、社会的、経済的、文化的権利についても一定の判断基準を示したものとして注目される[1]。社会権規約でもこれらの権利の実施について国家の義務は主に漸進的であるとされ、この見解でも住宅の権利自体を認めたものではないが、その実施に至るまでの企画や政策の決定も差別があってはならないとして、判断の対象になることを示した[2]。

3. オスロ・ユダヤ共同体、トロンヘイム・ユダヤ共同体ほか v. ノルウェー

(CERD/C/67/D/30/2003)
2005年8月15日採択（第67会期）

条約4条は締約国に、5条に挙げられる、言論、表現の自由や結社の自由を含む市民的権利に相当の考慮を払い

---

1) Sarah Joseph, "The Right to Housing, Discrimination and the Roma in Slovakia," Human Rights Law Review, Vol.5, No.2 (2005), p.349.
2) 本見解についてはそのほか、村上正直「人種差別撤廃条約」法律時報2005年11月号37〜41頁参照。

つつ、人種主義や人種憎悪の流布、人種差別、暴力行為の扇動を処罰されるべき犯罪であることを宣言することを求めるが、本見解は人種主義、差別の扇動と表現の自由とのバランスが問題となった。

オスロ近郊で行われたルドルフ・ヘス記念行進で、行進の指導者がヨーロッパをユダヤ人から救おうとした英雄としてヘスを讃え、自分たちも国家社会主義に基づくノルウェーのために闘うことを呼びかける演説を行った。その指導者は、信条、皮膚の色、民族的出身などに基づいて人または人の集団に対して脅迫や侮辱などすることを禁じる刑法規定に基づいて訴えられたが、最高裁判所は、演説が国家社会主義への支持を表明しただけであり、ユダヤ人の迫害や殺害を認めたものではなく、ユダヤ人を貶めるような表現があったにもかかわらず、実際の脅迫や具体的な行動をとる指示もなかったとして無罪と判断した。

申立人はユダヤ人団体や反人種差別団体およびその指導者であり、ノルウェーの最高裁判所の判決により、同国の刑法規定が人種優位主義や人種憎悪の流布、扇動からの保護とはならず、4条などに反すると訴えた。

政府は問題となったノルウェーの刑法規定は条約に適合するよう、表現の自由に十分考慮して解釈されるとして、最高裁判所の判決が両権利の適切なバランスをとったものであると主張した。

委員会は、問題の演説の内容がヘスだけではなくヒトラーと彼らの主義を挙げ、その足跡に従うとするものであり、4条の対象である人種優位主義と人種憎悪を含み、暴力の扇動には至らなくとも、人種差別を扇動するものであるとした。

続いて委員会は、4条が後段で人種優位主義および人種憎悪の流布、扇動などの禁止等に関して、世界人権宣言の原則や表現の自由を含む諸権利の平等の享有などに「十分な考慮」を払うとしていることについて、その規定により演説が保護されるかどうか検討した。委員会は4条に関する一般的勧告15が、人種優位主義、人種憎悪の流布の禁止が表現の自由と両立すると述べていることに言及し、また同自由を保障する他のすべての国際文書が一定の状況の下でその自由の行使を制限する可能性を規定していることを挙げ、問題となった演説が「十分な考慮」によって保護されないと述べ、4条および6条違反とした。

（岡田仁子）

●アジア・太平洋地域の政府・NGOの動向

Beijing plus 10 and Women's NGO and Future of UN

「北京＋10」と女性のNGOと国連の将来

1.CSWの「北京＋10」

　昨年2005年は、1995年に北京で開催された第4回世界女性会議（北京会議）から10年経過した年であるということで、「北京＋10」といわれる。残念ながら、未だ第5回世界女性会議は開催されていないが、2005年にはさまざまな世界規模の会議が開催された。国連で「北京＋10」として開催された国連女性の地位委員会（CSW）を中心に、他の会議の動向と女性差別撤廃条約とをからめて概観したい。

　2005年2月28日から3月11日まで国連本部で、第49回CSW（「北京＋10」ハイレベル会合）が開催され、165カ国1,800人以上（閣僚約80人）の政府代表と、NGO2,500人以上が参加し、日本の政府代表団にも、国連NGO国内婦人委員会委員長江尻美穂子氏、日本女性監視機構（JAWW）副代表房野桂氏、国際女性の地位協会常務理事山下泰子氏の3名のNGOの女性が加わった。

　この会議の第1週目では、世界的なバックラッシュのなかで「北京宣言と行動綱領を再確認」し、政府にさらなる行動を求める宣言を採択した。この世界的なバックラッシュの中心が米国である。米国はここでも遺憾なく「一国人権主義」を主張した。そのため日本も米国に同調するのでは、との世界のNGOの女性の懸念があった。問題だったのは、日本の首席代表の演説の中に、「綱領の更なる実施」があっただけで、「再確認」がなかったことである。竹信三恵子朝日新聞記者によると、現地の記者会見で、「綱領の更なる実施」とは「再確認のことか」と質問すると、内閣府からの出席者は「更なる実施と言っているのだから、再確認は前提だ」と説明したとのことであるが、真意は不明である。日本政府の態度は不鮮明であった。第2週目は、「女性の経済的地位の向上」や「すべての形態の搾取に関する女性・女児の人身売買需要の撤廃」など10の決議を採択した。米国は、第1週目の宣言採択においても、第2週目の決議の採択においても、独自の修正案を出したが、同調するのはバチカンのみであった。第1週目の宣言採択の朝に、米国は修正案を撤回し、宣言は原案どおり採択された。従来のように、南米諸国などが米国に追随しなくなったことが印象的である。

2. NGOの動向

　筆者自身は、CSWよりも並行して開催されたNGOイベントのほうにより関心があった。そのため、ニューヨーク入りする直前まで、インターネットでNGOイベントの情報収集に努めたが、なかなかネット上で情報を集めることができなかった。アメリカの大きな女性のNGOであるWEDO（Women's Environment and Development Organization）のホームページもバックラッシュ派からのサイバー攻撃を怖れたか、直前まで情報をアップしなかった。しかし、ニューヨーク入りしてからはNGOイベントが数百開催されることがわかり、できるかぎり参加した。

　WEDOが国連内のエスプレッソ・カフェで開催した、NGOレセプションで、『裏切られた北京（Beijing Betrayed）』（2005年）という報告書を参加者に配布した。内容は150カ国以上の女性の声をまとめ、北京行動綱領の実施が不十分であることを指摘した。WEDOが、北京会議の際もステキな帽子で有名だった実力者のベラ・アブザック氏が亡くなった後も、しっかりと活動を続けていることに安心した。

　紙数の関係で詳しくは紹介できないが、CSWにNGOとして参加する方は、CSWの始まる前日にNGOコンサルテーションがあるので、ぜひ、参加してみてほしい。2005年も、コロンビア大学の向かいにあるバーナード・カレッジで開催されたが、午前9時からランチタイム・ミーティングを挟んで午後4時までみっちりとプログラムがある。

　今回参加したNGOコンサルテーションの中で、国際女性の権利監視協会アジア太平洋（IWRAW-AP）が、女性差別撤廃条約選択議定書を取り上げた。この話を聞くなかで筆者は、「国連改革とジェンダー」をめぐる新しい問題にめざめた。

　日本政府は、「司法権の独立を侵害する」という理由で、選択議定書批准には未だ後ろ向きであるが、2005年は同議定書にとって本当に記念すべき年であった。1月10日から28日に開催された第32会期女性差別撤廃委員会で、同議定書2条に基づく個人通報と8条に基づく調査のケースの公表があり、実際に動き始めたのである。このことにつき、とくにIWRAW-APで大々的に報告されたのが、調査制度を使ったメキシコのケースであった。このケースは、メキシコのチワワ州のシウダファレスというところで、女性の拉致・誘拐・殺人・レイプが1990年代から10年以上、続いているというもので、被害女性の数は、州政府の発表では44人、NGO発表では400人、人権団体の主張では4,500人となっており、1桁ずつ数字が異なる。国連のCEDAWのホームページにアクセスすると92ページの大部の報告書を読むことができるので、関心のある方には一読を勧める。また、調査については、2005年2月11日付朝日新聞朝刊で江木新吾記者が報じている。

　IWRAW-APは、この事件の概要等を紹介したが、重要な点は、選択議定書こそが「国連改革」であるという点で

ある。というのも、本体の条約は、北京行動綱領の実施により締約国が増え、各国の報告書が国連事務局にとどまり、条約2条の「遅滞なき履行」の実現が難しくなっている。ところが、この調査制度の適用により、10年以上も放置されてきた拉致・殺人等について、NGOからの確かな情報が2002年にもたらされ、2003年にCEDAW委員が2名メキシコに調査に入り、その2年後に報告書が出た。このことが、条約本体と比べて「遅滞なき履行」といえる。このような実現こそが、選択議定書の意義であり、ジェンダー視点からの「国連改革」なのだという指摘に思わず納得した。

3. 国連と「女性の地位向上」とその将来

現在、国連批判が激しいが、国連は創設以来、一貫してぶれずに「女性の地位向上」に努めてきたことは評価できる。しかし、現在、このことが危ういのではないだろうか。それが「ミレニアム開発目標（MDGs）」と「グローバル・コンパクト」の存在である。2005年10月27日から30日まで、バンコクで開催されたAWIDの会議では、「ミレニアム開発目標」に関して、賛成派と反対派の女性の激しい論争があった。「ミレニアム開発目標」には、8つの目標およびその中に18のターゲットが設定してあるが、ジェンダーという言葉が出てくるのは目標3の「ジェンダーの平等の推進と女性の地位向上」だけである。ジェンダーという言葉は使われていなくとも関連すると考えられる箇所についても、目標2の「普遍的初等教育の達成」のターゲット3「2015年までに、すべての子どもが男女の区別なく初等教育の全課程を修了できるようにする」と、目標5およびターゲット6で妊産婦の健康および死亡率が出ているだけである。「グローバル・コンパクト」には、女性やジェンダーという言葉さえない。国連の「女性の地位向上」への今後の取組みに、一抹の不安がある。

《参考文献》
山下泰子「NGO代表として参加して」
竹信三恵子「メディアが見た「北京＋10：問われるバックラッシュ時代への新対応」
加藤登紀子「政府間会議における議論・NGO：宣言と決議を中心に」
堀口悦子「NGOイベント」
以上、国際女性19号（2005年）

（堀口悦子／明治大学情報コミュニケーション学部助教授、国際女性の地位協会理事）

◉国連の動向

United Nations Activities in the Field of Human Rights up to the Establishment of the Human Rights Council

国際連合人権活動の展望

1.はじめに

　国連の目的のひとつは、国際協力によって人権と基本的自由の尊重を促進し奨励することである1)。1945年に国連ができて以来60年、その人権活動は、戦後の世界の動きとともに進められてきた。1947年から毎年開かれてきた人権委員会での討議は、国際情勢の忠実な反映でもあった。人権委員会は、2006年6月16日をもって廃止され、人権理事会第1会期が6月19日に召集されることが決まっている2)。国連の人権活動は、国際社会の必要に応えるために、いま改革の途上にある。

2.国連人権活動とは？

　人権が国際社会で注目されるようになったのは、主に第2次世界大戦後であった。まず、人は誰でも貴くかけがえのない存在であること、また人は、みな平等で、決して奪われることのない権利をいろいろ持っていることが確認された3)。そしてこの一連の権利が普遍的人権といわれた。国連の人権活動は、当初、世界人権宣言の採択4)、2つの国際人権規約の採択5)をはじめ、人権に関する条約や宣言などの国際人権規準を設定すること6)がその中心であった。それは、それぞれの人権の定義から始まり、それらの権利をどのように守り普及していくかということを国連加盟国が集まって合意してできあがったものである。

　時を経て、次第にその他の活動が加わるようになる。まず、人権侵害通報の受理と情報の審査7)、そして人権侵害、人権状況の調査報告活動である8)。特定の国における人権状況が調査の対象となり、生命権の侵害、拷問など、テーマ別に人権侵害を調査報告するための

---

1) 国連憲章1条3項。
2) 総会決議60/1（2005年9月16日）で、2005年世界首脳会議の最終文書が採択された。そこで、人権委員会に代わって人権理事会を設立することが決まった。その後総会決議60/251（2006年3月15日）で人権理事会の詳細が決められた。
3) 国連憲章序説、世界人権憲章序説および1条参照。
4) 総会決議217A (III)（1948年12月10日）。
5) 経済的、社会的及び文化的権利に関する国際規約、市民的及び政治的権利に関する国際規約とその選択議定書（総会決議2200A(XXI)（1966年12月16日）、1976年発効）。
6) 広く「国際人権立法活動」といわれる。国連がこれまで採択し、発効している主な人権に関する条約は、上記注5)のほかに以下のものがある。女子差別撤廃条約（1981年発効）、人種差別撤廃条約（1969年発効）、拷問等禁止条約（1989年発効）、子どもの権利条約（1990年発効）、移住労働者権利条約（2003年発効）。
7) 経済社会理事会決議728F(XXVIII)（1959年7月30日）、1503(XLVIII)（1970年5月27日）。

特別報告者や作業部会が設置されるようになった9)。条約の履行を監視するために設置された委員会の数も次第に増え、それらの活動が本格的になってきた10)。この背景には、人権意識の国際的広がりと人権保護と問題解決を国連に求める国際世論の高まりがある。また、国に対する助言サービス、専門技術協力が人権の分野でも次第に増えてきた11)。さらに、人権独自の広報出版活動も始まった。「国際人権規準集成」12)、「人権分野における国連の行動」13)、「国連人権文献録」14)などが改訂出版され、国連の人権活動をテーマ別に簡潔に解説した「ファクトシート」シリーズも始まった15)。

1990年代の初めには、それまでの活動の積み重ねを指して、「国連の人権活動は、立法（legislation）、執行（implementation）、広報（information）の三本柱に支えられている」といわれた。

3.世界人権会議

1993年にオーストリアのウィーンで開かれた世界人権会議は、それまでの国連の人権活動を総括し、将来への展望を打ち出した。会議で採択された「ウィーン宣言および行動計画」16)は、人権はすべて普遍的で、互いに深く関連し合うとし、ある種の人権のみを取り上げその他をないがしろにしてはならないことを強調した。それまで、人権の中でも経済権や社会権が軽視されてきたという反省が込められていたのである。それまで異論のあった「発展の権利」についても、これが基本的人権であるとされ17)、さらに、人権尊重と民主主義、経済的、社会的進歩は密接な関係にあると述べられた18)。

世界人権会議は、人権保障の責任がなによりもまず国にあることを確認し19)、さらに人権高等弁務官の設置を

---

8)人権委員会は南部アフリカのアパルトヘイト問題を扱う専門家臨時作業部会を作ることを決めた（人権委員会決議2(XXIII)(1967年3月6日)）。それに続いて、経済社会理事会決議1235(XLII)(1967年6月6日)は、人権委員会に人権侵害状況調査権限を付与した。総会でも、1968年12月に、アラブ被占領地域におけるイスラエルの行動を調査するための特別委員会の設置を決めている。
9)これらは人権委員会の「特別手続」と呼ばれるもので、第61会期（2005年）時点で、特定の国に関するものが13、テーマ別に関するものが28を数える。
10)これまで7条約の履行監視委員会が設置されている。前掲注6)参照。
11)人権関係の法整備、法案の作成、政府職員、法曹、法執行職員の訓練、セミナーなど多岐にわたる。
12)HUMAN RIGHTS: A compilation of international instruments(ST/HR/1/Rev.6)は2002年の最新版、CD-ROM版（UN Sales No. E.03.XIV.6）は2003年。
13)United Nations Action in the Field of Human Rights, 1994年改訂版 （ST/HR/2/Rev.4）は1968年の初版以来4度めの改訂である。
14)HUMAN RIGHTS BIBLIOGRAPHY: United Nations documents and publications 1980-1990 (1993) (UN Sales No.GV.E.92.0.16) は、CD-ROM版（1999年）(UN Sales No. GV.E.98.0.9)で改訂され、1980年から1998年の国連の人権に関する文献を網羅した。
15)2006年2月現在で、このシリーズは30を数える。http://www.ohchr.org/english/about/publications/sheets.htm参照。
16)Vienna Declaration and Programme of Action (A/CONF.157/23 (12 July 1993)).
17)第I部10項。
18)第I部8項。
19)第I部5項。

159

総会に勧告した20)。

世界人権会議の後、国連の人権活動は新たな段階を迎え、とくに経済権、社会権の分野に広がり、それまで人権が問題とされなかった領域にも及ぶようになった。「ウィーン宣言および行動計画」は国際社会の幅広い合意に基づくものとして、現在でも主要な国連人権文書である。

4. 人権部から人権高等弁務官事務所へ

国連の人権活動を支えてきたのは国連事務局である。事務局人権部は、やがて人権センターとして格上げされたが、その機能はあくまで事務局の一部局としてのそれにとどまった。事務局とは本来、総会、経済社会理事会、人権委員会などの決議を忠実に執行するものである。人権センターには、当初80名ほどの職員がいたが、1993年12月に人権高等弁務官の設置が決まり21)、1997年に人権センターが人権高等弁務官事務所となったときには、150名以上の職員を擁するまでになっていた。人権高等弁務官が国連の人権活動に包括的に関わるという広い権限を与えられたために、人権活動は事務局の域を超えて広くまた多岐にわたるようになった。人権高等弁務官のリーダーシップとイニシアティブによって、人権高等弁務官事務所は、総会や人権委員会などをサポートし、その政策決定を実施するばかりではなく、自ら立てる活動計画をもとに人権問題に取り組み始めたのである。現在、世界38カ所に200名以上の職員が常駐している。これら外部駐在職員とジュネーブ事務所の職員を合わせると500名を超える数になる22)。

5. 国連改革の中での人権

1997年に始まり現在も継続中の国連改革は、国際社会の問題や課題に迅速かつ効果的に対処できるように国連の再生をめざしている。人権活動の改革は、国連組織と活動全般にわたる改革の一部である。新任のアナン事務総長は、1997年総会に提出した報告書23)で事務局組織の統廃合を発表したが、人権センターの人権高等弁務官事務所への改組もそのひとつであった。そこではまた、開発、平和維持、人道支援など、国連の活動すべてに人権尊重の原則を行き渡らせるという方針も出された24)。これによって、それまで

---

20) 第II部18項。
21) 総会決議48/141 (1993年12月20日)。
22) さらに、国連平和維持活動のための派遣に加わる人権担当要員が数百名いるが、これらの人員は、平和維持局の職員である。
23) Report of the Secretary-General, Renewing the United Nations: A Programme for Reform (A/51/950).
24) それを受けて人権高等弁務官事務所は、事務総長の下に新たに設けられた4つの執行委員会すべてに加わることになった。執行委員会 (Executive Committees) は、それぞれ平和と安全、経済社会問題、人道問題、開発の4分野の活動を調整する役目を持つ。http://www.un.org/reform/execcom.pdf参照。

の「人権の専門家」ばかりではなく、開発、紛争処理、人道援助、国際通商、食糧、貧困、医療衛生、科学技術、教育など、現代社会の問題に絡む人権に取り組むための知識と経験を持った人材が求められるようになった。

次いで、2002年の事務総長報告書[25]では、人権分野でも個々の国のニーズに応えるための改革が打ち出された。国連機関は世界各国で開発援助、災害や紛争後の復興援助、難民援助などをしてきたが、そこでの活動や施策に人権尊重の原則を組み入れることが求められた[26]。そこで、人権高等弁務官事務所は行動計画をつくり[27]、それぞれの国のニーズの評価と開発その他の援助活動の立案に参画するとともに、人権状況に現地で対処できるよう人権問題地域や国に長期駐在する職員を漸次増員していった。

2005年の報告書[28]で、事務総長は同年9月の世界首脳会議(World Summit)に向けて国連改革の提案をした。人権については、開発、安全保障、人権が相互に関連し合うもので、どれが欠けても人間としての尊厳が守られる社会を実現できないとして、人権活動の対象領域の拡大と対応能力の向上を求めた。具体的には、国レベルでの人権活動の強化、緊急事態対応能力の強化、人権高等弁務官の平和と安全保障のための貢献、人権委員会の廃止と人権理事会の創設、人権条約履行監視機関の改革、人権高等弁務官事務所の機能と活動力の強化などである。この報告書には、人権高等弁務官の行動計画が追加された[29]。人権高等弁務官の行動計画どおりに事務所の強化が進めば、2010年までには、その規模は、予算、人員とも倍増することになる[30]。

世界首脳会議は大筋で事務総長提案を受け入れた[31]。人権理事会創設は、既存の人権委員会が世界の人権問題に効果的に対処できていないという不満を持つ加盟国グループなどの

---

25) Report of the Secretary-General, Strengthening of the United Nations: An Agenda for Further Change (A/57/387).
26) 国連は、すでに134カ国に国連駐在団(UN Country Team)を置いていたが、国連駐在団調整代表(UN Resident Coordinator)のもとに、国のニーズに関する国連機関共通の評価(Common Country Assessment)と国連開発援助枠組(UN Development Assistance Framework)の作成を始めた。これによって開発協力分野を中心に、国のレベルで、国連機関の活動すべてに人権の原則を取り入れることが可能になったのである。
27) http://www.un.org/events/action2を参照(2006年2月7日表示)。
28) Report of the Secretary-General, In Larger Freedom: towards development, security and human rights for all (A/59/2005). Addendum: Human Rights Council Explanatory note by the Secretary-General (A/59/2005/Add.1). Addendum: Peacebuilding Commission Explanatory note by the Secretary-General (A/59/2005/Add.2). Addendum: Plan of action submitted by the United Nations (A/59/2005/Add.3).
29) A/59/2005/Add.3 (2005年5月26日)。なお、2006年2月人権高等弁務官事務所は、それまでの年次資金協力アピールに代わって、通常予算のサイクルに合わせた2年間の事業計画(High Commissioner's Strategic Management Plan 2006-2007)を公表した(http://www.ohchr.org/english/about/docs/strategic.pdf)。それは、前記行動計画を敷衍して、今後2年間の目標の設定、活動の計画と必要な予算を提示したものである。予算総額2億4,560万ドルのうち、通常予算8,560万ドルを引いた残りの1億6,000万ドルを任意拠出資金として協力を求めるとしている。

支持があって決まったのであるが、メンバー選出の基準や手続、理事会の権限の確定などで加盟国間の合意に手間どった。人権理事会の第1会期は2006年6月19日に開かれることになっている。

6.おわりに

　国連の人権活動は、絶えず国際政治、外交上の取引、国際世論などに影響されてきた。今回の改革も、理想と現実の間の妥協によって一応の結論を見るであろう。しかし、長期的な視野に立って国連の人権60年を振り返ってみると、紆余曲折、遅々した歩みであったにしても、前向きの方向性と確かな成果が認められる。

　これまで国連の人権活動は、理論的にも実践的にも、つねに西ヨーロッパ、北アメリカ諸国の主導の下に進められてきた。いわゆる西欧民主主義社会を基盤とした人権理論とその実践的適用をモデルとして、世界のすべての地域と国で「普遍的人権」を実現しようというアプローチである。しかしながら、人としての尊厳と人権を守る主体があくまでもそれぞれの国とそこに生きる人々であることを前提として、地域の多様性、独自性を尊重しながら人権の真の普遍性を確保していこうとする努力は、これまで十分ではなかった。それぞれの国で人権を社会に根づかせるためには、地域レベル、国レベルで新たなアプローチがどうしても必要になってくる。それぞれ独自の政治経済体制、社会構造、文化的そして歴史的背景を持つ国でいかにして普遍的人権を実現するか、多様性と普遍性を互いに生かし合い補い合うような人権尊重とはどんなものか。いま進んでいる国連改革のなかで、このような課題に取り組むような活動を望みたい。

（白石理／ヒューライツ大阪所長）

30）Proposed programme budget for the biennium 2006-2007, Part VI Human rights and humanitarian affairs, Section 23 Human rights (A/60/6 (Section 23)), pp.7-8参照。この予算案は、人権高等弁務官の行動計画提出の前に出されたものであった。そこでの提案は、通常予算の規模は2004～2005年度の4.5％増の6,750万ドルにとどまり、その他の必要経費1億1,160万ドルは通常予算外の任意拠出で賄うものとされた。職員数は、前年度の553名から584名に増やされる。2005年12月、総会は人権活動計画の2006～2007年度の通常予算案を承認したが、世界首脳会議の成果を受けて通常予算をさらに8,560万ドルに増額することが決まっている。2006～2007年度の予算総額は注29）にもあるとおり、さらに増えている。思うに、世界首脳会議で決まった大幅な人権活動改革のため必要な追加経費については、おいおい総会で対処するということなのであろう。

31）General Assembly resolution: World Summit Outcome (A/RES/60/1).

資料3

社会権規約委員会 一般的意見16（2005）
第3条：あらゆる経済的、社会的および文化的権利の享有に対する男女平等の権利

2005年5月13日第34会期採択
E/C.12/2005/4

序

1．あらゆる人権の享有に対する男女平等の権利は、国際法で認められ、主な国際人権文書に掲げられた基本原則のひとつである。経済的、社会的および文化的権利に関する国際規約（ICESCRないし規約）は、すべての人の尊厳にとって基本的な権利を保護している。とくに、規約の第3条は、規約が規定する諸権利の享有に対する男女平等の権利を規定している。この規定は、国連憲章第1条3項および世界人権宣言第2条を基礎としている。ICESCRについて言及していることを除けば、本条は、ICESCRと同時に起草された市民的および政治的権利に関する国際規約（ICCPR）の第3条と同一である。

2．起草作業では、第3条は、ICCPRと同様、差別の禁止に加えて、「男女に対して同等の権利が、平等な基盤のもとに明示的に認められるべきであり、女性が自らの権利を行使する機会をもつことを確保するためのふさわしい措置が取られるべきである（……）」ことを示すため、本規約に含められたことが述べられている。「さらに、第3条は第2条2項と重複するとしても、男女の平等な権利を再確認することがなお必要であった。とくに、その十分な適用を阻害する多くの偏見がなお存在するため、国連憲章に掲げられた基本原則が常に強調されなければならない」[1]。ICCPRの第26条と異なり、ICESCRの第3条と第2条2項はそれ自体で独立の規定ではなく、規約の第3部で保障された個々の具体的な権利と合わせて読まれるべきである。

3．ICESCR第2条2項は、他の差別禁止事由のなかで、性に基づく無差別の保障を述べている。この規定と、第3条における男女の平等な権利享有の保障は、密接に関係しており、相互に強化しあうものである。さらに、差別の撤廃は、平等を基礎とした経済的、社会的および文化的権利の享有にとって基本的なことがらである。

4．経済的、社会的および文化的権利に関する委員会（CESCR）は、経済的、社会的および文化的権利の享有に対する男女の平等な権利に悪影響を与える要素について、十分な住居に対する権利[2]、十分

---

1) 第3委員会の、国際人権規約草案報告書。A/53/65（1962年12月17日）。

な食料に対する権利3)、教育に対する権利4)、到達可能な最高水準の健康に対する権利5)、水に対する権利6)に関する各一般的意見を含む多くの一般的意見の中でとくに注意を払ってきた。委員会はまた、締約国の報告に関連する事項リスト(list of issues)の中で、および締約国との対話の間に、規約で保障された権利の男女平等の享有に関する情報を日常的に求めてきた。

5．とくに女性は、伝統や慣習によって課された低い地位によって、または明白・暗黙の差別の結果として、その人権の平等な享有をしばしば否定されてきた。多くの女性は、性と、人種、皮膚の色、言語、宗教、政治的意見その他の意見、国民的もしくは社会的出身、財産、出生、または、年齢、民族性、障害、婚姻上のもしくは難民・移民の地位のようなその他の地位という要素との結合によって、顕著なかたちの差別を経験し、その結果としていっそう大きな不利益を受けてきた7)。

I.概念的枠組み

A.平等

6．ICESCR第3条の趣旨は、規約に定められている諸権利が、平等を基礎として男女に享有されなければならないということであるが、これは実質的な意味をもつ概念である。形式的な平等の表明は憲法規定や立法、政府の政策にみられるが、第3条はまた、男女にとっての規約上の諸権利の平等な享有を、事実上も要求しているのである。

7．男女間の平等を基礎とした人権の享有は、包括的に理解されなければならない。国際人権条約における無差別と平等の保障は、法律上および事実上の平等の双方を要求している。法律上の(ないし形式的な)平等と事実上の(ないし実質的な)平等は、異なるが相互に関連した概念である。形式的な平等は、法律または政策が男女を中立的なかたちで取り扱えば平等が達成されるとみなす。実質的な平等はこれに加えて、法律や政策、慣行の効果、ならびに、それらが、特定の集団が経験する固有の不利益を維持するのでなく緩和するよう確保することに関心をもつ。

8．男女の実質的な平等は、単に、表面的にジェンダー中立的な法律を制定することや政策を採択することによっては達成されない。第3条の実施にあたっては、締約国は、そのような法律や政策、慣行は、とくに女性が経験している既存の経済的、社会的および文化的な不平等を考慮に入れないために、男女間の不平等に対処できず、むしろ永続化させてしまうこともあるということを考慮するべきである。

9．第3条に従い、締約国は、法律における(in)平等、および法律の前の(before)平等の原則を尊重しなければ

---

2)経済的、社会的および文化的権利に関する委員会(以下、CESCR)一般的意見4「十分な住居に対する権利(11条1項)」(1991年)6項、CESC一般的意見7「十分な住居に対する権利(11条1項):強制退去」10項。
3)CESCR一般的意見12「十分な食料に対する権利(11条)」(1999年)26項。
4)CESCR一般的意見11「初等教育の計画(14条)」(1999年)3項、一般的意見13「教育に対する権利(13条)」(1999年)6項b、31項、32項。
5)CESCR一般的意見14「到達可能な最高水準の健康に対する権利(12条)」(2000年)18〜22項。
6)CESCR 一般的意見15「水に対する権利(11・12条)」(2000年)13〜14項。
7)人種差別撤廃委員会一般的意見25「人種差別のジェンダーに関係した側面」(2000年)を参照。

ならない。法律における平等の原則は、立法府が法律を採択する際に、それらの法が男女による経済的、社会的および文化的権利の平等な享有を確保することによって尊重される。法律の前の平等の原則は、行政機関や裁判所、審判所によって尊重されなければならず、それらの機関が法律を男女に平等に適用しなければならないことを含意する。

B. 無差別

10. 無差別の原則は、平等の原則の当然の結果である。暫定的な特別措置について第15項で述べられていることがらを別として、無差別の原則は、人もしくは人の集団に対して、人種、皮膚の色、性、言語、宗教、政治的意見その他の意見、国民的もしくは社会的出身、財産、出生のような彼／彼女もしくは彼（女）らの特別の地位もしくは状況、または、年齢、民族性、障害、婚姻上もしくは難民・移民の地位のようなその他の地位に基づいて異なった取扱いをすることを禁じるものである。

11. 女性に対する差別とは、「性に基づく区別、排除又は制限であって、政治的、経済的、社会的、文化的、市民的その他のいかなる分野においても、女性（婚姻をしているかいないかを問わない。）が男女の平等を基礎として人権及び基本的自由を認識し、享有し又は行使することを害し又は無効にする効果又は目的を有するもの」8)をいう。性に基づく差別は、女性は妊娠することがあるから雇用を拒否するというような、女性の生理を理由とした女性への異なった取扱いに基づいていることもあるし、女性は男性ほど多くの時間を仕事に割きたくないと思っているという推定のもとに女性を低いレベルの仕事に就けるというように、固定観念による推定に基づいていることもある。

12. 直接差別は、取扱いの相違が、性および男性ないし女性の特徴のみによる区別に直接かつ明示的に依拠しており、客観的に正当化できないものである場合に生じる。

13. 間接差別は、法律、政策または計画が表面上は差別的にみえなくとも、実施されたときに差別的効果をもつ場合に生じる。これはたとえば、女性が、既存の不平等のために、ある特別の機会または利益の享有に関して男性に比べて不利な立場にあるときに生じうる。ジェンダー中立的な法律を適用することは、すでにある既存の不平等をそのままにし、または悪化させることもありうる。

14. ジェンダーは、自らの権利を享有する男女の平等な権利に影響を与える。ジェンダーとは、男性または女性としてのアイデンティティのみに基づく、男女の行動、態度、性格の特性、身体的および知性的能力についての文化的な期待や推定を指す。ジェンダーに基づく推定と期待は、一般に、行動する自由、自律的で十分に能力のある大人として認められる自由、経済的、社会的および政治的発展に十分に参加する自由、自らの状況や条件について決定を下す自由のような権利の実質的な享有に関して、女性を不利な立場に置く。経済的、社会的および文化的役割についての、ジェンダーに基づく推定は、平等にとって必要なあらゆる分野における男女の責任分担を妨げてしまう。

---

8) 女性差別撤廃条約第1条の定義による。

C. 暫定的特別措置

15. 平等と無差別の原則は、それら自体では、真の平等を保障するのに必ずしも十分ではない。不利な状況にあるか疎外された人々または人々の集団を他の人々と実質的に同じレベルまで引き上げるためには、暫定的な特別措置が必要になることがある。暫定的な特別措置は、男女にとって法律上ないし形式的な平等を実現するだけでなく、事実上ないし実質的な平等を実現することを目的としている。しかし、平等の原則の適用はときに、締約国に対して、差別を永続化させている条件を緩和またはなくすために、女性を有利に扱う措置をとるよう求めることがある。これらの措置が、事実上の差別を是正するために必要であり、かつ、事実上の平等が達成されたときに終了するかぎり、そのような異なった取扱いは正当なものである9)。

II. 締約国の義務

A. 一般的な法的義務

16. 経済的、社会的および文化的権利の享有に対する男女平等の権利は義務的なものであり、締約国の即時の義務である10)。

17. 経済的、社会的および文化的権利の享有に対する男女の平等の権利は、すべての人権と同様、3つのレベルの義務を締約国に課す。尊重の義務 (the obligation to respect)、保護の義務 (the obligation to protect) および充足の義務 (the obligation to fulfill) である。充足の義務はさらに、供給し、促進し、助長する義務 (duties to provide, promote and facilitate) を含む11)。第3条は、ICESCRの第6条から第15条に定められた締約国の義務の履行に対して、逸脱できない基準を定めたものである。

B. 具体的な法的義務

1. 尊重義務

18. 尊重の義務は、締約国に対し、経済的、社会的および文化的権利を享有する男女の平等の権利の否定を直接または間接的に結果としてもたらす差別的な行為を控えることを求める。権利を尊重することは、締約国に、第3条で保護された権利に適合しない政策、行政措置および計画を採択せず、かつ廃止する義務を課す。とくに、表面的には性中立的な法律、政策および計画の効果を考慮に入れること、ならびにそれらが平等を基礎として人権を享有する男女の能力に否定的な影響を結果としてもたらすものでないか検討することは、締約国の義務である。

2. 保護義務

19. 保護の義務は、締約国に対し、いずれかの性の劣後性または優越性の概念や固定観念による男女の役割を永続化させる偏見、慣習的およびその他のあらゆる慣行の廃絶を直接の目的にした措置をと

---

9) ただし、この一般原則には1つの例外がある。ある個人の男性候補者に特定の理由は、その男性に有利に考慮されることがありうる。その判断は、当該候補者に適用されるあらゆる基準を考慮しつつ客観的に評価されなければならない。これは比例性の原則の要請である。
10) CESCR一般的意見3「締約国の義務の性格 (2条1項)」(1990年)。
11) CESCR一般的意見12および13によれば、充足の義務は助長の義務と供給の義務を組み込んだものである。本一般的意見では、充足の義務はまた、女性に対するあらゆる形態の差別の撤廃に向けて促進する義務をも組み込んでいる。

ることを求める。ICESCR第3条の下での締約国の保護義務には、とりわけ、すべての人権を享有する男女の平等な権利およびあらゆる種類の差別の禁止に関する憲法および立法の規定を尊重し採択すること、差別を撤廃するための立法を採択し、かつ第三者がこの権利の享有に直接または間接的に介入するのを防ぐこと、女性を差別から保護するための行政措置および計画を採択し、また公的機関、施設および計画を設置・策定することが含まれる。

20．締約国は、非国家主体が、経済的、社会的および文化的権利を享有する男女の平等の権利を侵害しないことを確保するため、それらの行動を監視し規制する義務を負う。この義務はたとえば、公的サービスが部分的ないし全面的に民営化されている場合に適用される。

3.充足義務

21．充足の義務は、締約国に対し、実際上、男女が平等を基礎として自らの経済的、社会的および文化的権利を享有することを確保するための措置をとることを求める。そのような措置には、以下のものが含まれる。

−賠償、補償、原状回復、リハビリテーション、再発防止の保証、宣言、公的謝罪、教育プログラムおよび防止プログラムのような、適切な救済が利用できかつアクセス可能であること。

−最も貧しく、最も不利な状況にありまた疎外されている男女を含め、すべての者が平等を基礎としてアクセス可能な、裁判所、審判所もしくは行政機構などの適切な救済の場を、締約国が設けること。

−男女の平等な経済的、社会的および文化的権利の享有を促進することを目的とした法律および政策の実施が、不利な状況にあるか疎外された個人または集団、とくに女性と女児に対して意図しない悪影響を与えないことを確保するための監視機構を発展させること。

−平等を基礎とした、男女双方の経済的、社会的および文化的権利にとって長期的な効果を与える政策および計画を策定し、実施すること。これには、女性の平等な権利享有を促進するための暫定的な特別措置、ジェンダー監査、ジェンダーにとくに配慮した資源配分が含まれる。

−裁判官および公務員のための人権教育および訓練プログラム。

−草の根レベルで経済的、社会的および文化的権利の実現に携わっている労働者のための、平等に関する意識向上および訓練プログラム。

−経済的、社会的および文化的権利の享有に対する男女平等の権利の原則を、公的およびその他の教育に組み込むこと。また、学校およびその他の教育プログラムの中で、男性、女性、男児、女児の平等な参加を促進すること。

−官公庁および意思決定機関において男女が平等の数を占めることを促進すること。

−開発計画、意思決定、開発による利益ならびに、経済的、社会的および文化的権利の実現に関連するあらゆる計画において、男女の平等な参加を促進すること。

C.締約国の義務の具体例

22．規約第3条は横断的な義務であり、規約の第6条から第15条に述べられた諸権利すべてに適用される。第3条は、ジェンダー化された社会的、文化的偏見に取り組むこと、資源配分において平等を認めること、ならびに家族、共同体および公的

生活において責任分担を促進することを求めている。以下の項に示された例は、第3条が規約の他の規定に適用される方法についての指針とされうるが、網羅的なものという趣旨ではない。

23．規約第6条は、締約国に対し、自由に選択しまたは承諾する労働によって生計を立てる機会を得るすべての者の権利を保護し、この権利の完全な実現を達成するため必要な措置をとることを求めている。第6条に関して、第3条を実施することは、とりわけ以下のことを要請する。それは、法律上および事実上、あらゆるレベルの仕事およびあらゆる職業に対して男女が平等のアクセスをもつこと、ならびに、公的部門、民間部門における職業訓練および職業案内プログラムが、労働に対する権利の利益を平等に得られるのに必要な技術、情報および知識を男女に与えることである。

24．規約第7条(a)は、締約国に対し、公正かつ良好な労働条件を享受するすべての者の権利を認め、なかでも、公正な賃金および同一価値労働についての同一報酬を確保することを求めている。第7条に関して、第3条はとりわけ、締約国が、ジェンダー偏見のある勤務評定や、男女間では生産性の相違が存在するという見方のような、賃金の相違のもとになっている原因を認識しかつ撤廃することを求める。さらに、締約国は、効果的に機能する労働監督署を通して、民間部門が労働条件に関する国内法を遵守しているかを監視すべきである。締約国は、昇進および賃金以外の報酬における平等な考慮、ならびに、職場における職業的もしくは専門的能力開発に対する平等な機会および支援を規定した立法を採択すべきである。最後に、締約国は、育児および、扶養家族の世話のための適切な政策を推進することによって、職業責任と家族責任の両立において男女が直面している制約を軽減するべきである。

25．規約第8条1項(a)は、締約国に対し、自ら選択する労働組合を結成しおよびそれに加入する権利を確保することを求めている。第8条に関して、第3条は、男女が自らの具体的な関心に取り組む労働者の団体を組織し、それに加入するのを認めることを求めている。この点で、しばしばこの権利を奪われている、家庭内労働者（domestic workers）、農村の女性、女性が支配的な産業で働く女性、および在宅労働の女性（women working at home）に、とくに注意が払われるべきである。

26．規約第9条は、締約国が、社会保険を含む社会保障について、および社会サービスへの平等なアクセスについてのすべての者の権利を認めることを求めている。第9条に関して、第3条を実施することは、とりわけ、男女双方にとって義務的な退職年齢を平等化すること、女性が公的および民間の年金制度から平等な利益を受けることを確保すること、ならびに、女性に対する出産休暇、男性に対する父親休暇、および男女双方に対する育児休暇を十分に保障することを必要とする。

27．規約第10条1項は、締約国が、できるかぎり広範な保護および援助が家族に与えられるべきであること、また婚姻は両当事者の自由な合意に基づいて成立するものでなければならないことを認めるよう求めている。第10条に関して、第3条を実施することは、とりわけ、主に女性である家庭内暴力の被害者に対し、安全な住

居、ならびに身体的、精神的および感情的被害の救済へのアクセスを提供すること、誰といつ婚姻するかについて男女に平等の権利を確保し、とくに、男女の法定婚姻年齢は同じであるべきであり、少年・少女は、子どもの結婚、代理結婚、もしくは強制による結婚から同等に保護されるべきであること、ならびに、女性が、婚姻財産および、夫の死亡による相続において平等の権利を有することを確保すること、を必要とする。ジェンダーに基づく暴力は、経済的、社会的および文化的権利を含む権利および自由を、平等を基礎として享有する能力を損う、差別の一形態である。締約国は、男女に対する暴力を廃絶し、かつ、私的行為者による暴力行為を防止し、調査し、調停し、処罰しおよび救済するために適当な措置をとらなければならない。

28．規約第11条は、締約国に対し、十分な住居（11条1項）および十分な食料（11条2項）を含め、自己およびその家族のための十分な生活水準についてのすべての者の権利を認めることを求めている。第11条1項に関して、第3条を実施することは、女性が、男性と平等な基盤で住居、土地および財産を所有、使用もしくはその他の方法で管理し、かつそのために必要な資源にアクセスする権利を有することを必要とする。第11条2項に関して、第3条を実施することはまた、締約国に対し、とりわけ、女性が食料生産の手段に対するアクセスを有しもしくは管理することを確保すること、ならびに、男性が十分に食べるまで女性が食べることを許されないかもしくはより栄養の少ない食料しか与えられない慣行に対して積極的に取り組むことをも求める12)。

29．規約第12条は、締約国に対し、到達可能な最高水準の身体および精神の健康を享受するすべての者の権利の実現に向けて措置をとることを求めている。第12条に関して、第3条を実施することは、最低限でも、男女が平等を基礎として医療にアクセスしその利益を受けることを阻害する法的その他の障害を除去することを必要とする。これにはとりわけ、水や食料のような、健康の決定的な要素に対するアクセスに、ジェンダーの役割が影響している場合にそれに取り組むこと、リプロダクティブ・ヘルス（訳注：性と生殖に関する健康）の規定に対する法的制約を取り除くこと、女性の性器切除を禁止すること、ならびに、女性の健康の問題に関わる医療労働者に対する十分な訓練を施すこと、が含まれる13)。

30．規約第13条1項は、締約国に対し、教育に対するすべての者の権利を認めることを求め、また第13条2項(a)では、初等教育がすべての者にとって義務的かつ無償のものとされることを求めている。第13条に関して、第3条を実施することは、とりわけ、教育のあらゆるレベルにおいて、男児と女児に同じ入学基準を確保する立法および政策を採択することを必要とする。締約国は、とくに広報および意識向上キャンペーンを通して、家庭は子どもを学校に送るにあたって男児を優先的に扱うことをやめること、および、カリキュラムが平等と無差別を促進することを確保するべきである。締約国は、登下校の際の、子ども、と

---

12) 第11条1項および2項との関連での第3条の義務、および生じうる違反のその他の例は、CESCR一般的意見12「十分な食料に対する権利」（1999年）25項でさらに論じられている。
13) CESCR一般的意見14「到達可能な最高水準の健康に対する権利」（2000年）18〜21項。

くに女児の安全を確保するために良好な状況をつくらなければならない。

31. 規約第15条1項(a)および(b)は、締約国に対し、文化的生活に参加し、かつ科学の進歩の利益を享受するすべての者の権利を認めることを求めている。第15条1項(a)および(b)に関して、第3条を実施することは、とりわけ、女性が文化的生活、科学教育および科学研究に十分に参加するのを妨げている、制度的障壁ならびに文化的および宗教的伝統に基づくもののようなその他の障害を克服すること、また、女性の健康上および経済上のニーズに関連する科学研究に対して、男性のそのようなニーズに関するものと平等の基盤で資源を振り向けることを必要とする。

III.国内的レベルでの実施

A.政策と戦略

32. 規約第3条の下で権利を実施する最も適当な方法および手段は、締約国によってさまざまであろう。各締約国は、すべての経済的、社会的および文化的権利の享有に対する男女の平等の権利を確保するという主要かつ即時の義務を遵守する適当な手段を採択するにあたっては裁量の幅を有する。なかでも、締約国はとりわけ、人権のための国内行動計画の中に、経済的、社会的および文化的権利の享有に対する男女の平等の権利を確保する適当な戦略を組み込まなければならない。

33. そのような戦略は、第3条の規範内容に由来し、また本一般的意見の第16項から第21項で言及した締約国の義務のレベルおよび性格に関連して述べられているように、当該国の状況および背景に関連した政策、計画および行動の総合的な認識に基づいたものであるべきである。当該戦略は、経済的、社会的および文化的権利の享有における差別を撤廃することにとくに注意を払うべきである。

34. 締約国は、経済的、社会的および文化的権利に関連する既存の立法、政策、戦略および計画を定期的に見直し、それらが規約第3条の下での締約国の義務に合致していることを確保するために必要な変更を行うべきである。

35. 女性によるすべての経済的、社会的および文化的権利の平等な享有を促進し、女性の事実上の地位を改善させるために、暫定的な特別措置が必要なこともありうる14)。暫定的な特別措置は、男女平等に向けてとられる恒久的な政策および戦略とは区別されるべきである。

36. 締約国は、規約上の権利の享有における男女間の平等の達成を促進するため、暫定的な特別措置をとることが奨励される。そのような措置は、過去および現在の差別的な法律、伝統および慣行によってもたらされた不利益をなくす締約国の義務に基づいているのであるから、それ自体差別的なものとみなされてはならない。そのような措置の性格、期間および適用は、具体的な問題および背景との関連で計画されるべきであり、状況に応じて調整されるべきである。そのような措置の結果は、それらがとられた目的が達成されたときには終了するという観点から、監視されるべきである。

---

14)この点で、女性差別撤廃条約第4条1項に関する女性差別撤廃委員会一般的勧告25(2004年)、CESCR一般的意見13(1999年)、およびICESCRの実施に関するリンブルク原則(1986年)を参照。

37. 自らの発展に影響を与えうる意思決定過程に参加する個人および個人の集団の権利は、規約第3条の下での政府の義務を履行するために展開されるいかなる政策、計画、および活動においても、中心的な要素とならなければならない。

B.救済と責任

38. 国内の政策および戦略は、実効的な制度および機関が存在しない場合には、行政当局、オンブズパーソン、ならびにその他の国内人権機関、裁判所、および審判所を含めたそうした制度および機関の設置について定めるべきである。これらの機関は、第3条に関連する違反の主張の調査および対処を行い、その違反に対しては救済を与えるべきである。締約国としては、そのような救済が実効的に実施されることを確保するべきである。

C.標識と指標

39. 国内の政策および戦略は、この点で、締約国による規約上の義務の履行を実効的に監視するために、経済的、社会的および文化的権利を男女が平等に享有する権利に関して、適当な標識および指標を認定するべきである。適当な場合には、男女の経済的、社会的および文化的権利の漸進的実現を評価するために、具体的な時間枠を付した、細分化された統計が必要である。

IV.違反

40. 締約国は、経済的、社会的および文化的権利の享有に対する男女の平等の権利を確保するために、自らが負う即時のかつ主要な義務を履行しなければならない。

41. 男女間の平等の原則は、規約に列挙された具体的な個々の権利の享有にとって基本的な原則である。これらの権利のいずれかの享有について、形式的および実質的な平等を確保しないことは、この権利の侵害を構成する。経済的、社会的および文化的権利の平等な享有のためには、法律上および事実上の差別の撤廃が必要である。規約の第6条から第15条に列挙されたそれぞれの権利に関して、法律上および事実上の差別を撤廃するための法律、政策および計画を採択し、実施しかつ監視しないことは、これらの権利の侵害を構成する。

42. 規約に掲げられた諸権利の侵害は、締約国または、全国的および地方レベルの国家機関による、直接の作為または、行動をとらないことないし不作為によって生じうる。規約に定められたすべての権利の享有に対する男女の平等の権利に影響を与えるいかなる後退的措置の採択および実行も、第3条の違反を構成する。

（訳:申恵丰／青山学院大学助教授）

資料4

子どもの権利委員会
一般的意見6（2005）
出身国外にあって保護者のいない子どもおよび養育者から分離された子どもの取扱い

2005年6月3日第39会期採択
CRC/GC/2005/6

I. この一般的意見の目的

1．この一般的意見の目的は、保護者のいない子どもおよび養育者から分離された子どもが置かれたとくに被害を受けやすい状況に注意を促し、このような子どもが自己の権利にアクセスしかつこれを享受することを確保するうえで国その他の主体が直面する多面的な課題を概観するとともに、子どもの権利条約（「条約」）が示す法的枠組み全体を基盤とし、とくに差別の禁止、子どもの最善の利益および自己の見解を自由に表明する子どもの権利を踏まえた、保護者のいない子どもおよび養育者から分離された子どもの保護、ケアおよび適切な取扱いについての指針を示すところにある。

2．この一般的意見を発表するきっかけになったのは、委員会が見るところ、このような状況に置かれる子どもの人数が増えているという事実である。子どもが保護者のいない状況に置かれるまたは養育者から分離される理由は、子どもまたは親の迫害から、国際的紛争および内戦、さまざまな文脈および形態における人身取引（親による売渡しを含む）ならびによりよい経済的機会の追求に至るまでさまざまであり、かつ無数に存在する。

3．この一般的意見を発表するに至ったもうひとつのきっかけは、このような子どもの取扱いにおいて保護が行き届いてない部分が数多くあることを、委員会が発見したことである。これには次のようなものが含まれる。保護者のいない子どもおよび養育者から分離された子どもにとっては、とくに性的な搾取および虐待、軍による徴用、児童労働（里親家族のためのものを含む）ならびに拘禁の危険性が増大すること。このような子どもは、差別されたり、食糧、一時居住場所、住居、保健サービスおよび教育へのアクセスを否定されたりすることが多いこと。保護者のいない女子および養育者から分離された女子は、ジェンダーに基づく暴力（ドメスティック・バイオレンスを含む）を受ける危険性がとくに高まること。状況により、このような子どもは適当かつ適切な身分証明、登録、年齢鑑別、書類、家族の追跡、後見制度または法的助言にアクセスできない場合があること。多くの国では、保護者のいない子どもおよび養育者から分離された子どもは国境管理官または出入国管理官によって定型的に入国拒否または拘禁の対象とされ、他の場合には、入国を認められても庇護手続へのアクセスを否定されたり、年齢およびジェンダーに配慮した方法で庇護

申請を処理されなかったりすること。養育者から分離された子どもであって難民認定を受けた子どもによる家族再統合の申請を禁じている国もあれば、再統合は認めるものの、その達成が実質的には不可能となるほど制約的な条件を課している国もあること。そして、このような子どもの多くは18歳になれば終了する一時的滞在資格しか付与されず、効果的な帰還プログラムもほとんど存在しないことなどである。

4．このような懸念から、委員会は、保護者のいない子どもおよび養育者から分離された子どもに関わる問題を総括所見においてしばしば提起してきた。この一般的意見は、とくに委員会の監視の努力を通じて発展してきた基準を整理統合したものであり、それによって、とくに被害を受けやすい立場に置かれたこのグループの子どもたちとの関連で条約から派生する義務についての明確な指針を各国に提示するものである。これらの基準を適用するにあたって、締約国はその発展しつつある性格を承知しておかなければならず、したがって、自国の義務はここに定められた基準を超えて発展する可能性があることを認めなければならない。なお、これらの基準は、地域人権文書もしくは国内制度、国際的および地域的難民法または国際人道法のもとで保護者のいない子どもおよび養育者から分離された子どもに提供されている、より進んだ権利および利益をいかなる形でも損なうものではない。

II. 一般的意見の構成および適用範囲

5．この一般的意見は、保護者のいない子どもおよび養育者から分離された子どもであって、（第7条に従う）国籍国、または無国籍である場合には常居所国の外にいる子どもに適用される。この一般的意見は、在留資格または国外にいる理由を問わず、また保護者のいない子どもであるか養育者から分離された子どもであるかにかかわらず、このような子どもすべてに適用されるものである。しかし、国際境界を越えていない子どもには適用されない。ただし委員会は、国内避難民であって保護者のいない子どもおよび養育者から分離された子どもについても多くの同様の課題が存在することを認知し、以下に示す指針の多くはこのような子どもとの関連でも有益であることを認め、かつ各国に対し、自国の中で避難民となった保護者のいない子どもおよび養育者から分離された子どもの保護、ケアおよび取扱いに関しても、この一般的意見の関連の諸側面を採用するよう強く奨励するものである。

6．委員会の権限は条約に関わる監督機能に限られているが、その解釈上の努力は適用可能な国際人権規範全体の文脈で進められなければならず、したがってこの一般的意見においては、条約に掲げられたものを含むすべての人権は不可分かつ相互依存的であることを認め、保護者のいない子どもおよび養育者から分離された子どもの適切な取扱いの問題に対してホリスティックなアプローチをとる。その他の国際人権文書が子どもの保護にとって重要であることは、条約前文でも認められているところである。

III. 定義

7．「保護者のいない子ども」（保護者のいない未成年者ともいう）とは、両親およ

びその他の親族から分離された（条約第1条に定義された）子どもであって、法律または慣習によって子どものケアに責任を有する成人からケアされていない子どもをいう。

8．「養育者から分離された子ども」とは、両親または法律上もしくは慣習上それまで主たる養育者であった者から分離された（条約第1条に定義された）子どもであるが、その他の親族からは必ずしも分離されているわけではない子どもをいう。したがって、上記以外の成人の家族構成員とともにいる子どもも含まれる場合がある。

9．「（条約第1条に定義された）子ども」とは、「18歳未満のすべての者」であって、「子どもに適用される法律の下でより早く成年に達」した者を除いた子どもをいう。すなわち、国の領域内の子どもについて定めたいかなる文書も、当該国において成年を定めた規範から逸脱するやり方で子どもを定義することはできない。

10．以下の指針は、別段の定めがないかぎり、保護者のいない子どもおよび養育者から分離された子どもに同じように適用される。

11．「出身国」とは、国籍国、または無国籍の子どもの場合には常居所国をいう。

IV. 適用される原則

(a) 自国の領域内にいる、保護者のいないまたは養育者から分離されたすべての子どもに対する締約国の法的義務およびその実施のための措置

12．条約に基づく国の義務は、当該国の領域内にいる子どもひとりひとりおよびその管轄下にあるすべての子どもに適用される（第2条）。これらの国の義務は、国の領域からいずれかの地域もしくは場所を排除することにより、または特定の地域もしくは場所は国の管轄下にまったくまたは部分的にしかないと定めることにより、恣意的かつ一方的に縮小することはできない。さらに、条約に基づく国の義務は国の国境内において適用されるのであり、このことは国の領域に入ろうとして当該国の管轄下に置かれるに至った子どもとの関連でも当てはまる。したがって、条約に定められた権利の享受は締約国の市民である子どもに限定されるものではなく、それゆえ、条約で別段の明示的定めがない場合、子どもの国籍、出入国管理上の地位または無国籍にかかわらず、すべての子ども——庇護希望者、難民および移住者の子どもを含む——に利用可能とされなければならない。

13．保護者のいない子どもおよび養育者から分離された子どもとの関係で条約から派生する義務は、すべての統治部局（行政府、立法府および司法府）に適用される。これには、国内法および行政機構を確立する義務ならびにこのような措置を支える必要な調査研究、情報、データ蓄積および包括的な研修活動が含まれる。このような法的義務は消極的性質と積極的性質を併せ持っており、国に対し、これらの子どもの権利を侵害する措置をとらないだけではなく、これらの権利が差別なく享受されることを確保する措置をとるようにも求めるものである。このような責任は、すでに保護者のいないまたは養育者から分離された子どもに対して保護および援助を提供することに限られるものではなく、分離を防止するための措置（避難の場合に保護措置を実施することも含まれる）

も含む。保護に関わるこのような義務の積極的側面はまた、国境等で可能なかぎり早期に子どもが保護者のいないまたは養育者から分離された状態にあることを特定し、追跡のための活動を行い、かつ、可能であって子どもの最善の利益に合致する場合には、保護者のいない子どもおよび養育者から分離された子どもがその家族と可能なかぎり早期に再統合できるようにするためにあらゆる必要な措置をとることにも及ぶ。

14. 一般的意見5(CRC/C/GC/2003/5, paras.18-23)で再確認されているように、条約の締約国は、条約の規定および原則が関連の国内法に全面的に反映され、かつ法的効力を与えられることを確保しなければならない。立法上なんらかの抵触がある場合には、条約法に関するウィーン条約(1969年)に照らし、条約がつねに優先されるべきである。

15. 有益な法的環境を確保するために、かつ条約第41条(b)に照らし、締約国はまた、保護者のいない子どもおよび養育者から分離された子どもに関わる諸問題を扱った他の国際文書を批准するようにも奨励されるところである。これには、子どもの権利条約の2つの選択議定書(武力紛争への子どもの関与ならびに子どもの売買、子ども買春および子どもポルノグラフィーに関するもの)、拷問および他の残虐な、非人道的なまたは品位を傷つける取扱いまたは刑罰を禁止する条約(1984年、「CAT」)、女性に対するあらゆる形態の差別の撤廃に関する条約(1979年)、難民の地位に関する条約(1951年、「1951年難民条約」)および難民の地位に関する議定書(1967年)、無国籍の削減に関する条約(1961年)、無国籍者の地位に関する条約(1954年)、国際養子縁組における子どもの保護および協力に関するハーグ条約(1993年)、親の責任および子どもの保護のための措置に関わる管轄権、適用可能な法、承認、執行および協力に関するハーグ条約(1996年)、1949年8月12日の4つのジュネーブ条約、国際的武力紛争の犠牲者の保護に関し、ジュネーブ諸条約に追加される1977年6月4日の議定書(第1追加議定書)ならびに非国際的武力紛争の犠牲者の保護に関し、1949年8月12日のジュネーブ諸条約に追加される1977年6月4日の議定書(第2追加議定書)が含まれる。委員会はまた、条約の締約国その他の関係者に対し、〔難民の子どもの〕保護およびケアに関するUNHCRの指針(1994年)および保護者のいない子どもおよび養育者から分離された子どもに関する機関横断指導原則1)を考慮に入れるよう奨励するものである。

16. 条約から派生する義務の絶対的性質およびその特別法としての性格に鑑み、経済的、社会的および文化的権利に関する国際規約第2条3項は保護者のいない子どもおよび養育者から分離された子どもに関しては適用されない。条約第4条の適用にあたっては、条約第20条で明示的に認められている、保護者のいない子どもおよび養育者から分離された子どものとくに

---

1)同指導原則は、赤十字国際委員会、国際救援委員会、セーブ・ザ・チルドレン英国、国連児童基金(ユニセフ)、UNHCRおよびワールド・ビジョン・インターナショナルが共同で支持しているものである。これは、機関横断常任委員会のすべての構成員の活動のうち保護者のいない子どもおよび養育者から分離された子どもに関わるものの指針となることを意図している。

傷つきやすい立場が考慮に入れられなければならず、このような立場は、利用可能な資源をこれらの子どもに配分することの優先化につながるはずである。国は、保護者のいない子どもおよび養育者から分離された子どものニーズを満たすために、ユニセフ、UNHCRその他の機関がそれぞれの権限の範囲内で提供する援助を受け入れ、かつそのための便宜を図るよう期待される（条約第22条2項）。

17．委員会は、条約に対して締約国が行った留保によって、保護者のいない子どもおよび養育者から分離された子どもの権利がいかなる形でも制限されるべきではないと考えるものである。委員会は、報告手続の過程で締約国に対して組織的に行っているように、ウィーン世界人権会議（1993年）で採択されたウィーン宣言および行動計画2)に照らし、保護者のいない子どもおよび養育者から分離された子どもの権利を制限する留保を、撤回の方向で見直すよう勧告する。

(b)**差別の禁止（第2条）**

18．差別の禁止の原則は、そのすべての側面において、保護者のいない子どもおよび養育者から分離された子どもに対するあらゆる対応との関連で適用される。この原則により、とくに、保護者がおらず、もしくは養育者から分離されており、または難民、庇護希望者もしくは移住者であるという子どもの地位を理由とする差別は禁じられる。この原則は、適切な理解に立てば、年齢および（または）ジェンダーのような異なる保護のニーズを理由とする取扱いの違いを妨げるものではなく、それどころかそのような異なる取扱いを求めることもあるものである。また、社会に存在している可能性がある、保護者のいない子どもまたは養育者から分離された子どもに関する誤った捉え方およびこれらの子どもに対するスティグマの付与に対応するための措置もとられる必要がある。保護者のいない子どもまたは養育者から分離された子どもに関わって公の秩序との関連でとられる取締りその他の措置が許容されるのは、当該措置が法律に基づいており、集団的評価ではなく個別の評価に基づいてとられ、比例性の原則を遵守し、かつ最も侵害度の小さい選択肢である場合のみである。したがって、差別の禁止に関する原則に違反しないためには、そのような措置を集団的に適用することは決してできない。

(c)**短期的および長期的解決策の探求における第一義的考慮事項としての子どもの最善の利益（第3条）**

19．第3条1項は、「子どもに関わるすべての活動において、その活動が公的もしくは私的な社会福祉機関、裁判所、行政機関または立法機関によってなされたかどうかにかかわらず、子どもの最善の利益が第一次的に考慮される」と述べる。避難民である子どもの場合、この原則は避難のサイクルのあらゆる段階を通じて尊重されなければならない。これらのいずれの段階においても、保護者のいない子どもまたは養育者から分離された子どもの生活に根本的な影響を及ぼすあらゆる決定の準備にあたって、最善の利益の判断が記録されなければならない。

20．何が子どもの最善の利益であるか

---

2)世界人権会議（ウィーン、1993年6月14日〜25日）「ウィーン宣言および行動計画」(A/CONF.157/23)。

を判断するためには、国籍を含む子どものアイデンティティ、養育、民族的、文化的および言語的背景、とくに被害を受けやすい立場ならびに保護のニーズに関する明確かつ包括的な評価が行われなければならない。したがって、領域内への子どものアクセスを認めることはこの初期評価手続の前提である。評価手続は、年齢およびジェンダーに配慮した関連の事情聴取技法の訓練を受けた有資格の専門家により、親しみやすく安全な雰囲気のもとで行うことが求められる。

21. 権限のある後見人を可及的速やかに任命することといったその後の措置は、保護者のいない子どもまたは養育者から分離された子どもの最善の利益の尊重を確保するうえで鍵となる手続的保障であり、したがって、このような子どもを庇護手続その他の手続に付託するのは後見人が任命された後に限られるべきである。保護者のいない子どもまたは養育者から分離された子どもが庇護手続またはその他の行政上もしくは司法上の手続に付託される場合、後見人に加えて法定代理人も用意されるべきである。

22. 最善の利益を尊重するためには、権限のある機関が保護者のいない子どもまたは養育者から分離された子どもを「身体的または精神的な健康のケア、保護または治療のために」措置する際、自己になされた治療についておよび「自己の措置に関する他のあらゆる状況」についての「定期的審査」を受ける子どもの権利を国が認めることも必要とされる（条約第25条）。

(d) 生命、生存および発達に対する権利（第6条）

23. 第6条に基づく締約国の義務には、生命、生存および発達に対する子どもの権利を脅かす暴力および搾取からの最大限可能な保護が含まれる。保護者のいない子どもおよび養育者から分離された子どもは、性的その他の搾取を目的とした人身取引や、子どもに危害または極端な場合には死をもたらす可能性のある犯罪活動への関与といった、生命、生存および発達に影響を及ぼすさまざまな危険にさらされやすい。したがって、第6条に従い、とくに組織犯罪がからんでいる可能性がある場合には締約国がこの点について警戒することが必要である。子どもの人身取引の問題はこの一般的意見の範囲を超えるが、委員会は、人身取引と保護者のいない子どもおよび養育者から分離された子どもの状況との間にはしばしば関連があることに留意する。

24. 委員会は、上述の危険から子どもを保護するためにあらゆるレベルで実際的措置がとられるべきであるとの見解をとるものである。このような措置としては、人身取引の被害を受けた子どものための優先手続、後見人の迅速な任命、遭遇する可能性がある危険についての子どもへの情報提供、および、とくに危険な状況に置かれた子どもをフォローアップするための措置の確立などが挙げられる。これらの措置については、その実効性を確保するために定期的評価が行われるべきである。

(e) 自己の意見を自由に表明する権利（第12条）

25. 条約第12条に従い、保護者のいない子どもまたは養育者から分離された子どもに関わってとられるべき措置を決定するにあたっては、子どもの意見および希望が引き出されかつ考慮に入れられるべきで

ある(第12条1項)。十分な情報を得たうえでこのような意見および希望を表明できるよう、このような子どもに対し、たとえばその権利、コミュニケーション手段を含む利用可能なサービス、庇護手続、家族の追跡および出身国の状況に関わる、関連のあらゆる情報を提供することが欠かせない(第13条、第17条および第22条2項)。後見、ケアおよび住居の手配ならびに法定代理においても子どもの意見が考慮に入れられるべきである。このような情報は、子どもひとりひとりの成熟度および理解力の水準にふさわしい方法で提供されなければならない。参加は信頼のできるコミュニケーションにかかっているので、必要な場合には手続のあらゆる段階で通訳が利用可能とされるべきである。

(f)ノン・ルフールマンの原則の尊重

26. 保護者のいない子どもまたは養育者から分離された子どもを適切に取り扱うにあたっては、国は、国際人権・人道・難民法から派生するノン・ルフールマンの義務を全面的に尊重しなければならず、かつ、とくに1951年難民条約第33条およびCAT第3条で定式化された義務を尊重しなければならない。

27. さらに、条約上の義務を履行するにあたり、国は、子どもに回復不可能な危害が及ぶ現実の危険性があると考えるに足る相当の理由がある国に子どもを帰還させてはならない。このような危害としては条約第6条および第37条で予定されているもの〔これらの条項で定められた権利の侵害〕が挙げられるが、決してこれに限られるものではなく、またそのような危害が帰還先の国に存在するか、または子どもがその後に帰還させられる可能性のあるいずれかの国に存在するかも問われない。このようなノン・ルフールマンの義務は、条約で保障されている権利の重大な侵害が国以外の主体によるものであるか否かにかかわらず、またそのような侵害が直接に意図されたものであるかまたは作為もしくは不作為の間接的結果であるかにかかわらず、適用される。このような重大な侵害の危険の評価は年齢およびジェンダーに配慮した方法で行われるべきであり、かつ、たとえば食糧または保健サービスの供給が不十分であることにより子どもにもたらされるとりわけ深刻な帰結が考慮されるべきである。

28. 法定年齢に満たない者の徴用および敵対行為への参加には、生命に対する権利を含む基本的人権に関わって回復不可能な危害が及ぶ高い危険性が伴うので、条約第38条を武力紛争への子どもの関与に関する子どもの権利条約の選択議定書第3条および第4条とあわせて理解した場合に派生する国の義務には域外適用効果が生ずるのであり、国は、法定年齢に満たない者の徴用(戦闘員としての徴用のみならず軍に性的サービスを提供させるための徴用も含む)が行われる現実の危険が存在する国、または戦闘員としてもしくはその他の軍務の遂行を通じて敵対行為に直接または間接的に参加させられる現実の危険が存在する国の国境に、いかなる方法でも子どもを帰還させてはならない。

(g)秘密保持

29. 締約国は、プライバシーに対する権利(第16条)を含む子どもの権利を保護する義務に従い、保護者のいない子どもまたは養育者から分離された子どもとの関連で受領した情報の秘密を保持しなけれ

ばならない。この義務は、保健および社会福祉を含むあらゆる環境で適用される。ある目的のために収集されかつ正当に共有された情報が他の目的のために不適切に利用されることがないよう、配慮されなければならない。

30．秘密保持の配慮には他の者の権利の尊重も関わってくる。たとえば、保護者のいない子どもおよび養育者から分離された子どもとの関連で収集された情報を入手、共有および保持するにあたっては、いまなお子どもの出身国内にいる者、とくに子どもの家族構成員の福祉を脅かすことがないよう特段の配慮がなされなければならない。さらに、子どもの所在に関する情報を親に対して開示しないことが認められるのは、子どもの安全のためにまたはそれ以外の形で子どもの「最善の利益」を確保するために必要とされる場合に限られる。

V. 一般的および具体的な保護のニーズへの対応

(a)第１次評価および措置

31．子どもの最善の利益は、保護者のいない子どもおよび養育者から分離された子どもに関わる保護のニーズの優先順位、および、時系列順に適用されるべき一連の措置を判断するための指導的原則ともされなければならない。そのためには第１次評価手続が必要であり、これにはとくに次の対応が含まれる。

(i)子どもを、入国地点への到着後直ちに、または国内におけるその存在が公的機関が知るところとなった時点で、保護者のいない子どもまたは養育者から分離された子どもとして優先的に特定すること（第8条）。このような特定のための措置には年齢の評価が含まれ、その際には個人の身体的外見のみならず心理的成熟度も考慮に入れられるべきである。さらに当該評価は、子どもの身体的不可侵性を侵害するいかなる危険性も回避し、人間の尊厳を正当に尊重しながら、科学的、安全かつ子どもおよびジェンダーに配慮した公正な方法で実施されなければならない。不確定さが残る場合、疑わしきは当該個人の利益に解釈されるべきであり、当該個人が子どもである可能性があるならば子どもとして取り扱われるべきである。

(ii)第１次事情聴取による迅速な登録。このような事情聴取は、子どもの身元（可能な場合にはつねに両親および他のきょうだいの身元ならびに子ども、きょうだいおよび両親の市民権を含む）を確認するための生物学的データおよび生活史に関する情報の収集を目的として、専門資格を有する者により、年齢にふさわしくジェンダーに配慮した方法で、子どもが理解できる言語で行われるものとする。

(iii)登録手続を継続しながら、子どもの具体的ニーズを満たすためにさらなる情報を記録していくこと。このような情報には次のものが含まれるべきである。

−養育者から分離されたまたは保護者がいなくなった理由。

−とくに被害を受けやすい状況の評価（ドメスティック・バイオレンス、人身取引またはトラウマから生ずるニーズを含め、健康面、身体面、心理社会面、物質面その他のニーズを含む）。

−国際的な保護のニーズが存在する可能性について判断するための、利用可能なあらゆる情報。これには、子どもの出身国において「人種、宗教、国籍もしくは

特定の社会的集団の構成員であることまたは政治的意見を理由に迫害を受けるおそれがあるという十分に理由のある恐怖」(1951年難民条約第1条A(2))によるニーズ、外部からの侵略、占領、外国の支配、または公の秩序を著しく乱すできごと(アフリカにおける難民問題の特定の側面を規律する条約第1条2項)から生ずるニーズ、または一般化された暴力の無差別的影響に関わるニーズが含まれる。

(iv)保護者のいない子どもおよび養育者から分離された子どもは、可能なかぎり早期に自分自身の身元証明書類を提供されるべきである。

(v)家族構成員の追跡を可能なかぎり早期に開始すること(第22条2項、第9条3項および第10条2項)。

32. 国の領域における子どもの在留資格その他の地位に関わるその後のいかなる措置も、上述の手続に従って実施された第1次保護評価の知見に基づいてとられるべきである。保護者のいない子どもおよび養育者から分離された子どもが領域内にいることにより難民の国際的保護に関わるニーズの問題が生じないのであれば、国は、これらの子どもを庇護手続に付託しないよう求められる。このことは、児童福祉立法で予定されているもののような、子どもの保護に役立つ関連の手続に保護者のいない子どもまたは養育者から分離された子どもを付託する国の義務を損なうものではない。

(b)後見人または助言者および法定代理人の任命(第18条2項および第20条1項)

33. 国は、保護者のいない子どもまたは養育者から分離された子どもの最善の利益が適切に代理されることを保障するために、基調となる法的枠組みを創設し、かつ必要な措置をとるよう求められる。したがって国は、保護者のいない子どもまたは養育者から分離された子どもが特定されると同時に後見人または助言者を任命するとともに、条約その他の国際的な義務に従い、子どもが成年に達し、または領域および(もしくは)管轄を恒久的に離れるまで当該後見体制を維持するべきである。後見人は、子どもに関わってとられるすべての措置に関して、協議および情報提供の対象とすることが求められる。後見人は、出入国管理上のおよび異議申立の審理、ケアの手配ならびに恒久的解決策を求めるあらゆる努力を含め、すべての計画手続および意思決定手続に出席する権限を認められるべきである。後見人または助言者は、子どもの利益が保護されること、および、子どもの法律面、社会面、健康面、心理面、物質面および教育面のニーズが、とくに、子どもが必要とする一連のケアを提供する既存の専門機関/専門家と子どもとをつなぐ役割をする後見人によって適切に満たされることを確保するため、子どものケアの分野に関する必要な専門性を有していることが求められる。子どもの利益と衝突する可能性がある利益を有する機関または個人は、後見人としての資格を認められるべきではない。たとえば、親族関係のない成人であって子どもとの主たる関係が雇用者である者は、後見人から除外されるべきである。

34. 養育者から分離された子どもの場合、通常は、成人の家族構成員、または主たる養育者ではないが家族的養育者である成人であって子どもとともにいる者が後見人に任命されるべきである。ただし、

たとえば子どもとともにいる成人がその子どもを虐待したことがあるなど、それが子どもの最善の利益とならないことを示す事実がある場合はこの限りでない。子どもが家族ではない成人または養育者とともにいる場合、後見人としての適格性はいっそう厳密に吟味される必要がある。このような後見人が、日常的なケアを提供する能力および意思はあるものの、子どもの生活のあらゆる領域およびあらゆるレベルで子どもの最善の利益を十分に代理することができない場合には、(助言者または法定代理人の任命などの)補完的措置が確保されなければならない。

35．意思決定手続全体を通じて子どもの最善の利益が代理されていることを確保し、かつとくに虐待を防止する目的で、後見の実施の質を監視するための審査機構が導入および実施されなければならない。

36．子どもが庇護手続または行政上もしくは司法上の手続に参加しているときは、その子どもに対し、後見人の任命に加えて法定代理人も用意されるべきである。

37．子どもに対してはつねに後見および法定代理に関わる手配についての情報が知らされるべきであり、かつ子どもの意見が考慮に入れられるべきである。

38．大規模な緊急事態であって個々に後見体制を確立することが困難なときは、養育者から分離された子どもの権利および利益は、国およびこれらの子どものために活動している機関によって保護および促進されるべきである。

(c)**ケアおよび居住の手配（第20条および第22条）**

39．保護者のいない子どもまたは養育者から分離された子どもは家庭環境を一時的または恒久的に奪われた子どもであり、したがって条約第20条に基づく国の義務の受益者であって、当該国が提供する特別な保護および援助に対する権利を認められなければならない。

40．条約第22条〔第20条〕に従ってこのような子どもの代替的養護を確保するために国内法で設けられている機構は、保護者のいない子どもまたは養育者から分離された子どもであって出身国外にいる子どもも対象としなければならない。ケアおよび居住の手配については幅広い選択肢が存在しており、それらの選択肢は「とりわけ、里親託置、イスラム法のカファラ、養子縁組、または必要な場合には子どもの養護に適した施設での措置」として第20条3項で明示的に認められている。これらの選択肢からいずれかのものを選ぶにあたっては、このような子どもが、家庭環境とのつながりを失っただけではなく、さらに出身国の外にいるというとくに被害を受けやすい立場に置かれていること、ならびに子どもの年齢およびジェンダーが考慮に入れられるべきである。とりわけ、子どもの養育に継続性が望まれること、ならびに、特定、登録および記録の手続の過程で評価された民族的、宗教的、文化的および言語的背景に正当な考慮が払われなければならない。このようなケアおよび居住の手配にあたっては、次のような基準が遵守されるべきである。

−子どもは原則として自由を奪われるべきではない。

−養育の継続性を確保するため、かつ子どもの最善の利益を考慮し、保護者のいない子どもおよび養育者から分離された子どもの居所の変更は、それが子ども

の最善の利益にかなう場合に限られるべきである。

－家族の統合の原則に従い、きょうだいは一緒にいられるようにされるべきである。

－成人の親族とともに到着した子どもまたはすでに成人の親族が当該庇護国に住んでいる子どもは、子どもの最善の利益に反しないかぎり、その成人とともに暮らすことを認められるべきである。このような子どもがとくに被害を受けやすい立場に置かれていることに鑑み、社会福祉機関の職員による定期的評価が求められる。

－保護者のいない子どもまたは養育者から分離された子どもに対してどのようなケアおよび居住の手配が行われたかにかかわらず、子どもの身体的および心理社会的健康、ドメスティック・バイオレンスまたは搾取からの保護ならびに教育上および職業上のスキルおよび機会へのアクセスを確保する目的で、資格のある職員による定期的な監督および評価が維持されなければならない。

－国その他の機関は、保護者のいない子どもまたは養育者から分離された子どもであって子どもが筆頭者である世帯で暮らす子どもの権利の効果的保護を確保するための措置をとらなければならない。

－大規模な緊急事態の場合、保護者のいない子どもに対し、適当な最も短い期間で暫定的ケアが提供されなければならない。このような暫定的ケアは、子どもの一般的発達を奨励するような環境における子どもの安全ならびに身体的および情緒的ケアを提供するようなものとする。

－子どもは、自分のために行われるケアの手配についてつねに情報を知らされなければならず、かつ子どもの意見が考慮に入れられなければならない。

(d) 教育への全面的アクセス（第28条、第29条1項(c)、第30条および第32条）

41. 国は、避難のサイクルのあらゆる段階で教育へのアクセスが維持されることを確保するべきである。保護者のいない子どもおよび養育者から分離された子どもはすべて、その地位にかかわらず、条約第28条、第29条1項(c)、第30条および第32条ならびに委員会が発展させてきた一般原則に従い、入国した国において教育に全面的にアクセスできなければならない。このようなアクセスは差別なく認められるべきであり、かつ、養育者から分離された女子および保護者のいない女子は、あらゆるレベルの職業訓練を含む公式のおよび非公式の教育に平等にアクセスできる必要がある。質の高い教育へのアクセスは、特別なニーズを有する子ども、とくに障害のある子どもに対しても確保されるべきである。

42. 保護者のいない子どもまたは養育者から分離された子どもは、可能なかぎり早期に適切な学校当局に登録され、かつ学習の機会を最大限に高めるための援助を提供されるべきである。保護者のいない子どもおよび養育者から分離された子どもはすべて、その母語の維持および発展を含む文化的アイデンティティおよび価値を維持する権利を有する。すべての青少年は職業訓練もしくは職業教育または専門職養成のための訓練または教育への参加を認められるべきであり、幼い子どもに対しては早期学習プログラムが利用可能とされるべきである。国は、保護者のいない子どもまたは養育者から分離された子どもが、とくに移転、再定住または帰還

の準備にあたって、その教育水準を示した履修証明書その他の書類を提供されることを確保するよう求められる。

43．国は、とくに政府の能力が限られている場合には、保護者のいない子どもおよび養育者から分離された子どもの教育上のニーズを満たすために、ユニセフ、国連教育科学文化機関（ユネスコ）、UNHCRその他の国連機関がそれぞれの権限内で提供する援助ならびに適切な場合にはその他の権限ある政府間機関または非政府組織が提供する援助を受け入れ、かつ促進しなければならない（第22条2項）。

(e)**十分な生活水準に対する権利（第27条）**

44．国は、養育者から分離された子どもおよび保護者のいない子どもがその身体的、精神的、霊的および道徳的発達のために十分な生活水準を享受することを確保するべきである。条約第27条2項に従い、国はとりわけ、とくに栄養、衣服および住居に関して物的援助および支援プログラムを提供しなければならない。

45．国は、とくに政府の能力が限られている場合には、保護者のいない子どもおよび養育者から分離された子どもに対して十分な生活水準を保障するために、ユニセフ、ユネスコ、UNHCRその他の国連機関がそれぞれの権限内で提供する援助ならびに適切な場合にはその他の権限ある政府間機関または非政府組織が提供する援助を受け入れ、かつ促進しなければならない（第22条2項）。

(f)**到達可能な最高水準の健康ならびに疾病の治療および健康の回復のための便益を享受する権利（第23条、第24条および第39条）**

46．条約第24条に基づいて到達可能な最高水準の健康ならびに疾病の治療および健康の回復のための便益を享受する権利を実施する際、国は、保護者のいない子どもおよび養育者から分離された子どもが、国民である子どもと同様に保健ケアにアクセスできることを確保する義務を負う。

47．これらの子どもによるアクセスを確保するにあたり、国は、これらの子どもの特別な苦境および被害を受けやすい立場を評価し、かつこれに対応しなければならない。国はとくに、保護者のいない子どもが家族構成員との分離を経ており、かつ、程度の差こそあれ喪失、トラウマ、混乱および暴力も経験していることを考慮に入れるべきである。これらの子どもの多く、とくに難民である子どもは、さらに戦争で苦しめられる国につきものである全面的暴力およびストレスを経験してきた。これによって根深い無力感が生み出され、他の者に対する子どもの信頼感が損なわれている場合がある。さらに、女子は武力紛争中に周縁化、貧困および苦痛の被害をとくに受けやすく、多くは武力紛争を背景とするジェンダーに基づく暴力を経験している可能性がある。影響を受けた子どもの多くが経験した深いトラウマにより、そのケアおよびリハビリテーションにおいては特別な配慮および注意が必要である。

48．条約第39条に基づく義務は、あらゆる形態の虐待、ネグレクト、搾取、拷問、残虐な、非人道的なかつ品位を傷つける取扱いまたは武力紛争の被害を受けた子

どもに対し、リハビリテーションのためのサービスを提供する国の義務を定めたものである。そのような回復および再統合を促進するため、文化的に適切なかつジェンダーに配慮した精神保健ケアが発展させられるべきであり、かつ有資格者による心理社会的カウンセリングが提供されるべきである。

49. 国は、とくに政府の能力が限られている場合には、保護者のいない子どもおよび養育者から分離された子どもの健康上および保健ケア上のニーズを満たすために、ユニセフ、ユネスコ、UNHCRその他の国連機関がそれぞれの権限内で提供する援助ならびに適切な場合にはその他の権限ある政府間機関または非政府組織が提供する援助を受け入れ、かつ促進しなければならない（第22条2項）。

(9) 人身取引ならびに性的その他の形態の搾取、虐待および暴力の防止（第34条、第35条および第36条）

50. 出身国以外の国にいる保護者のいない子どもまたは養育者から分離された子どもは、搾取および虐待をとくに受けやすい立場にある。女子は、性的搾取目的のものを含む人身取引の対象とされる危険性がとくに高い。

51. 条約第34条から第36条までの条項は、保護者のいない子どもおよび養育者から分離された子どもが人身取引ならびにその他の形態の搾取、虐待および暴力から保護されることを確保するため、条約第20条に従って提供されるべき特別な保護および援助の義務とあわせて理解されなければならない。

52. このような子どもの人身取引、または子どもがすでに人身取引の被害者である場合には「人身再取引」は、保護者のいない子どもまたは養育者から分離された子どもが直面する多くの危険のひとつである。子どもの人身取引は生命、生存および発達に対する権利（第6条）の充足を脅かす。条約第35条に従い、締約国は、そのような人身取引を防止するために適切な措置をとるべきである。必要な措置には、保護者のいない子どもおよび養育者から分離された子どもを特定すること、その所在を定期的に確認すること、および、年齢にふさわしくジェンダーに配慮した、かつ子どもが理解できる言語および媒体を用いた広報キャンペーンを行うことが含まれる。労働の規制および国境の通過に関しても、十分な立法の制定および効果的な執行機構の確立を行うべきである。

53. すでに人身取引の被害者となり、それによって保護者のいないまたは養育者から分離された状態がもたらされた子どもにとっても、大きな危険性が存在する。このような子どもは処罰されるべきではなく、重大な人権侵害の被害者として援助を受けられるべきである。人身取引の対象とされた子どものなかには1951年難民条約に基づき難民として認められる資格を有する者がいる場合があり、国は、保護者のいない子どもおよび養育者から分離された子どもが庇護を希望する場合、またはそのような子どもに関して国際的保護のニーズが存在するその他の兆候がある場合には、そのような子どもが庇護手続にアクセスできることを確保するよう求められる。再び人身取引の対象とされるおそれのある子どもは、帰還がその最善の利益にかない、かつ保護のための適切な措置がとられた場合でなければ出身国に帰還させられるべきではない。国は、帰

還がその最善の利益にかなわないときは、人身取引の対象とされた子どもを保護するための補完的措置を検討するべきである。

(h)軍事的徴用の防止および戦争の影響からの保護（第38条および第39条）
徴用の防止
　54．条約第38条ならびに武力紛争への子どもの関与に関する子どもの権利条約の選択議定書第3条および第4条から派生する国の義務は、保護者のいない子どもおよび養育者から分離された子どもにも適用される。国は、そのような子どもがいずれかの紛争当事者によって徴用または使用されることを防止するためにあらゆる必要な措置をとらなければならない。このことは、部隊から脱走し、ふたたび徴用されることからの保護を必要とする元子ども兵士についても当てはまる。
ケアの手配
　55．保護者のいない子どもおよび養育者から分離された子どものケアの手配は、いずれかの紛争当事者によるその徴用、再徴用または使用を防止するような方法で行われなければならない。後見の権限は、紛争に直接間接に関与している個人または機関に対して与えられるべきではない。
元子ども兵士
　56．子ども兵士は、第一義的には武力紛争の被害者と見なされるべきである。元子ども兵士は、紛争の終結とともにまたは脱走後に保護者のいないまたは養育者から分離された状態に置かれることが多く、必要な心理社会的カウンセリングを含め、通常の生活への再統合を可能にするあらゆる必要な支援サービスを与えられなければならない。このような子どもは、〔子ども兵士の〕特定および分離のためのいかなる活動においても優先的に特定および動員解除されることが求められる。子ども兵士、とくに保護者のいないまたは養育者から分離された子ども兵士は通常抑留されるべきではなく、むしろとくに動員解除およびリハビリテーションに関する特別な保護および援助の措置から利益を受けられるべきである。兵士としてまたは他のいずれかの立場で軍と関係していた女子の再統合を支援および促進するために、特段の努力が行われなければならない。
　57．一定の状況下において、たとえば子ども兵士が重大な安全保障上の脅威となるなど、15歳以上の子ども兵士の例外的抑留が不可避でありかつ国際人権法および国際人道法に違反しないときは、そのような抑留の環境は条約第37条および少年司法関連の国際基準を含む国際基準に従ったものであるべきであり、かつ家族追跡のための努力およびリハビリテーション・プログラムへの優先的参加が妨げられるべきではない。
ノン・ルフールマン
　58．法定年齢に満たない者の徴用および敵対行為への参加には、生命に対する権利を含む基本的人権に関わって回復不可能な危害が及ぶ高い危険性が伴うので、条約第38条を武力紛争への子どもの関与に関する子どもの権利条約の選択議定書第3条および第4条とあわせて理解した場合に派生する国の義務には域外適用効果が生ずるのであり、国は、法定年齢に満たない者の徴用（戦闘員としての徴用のみならず軍に性的サービスを提供させるための徴用も含む）が行われる現実の危険が存在する国、または戦闘員としても

しくはその他の軍務の遂行を通じて敵対行為に直接または間接的に参加させられる現実の危険が存在する国の国境に、いかなる方法でも子どもを帰還させてはならない。

子どもに特有の迫害の形態および表れ3)

59. 委員会は、年齢とジェンダーに配慮した庇護手続および年齢とジェンダーに配慮した難民の定義の解釈の必要性を想起するよう各国に求めるとともに、法定年齢に満たない者の徴用(性的サービスまたは軍〔要員〕との強制婚を目的とした女子の徴用も含む)および敵対行為への直接間接の参加は重大な人権侵害であって、したがって迫害であることを強調する。そのような徴用または敵対行為への参加の対象にされるという十分に理由のある恐怖が「人種、宗教、国籍もしくは特定の社会的集団の構成員であることまたは政治的意見を理由」とするものであるときは、難民資格が認定されるべきである(1951年難民条約第1条A(2))。

リハビリテーションおよび回復

60. 国は、必要な場合には国際機関およびNGOと協力しながら、武力紛争の影響を受けた保護者のいない子どもおよび養育者から分離された子どもを対象とした、包括的かつ年齢およびジェンダーに配慮した心理的支援および援助の制度を発展させなければならない。

(i) 自由の剥奪の防止および自由が剥奪された場合の取扱い

61. 条約第37条および子どもの最善の利益の原則を適用することにより、保護者のいない子どもまたは養育者から分離された子どもは拘禁されるべきではないというのが一般的原則である。拘禁は、子どもが保護者のいないもしくは養育者から分離された状態にあること、ないしはその移住者としての資格もしくは在留資格またはその欠如のみを理由として、正当化することはできない。その他の理由により拘禁が例外的に正当と認められるときは、拘禁が関連国の法律に従って行われ、また最後の手段としてかつ最も短い適当な期間でのみ用いられることを求めた条約第37条(b)に従って行われる必要がある。したがって、保護者のいない子どもまたは養育者から分離された子どもを拘禁から直ちに解放して他の形態の適切な居住先に措置できるよう、関連の手続の迅速化を含むあらゆる努力が行われるべきである。

62. 国内法上の要件に加えて、国際的義務も拘禁を規律する法律の一部をなす。庇護希望者である子ども、保護者のいない子どもおよび養育者から分離された子どもに関して、国はとくに1951年難民条約第31条1項から派生する自国の義務を尊重しなければならない。国はさらに、保護者のいない子どもまたは養育者から分離された子どもが国に不法に入国または滞在することは、そのような入国または滞在がその子どもの基本的人権の侵害を防止する唯一の方法である場合、法の一般原則に従って正当化される場合があることも考慮に入れるべきである。より一般的には、人身取引および搾取の被害を受けた子どもを含む保護者のいない子ども

---

3) 子どもに特有の迫害の形態および表れについてさらに詳しくは、後掲Ⅵ(d)「子どもに特有の性質の迫害を考慮に入れた、子どもに配慮した保護のニーズの評価」参照。

または養育者から分離された子どもに関する政策を策定するにあたり、国は、そのような子どもが不法な入国または滞在のみを理由として犯罪者とされることがないことを確保するよう求められる。

63. 例外的に拘禁が行われる場合、拘禁の環境は子どもの最善の利益によって規律され、かつ条約第37条(a)および(c)ならびにその他の国際法上の義務が全面的に尊重されなければならない。子どもにふさわしく、かつ子どもが成人から分離される（ただしそうしないことが子どもの最善の利益にかなう場合にはこのかぎりでない）生活区画が特別に用意されなければならない。実際のところ、このようなプログラムの基調をなすアプローチは「拘禁」ではなく「ケア」であるべきである。施設は、文化的に適切なコミュニティ資源および法的援助へのアクセスが利用できない孤立した地域に設けられるべきではない。子どもには、友人、親族、宗教的、社会的および法的助言者ならびに保護者と定期的に接触し、かつこれらの人々による訪問を受ける機会が保障されるべきである。また、基本的必要を満たすためのあらゆる便益ならびに必要な場合には適切な治療および心理カウンセリングを受ける機会も保障されるべきである。拘禁期間中も子どもは教育に対する権利を有するのであって、このような教育は、理想的には、釈放後の教育の継続を促進するために拘禁施設外で行われなければならない。子どもはまた、条約第31条で定められているようにレクリエーションおよび遊びに対する権利も有する。条約第37条(d)が定める権利を効果的に保障するため、保護者のいない子どもまたは養育者から分離された子どもが自由を奪われたときには、法的その他の適切な援助に対する迅速かつ無償のアクセス（法定代理人の任命を含む）が提供されなければならない。

Ⅵ. 庇護手続へのアクセス、法的保障および庇護に関する権利

(a) 全般

64. 難民の地位を得ようとする子どもが、保護者のいない子どもであるか養育者から分離された子どもであるかにかかわらず適切な保護を受けることを確保するために「適切な措置」をとるという、条約第22条から派生する義務には、とりわけ、しかるべき形で機能する庇護制度を設置する責任、ならびに、とくに、保護者のいない子どもおよび養育者から分離された子どもの特別な取扱いについて定めた法律を制定し、かつ、条約および自国が締約国となっている国際人権文書、国際難民保護文書または国際人道文書に定められた適用可能な権利に従ってこのような取扱いを実現するために必要な能力を構築する責任が伴う。このような能力構築の努力を実行するにあたって資源の制約に直面している国は、UNHCRが提供するものを含む国際援助を求めるよう強く奨励されるところである。

65. 第22条に基づく義務および国際難民法から派生する義務が補完的性質のものであり、かつ統合された基準が望ましいことを考慮に入れ、国は、条約第22条を実施するにあたり、漸進的に発展しつつある難民関連の国際基準を適用するべきである。

(b)年齢にかかわらず庇護手続にアクセスする権利

66．保護者のいない子どもまたは養育者から分離された子どもを含む庇護希望者である子どもは、その年齢にかかわらず、庇護手続および国際的保護を提供するその他の補完的機構にアクセスできなければならない。子どもが、人種、宗教、国籍、特定の社会的集団の構成員であることまたは政治的意見を理由として迫害を受けるおそれがあるという十分に理由のある恐怖を有している可能性があること、もしくは、たとえ具体的恐怖を詳細かつ明示的に説明することができなくとも、客観的に見てそのようなおそれがあること、またはその他の理由で国際的保護を必要としていることを示す事実が特定および登録の手続の過程で明らかになったときは、そのような子どもは、庇護手続および（または）関連する場合には国際法および国内法に基づく補完的保護を提供する機構に付託されるべきである。

67．国際的保護を必要としていることが明らかでない保護者のいない子どもまたは養育者から分離された子どもは、自動的にまたはその他の方法で庇護手続に付託されるべきではなく、青少年福祉立法で定められているもののような他の関連の子ども保護機構に従って保護されなければならない。

(c)手続的保障および支援措置（第3条3項）

68．条約第22条1項で求められている適切な措置をとるにあたっては、保護者のいない子どもおよび養育者から分離された子どもがとくに権利を侵害されやすい立場に置かれていることならびに国内法上の枠組みおよび条件が考慮に入れられなければならない。このような措置をとるにあたっては、次の考慮事項が指針とされるべきである。

69．庇護希望者である子どもには、子どもの背景に精通しており、かつその最善の利益を代弁する権限および能力のある成人が代理人としてつくべきである（Ⅴ(b)「後見人または助言者もしくは〔および〕法定代理人の任命」参照）。保護者のいない子どもまたは養育者から分離された子どもはまた、難民申請が成人対象の通常手続のもとで処理される場合も含め、あらゆる場合に、資格のある法定代理人に無償でアクセスできることが求められる。

70．保護者のいない子どもおよび養育者から分離された子どもが行った難民申請は優先的に取り扱われなければならず、迅速かつ公正に決定を言い渡すためにあらゆる努力が行われるべきである。

71．最低限の手続的保障には、申請についての判断が、庇護および難民の問題について全面的に資格を有する権限のある公的機関によって行われなければならないという要件が含まれるべきである。子どもの年齢および成熟度によって可能である場合、最終決定が行われる前に、資格のある職員による子ども個人の事情聴取の機会が与えられることが求められる。子どもが資格のある職員と共通言語によって直接に意思疎通できないときはつねに、資格のある通訳による援助が追求されるべきである。さらに、子どもの話に関して信憑性の問題が生じた場合には「疑わしきは子どもの利益に」解されるべきであり、また決定の正式な再審査を求めて異議申立を行う可能性も認められることが求められる。

72.　事情聴取は難民認定機関の代表によって実施されるべきであり、当該代表は、難民資格評価を行い、かつ子どもの生育史、文化および背景に関する理解を適用するために、保護者のいない子どもの特別な状況を考慮に入れることが求められる。評価手続は、それぞれの子どもが提示する諸要素（子どもの個人的、家族的および文化的背景を含む）の独特な組合せを個別事案ごとに検討することから構成されるべきである。後見人および法定代理人の立会いが、あらゆる事情聴取について求められる。

73.　大規模な難民の移動であって個々の難民認定が不可能な場合、国はある集団の構成員全員に難民資格を付与する場合がある。このような状況にあっては、保護者のいない子どもまたは養育者から分離された子どもも全員、当該集団の他の構成員と同様の地位を付与される権利がある。

(d)子どもに特有の性質の迫害を考慮に入れた、子どもに配慮した保護のニーズの評価

74.　保護者のいない子どもまたは養育者から分離された子どもの難民申請を評価するにあたって、国は、国際人権法および国際難民法（UNHCRが1951年難民条約に基づく監督機能を行使しながら発展させてきた見解を含む）の発展ならびに両者間の相互形成的関係を考慮に入れなければならない。とくに、1951年難民条約の難民の定義は、子どもが経験する迫害の特別な動機ならびに形態および表れを考慮に入れ、年齢およびジェンダーに配慮した方法で解釈されなければならない。親族の迫害、法定年齢に満たない者の徴用、売買春目的の子どもの人身取引および性的搾取または女性性器切除の強要は、子どもに特有の迫害の形態および表れの一部であって、このような行為が1951年難民条約上の事由のいずれかと関連しているときは難民資格を付与することが正当と認められる場合がある。したがって国は、国内の難民認定手続において、このような子どもに特有の迫害の形態および表れならびにジェンダーに基づく暴力に最大限の注意を向けるべきである。

75.　子ども、とくに保護者のいない子どもまたは養育者から分離された子どもの地位認定手続に従事する職員は、子ども、文化およびジェンダーに配慮しながら国際難民法および国内難民法を適用することについての訓練を受けるべきである。子どもの庇護請求を適切に評価するため、マイノリティまたは周縁化されたグループに属する子どもを含む子どもの状況に関する情報が、出身国情報を収集する政府の努力に含められることが求められる。

(e)難民と認定された子どもによる国際難民法および国際人権法上のすべての権利の全面的享受（第22条）

76.　難民として認められて庇護を付与された保護者のいない子どもまたは養育者から分離された子どもは、1951年難民条約に基づく権利を享受するのみならず、国の領域内または管轄下にある子どもに付与されたすべての人権（領域内に合法的に滞在することが要件である権利も含む）を最大限に全面的に享受する権利を有する。

(f)補完的形態の保護から利益を受けられるべき子ども

77.　1951年難民条約に基づき難民資

格を付与する要件が満たされないときは、保護者のいない子どもおよび養育者から分離された子どもは、その保護のニーズによって決定される限度において利用可能な形態の補完的保護の利益を受けられなければならない。このような補完的形態の保護を適用したからといって、保護者のいない子どもおよび養育者から分離された子どもの特別な保護のニーズに対応する国の義務が免除されるわけではなく、したがって、補完的形態の保護を付与された子どもは、国の領域内または管轄下にある子どもに付与されたすべての人権（領域内に合法的に滞在することが要件である権利も含む）を最大限に全面的に享受する権利を有する。

78. 一般的に適用される諸原則および、とくに、自国の領域内にある保護者のいない子どもまたは養育者から分離された子どもについての国の責任に関わる諸原則に従い、難民資格を付与されず、かつ補完的形態の保護からも利益を得られない子どももなお、当該国の領域内および（または）管轄下に事実上とどまるかぎりにおいて、条約のあらゆる規範に基づく保護を享受する。

VII. 家族再統合、帰還およびその他の形態の恒久的解決策

(a) 全般

79. 保護者のいない子どもまたは養育者から分離された子どもの運命に対応するにあたって最終的にめざすべきは、その保護のニーズにすべて対応し、子どもの意見を考慮に入れ、かつ可能な場合にはつねに、保護者のいないまたは養育者から分離された状態の克服につながる、持続可能な解決策を見つけ出すことである。保護者のいない子どもまたは養育者から分離された子どものために持続可能な解決策を見つけ出す努力は、不当な遅滞なく、かつ可能であればつねに、保護者のいないまたは養育者から分離された状態にあると子どもが評価されたときから直ちに開始および実施されることが求められる。権利基盤型アプローチに従い、持続可能な解決策の追求は家族再統合の可能性の分析から開始される。

80. 家族の追跡は、持続可能な解決策を追求するうえで不可欠の要素であり、優先課題とされるべきである。ただし、追跡の行為またはその方法によって子どもの最善の利益に反する結果となり、または追跡の対象とされた者の基本的権利が脅かされると思われるときは、このかぎりでない。いずれにせよ、追跡活動を行うにあたっては、子どもが庇護希望者または難民であるかどうかが参照されるべきではない。このような追跡の努力は、以上のすべての条件に従いながら、庇護手続中にも継続されるべきである。庇護、補完的形態の保護もしくは国外退去を妨げるその他の法律上もしくは事実上の要因のいずれを理由とするかにかかわらず、受入国の領域にとどまっているすべての子どもを対象として、持続可能な解決策が追求されなければならない。

(b) 家族再統合

81. 子どもが親の意思に反して親から分離されないことを確保するという条約第9条上の国の義務を全面的に尊重する目的で、自己の意見を表明する子どもの権利（第12条）を全面的に考慮に入れなが

ら（IV(e)「自己の見解を自由に表明する権利」も参照）、子どもの最善の利益のためにさらなる分離が必要な場合を除き、保護者のいない子どもまたは養育者から分離された子どもを親元に帰すためにあらゆる努力が行われるべきである。第9条1項第2文に明示的に掲げられた考慮事項、とくに親による子どもの虐待またはネグレクトを伴う事案においてはいかなる場所における再統合も禁じられる可能性があるが、最善の利益に関わるその他の考慮事項は、特定の場所における再統合のみを妨げる要因となる場合がある。

82. 出身国における家族再統合は、そのような帰還が子どもの基本的人権の侵害につながる「合理的おそれ」があるときは子どもの最善の利益にかなうものではなく、したがって追求されるべきではない。このようなおそれは、難民資格を付与する際に、またはノン・ルフールマンの義務（拷問および他の残虐な、非人道的なまたは品位を傷つける取扱いまたは刑罰を禁止する条約第3条ならびに市民的および政治的権利に関する国際規約第6条および第7条から派生する義務を含む）の適用可能性に関する権限ある機関の決定の中に、争う余地のない形で記録されている。したがって、難民資格の付与は、出身国への帰還を、したがって出身国における家族再統合を妨げる法的拘束力のある要因である。出身国の状況に含まれるおそれはそれほど高いものではないが、子どもがたとえば一般化された暴力の無差別的影響を受ける懸念がある場合には、そのようなおそれに対して全面的な注意が向けられ、かつ、権利を基盤とするその他の考慮事項（さらなる分離がもたらす結果を含む）との均衡が図られなければならな

い。この文脈においては、子どもの生存が、このうえなく重要であり、かつその他のあらゆる権利を享受する前提でもあることが想起されなければならない。

83. 出身国における家族再統合が不可能な場合は、それが帰還を妨げる法的要因によるものであるか、最善の利益を基盤とする均衡性の検証によって帰還を否定する決定が行われたかにかかわらず、つねに条約第9条および第10条に基づく義務が発動されるのであり、自国における家族再統合についての受入国の決定においてもこれらの義務が指針とされるべきである。この文脈において、締約国はとくに、「家族再会を目的とする子どもまたは親の出入国の申請は、……締約国によって積極的、人道的および迅速な方法で取り扱われ」なければならないこと、および、そのような申請が「申請者および家族の構成員にいかなる不利な結果ももたら」してはならないこと（第10条1項）を、想起するよう求められる。出身国は、「子どもおよび親が自国を含むいずれの国からも離れ、自国へ戻る権利」を尊重しなければならない（第10条2項）。

(c)出身国への帰還

84. 出身国への帰還は、そのような帰還が子どもの基本的人権の侵害をもたらす「合理的おそれ」があるとき、およびとくにノン・ルフールマンの原則が適用されるときは、選択肢とはならない。出身国への帰還の手配は、原則として、そのような帰還が子どもの最善の利益にかなう場合にのみ行われなければならない。そのような判断を行うにあたっては、とくに次のことを考慮するよう求められる。

－適切な場合には社会ネットワーク機

関が実施する自国状況調査等によって判明した、帰還後の子どもを待ち受けている安全、安定および環境（社会経済的環境を含む）。

－その特定の子どものためのケア体制の利用可能性。

－第12条に基づく権利の行使の過程で表明された子どもの意見および養育者の意見。

－受入国への子どもの統合度および自国から離れていた期間。

－「国籍、名前および家族関係を含むそのアイデンティティを保全する」子どもの権利（第8条）。

－「子どもの養育に継続性が望まれること……ならびに子どもの民族的、宗教的、文化的および言語的背景」（第20条）。

85．親または拡大家族の構成員によって提供されるケアが利用できないときは、出身国への帰還は、出身国への帰還と同時にケアおよび監護責任を保障する確実かつ具体的な体制が事前に整っている場合でなければ、原則として行われるべきではない。

86．例外的に、子どもの最善の利益とその他の考慮事項との均衡を慎重に図った後であって、後者が権利を基盤とするものであってかつ子どもの最善の利益に優位するときは、出身国への帰還を手配することができる。子どもが国の安全または社会に対する重大な危険となるような状況がこれに該当しよう。一般的な出入国管理に関わるもののような権利を基盤としない主張は、最善の利益の考慮に優位することはできない。

87．帰還の措置は、あらゆる場合に、安全な、子どもにふさわしい、かつジェンダーに配慮した方法で実施されなければならない。

88．出身国はまた、この文脈において、条約第10条に基づく自国の義務、および、とくに「子どもおよび親が自国を含むいずれの国からも離れ、自国へ戻る権利」を尊重する義務を想起するようにも求められる。

(d)国内定着

89．法律上または事実上の事由により出身国への帰還が不可能であるときは、国内定着が第一義的選択肢である。国内定着は安定した法的地位（在留資格を含む）に基づくものでなければならず、かつ国内にとどまるすべての子どもに全面的に適用される条約上の権利によって規律されるものでなければならない。このことは、子どもの在留が難民認定によるものか、帰還を妨げるその他の法的要因によるものか、または最善の利益を基盤とする均衡性の検証によって帰還を否定する決定が行われたことによるものかにかかわらず、妥当する。

90．保護者のいない子どもまたは養育者から分離された子どもがコミュニティにとどまる旨の決定が行われると同時に、関連の公的機関は子どもの状況の評価を実施し、その後、子どもおよびその後見人と協議したうえで、地域コミュニティにおける適切な長期的ケア体制およびこのような定着を促進するために必要なその他の措置を決定するべきである。長期的措置は子どもの最善の利益を踏まえて決定されるべきであり、この段階においては、可能な場合にはつねに、施設養護は最後の手段としてのみ扱われることが求められる。保護者のいない子どもまたは養育者から分離された子どもは、国民である子ど

もが享受するのと同様に諸権利（教育、訓練、雇用および保健ケアに対する権利を含む）にアクセスできるべきである。保護者のいない子どもまたは養育者から分離された子どもがこれらの権利を全面的に享受することを確保するにあたって、受入国は、権利侵害を受けやすい子どもの立場に対応するための追加的措置（たとえば追加の言語訓練による措置）に対し、特別な注意を払わなければならない場合がある。

(e) 国際養子縁組（第21条）

91．国は、保護者のいない子どもおよび養育者から分離された子どもの養子縁組を検討するにあたり、条約第21条、ならびに、とくに国際養子縁組における子どもの保護および協力に関するハーグ条約（1993年）および「難民およびその他の国際的避難民である子どもへの適用」に関わる同条約の勧告（1994年）を含む、その他の関連の国際文書に定められた前提条件を全面的に尊重しなければならない。国はとくに次の条件を遵守するべきである。

－保護者のいない子どもまたは養育者から分離された子どもの養子縁組は、子どもが養子とされるべき立場にあることが確認された段階で初めて検討されるべきである。実務上、このことはとくに、家族の追跡および家族再統合に関わる努力が失敗したことまたは親が養子縁組に同意したことを意味する。親の同意ならびに養子縁組のために必要なその他の者、機関および公的機関の同意は、自由な、かつ十分な情報を得たうえでのものでなければならない。このことはとくに、当該同意が、金銭の支払いまたはいずれかの種類の補償によって引き出されたものではなく、かつ撤回されていないことを前提とする。

－保護者のいない子どもまたは養育者から分離された子どもは、緊急事態が高まっている時期に拙速に養子とされてはならない。

－いかなる養子縁組も、子どもの最善の利益にかなうものとして決定され、かつ適用可能な国内法、国際法および慣習法に従って実行されなければならない。

－あらゆる養子縁組手続において、子どもの年齢および成熟の度合いに応じてその意見が求められかつ考慮に入れられるべきである。この要件は、子どもがカウンセリングを受けるとともに、養子縁組、および同意が必要とされる場合には養子縁組への同意の帰結について、適切に情報を知らされていなければならないことを含意する。このような同意は自由に与えられたものでなければならず、金銭の支払いまたはいずれかの種類の補償によって引き出されたものであってはならない。

－居住国の親族による養子縁組が優先されなければならない。これが選択肢とならないときは、子どもの出身コミュニティまたは少なくとも子ども自身の文化に属するコミュニティにおける養子縁組が望ましいものとされる。

－養子縁組は、次の場合には検討されるべきではない。

　－家族の追跡が成功するという合理的希望があり、かつ家族再統合が子どもの最善の利益にかなっているとき。

　－養子縁組が子どもまたは親の明示的希望に反しているとき。

　－親またはその他の存命の家族構成員を追跡するあらゆる実行可能な措置

がとられてから合理的期間が経過していないとき。この期間は、状況、とくに適切な追跡を行う能力に関わる状況によって異なる場合があるが、追跡の手続は合理的な期間内に終了しなければならない。

－庇護国における養子縁組は、近い将来、安全かつ尊厳のある条件のもとに自主的帰還ができる可能性があるときは行われるべきではない。

(f)第三国における再定住

92．第三国における再定住は、出身国に帰還できず、かつ受入国において持続可能な解決策が構想できない保護者のいない子どもまたは養育者から分離された子どもにとって、持続可能な解決策となる場合がある。保護者のいない子どもまたは養育者から分離された子どもを再定住させるという決定は、とくに継続的な国際的その他の保護のニーズを考慮に入れた、最善の利益に関わる最新の、包括的かつ徹底的な評価に基づいて行われなければならない。再定住がとくに求められるのは、ルフールマンまたは滞在国における迫害もしくはその他の重大な人権侵害から子どもを効果的かつ持続的に保護するためにそれが唯一の手段である場合である。再定住はまた、それが再定住国における家族再統合に役立つのであれば、保護者のいない子どもまたは養育者から分離された子どもの最善の利益にもかなう。

93．再定住の決定に先立つ最善の利益評価の判断においては、次に掲げるもののようなその他の要因も考慮に入れる必要がある。すなわち、自国への子どもの帰還を妨げる法的その他の要因が持続すると思われる期間、自己のアイデンティティ（国籍および名前を含む）を保全する子どもの権利（第8条）、子どもの年齢、性別、情緒的状態、教育的および家族的背景、受入国におけるケアの継続性／不継続、子どもの養育に継続性が望まれることならびに子どもの民族的、宗教的、文化的および言語的背景（第20条）、自己の家族関係を保全する子どもの権利（第8条）、ならびに、自国、受入国または再定住国のいずれかにおける家族再結合の短期的、中期的および長期的可能性などである。保護者のいない子どもまたは養育者から分離された子どもは、再定住によって家族との再結合が阻害されまたは深刻に妨げられるときは、決して第三国における再定住の対象とされるべきではない。

94．国は、保護者のいない子どもおよび養育者から分離された子どもに関わるすべての再定住のニーズを満たすために、再定住の機会を提供するよう奨励される。

Ⅷ.研修、データおよび統計

(a)保護者のいない子どもおよび養育者から分離された子どもに対応する職員の訓練

95．保護者のいない子どもおよび養育者から分離された子どもとともに活動する職員およびその事案を取扱う職員の訓練に、特段の注意が払われるべきである。専門的訓練は、保護者のいない子どもおよび養育者から分離された子どもに対応する法定代理人、後見人、通訳その他の者にとっても同様に重要である。

96．このような訓練は、対象グループのニーズおよび権利にとくにあわせた内容とするべきである。にもかかわらず、鍵となるいくつかの要素はあらゆる訓練プログ

ラムに含めることが求められる。その要素には次のものが含まれる。
- 条約の原則および規定。
- 保護者のいない子どもおよび養育者から分離された子どもの出身国に関する知識。
- 適切な事情聴取の技法。
- 子どもの発達および心理。
- 文化的感受性および文化交流型コミュニケーション。

97．養成プログラムは、現職者学習および職能ネットワーク等を通じて定期的フォローアップの対象ともされるべきである。

(b)養育者から分離された子どもおよび保護者のいない子どもに関するデータおよび統計

98．委員会の経験が示すところによれば、保護者のいない子どもおよび養育者から分離された子どもに関わって収集されるデータおよび統計は到着者数および(または)庇護申請件数に限られる傾向がある。このようなデータは、これらの子どもの権利の実施を詳細に分析するためには不十分である。さらに、データおよび統計が異なるさまざまな省庁によって収集されていることが多いことは、さらなる分析を妨げる可能性があり、また守秘義務および子どものプライバシー権に関わる潜在的懸念を提起するものでもある。

99．したがって、保護者のいない子どもおよび養育者から分離された子どもに関する詳細かつ統合的なデータ収集システムを発展させることは、これらの子どもの権利を実施するための効果的政策を策定するうえで前提条件である。

100．このようなシステムにおいて収集されるデータには、理想的には、ひとりひとりの子どもに関する基礎的な人物データ(年齢、性別、出身国および国籍ならびに民族的グループを含む)、保護者のいない子どもであって入国を試みた子どもの総数および入国を拒否された子どもの人数、庇護申請件数、これらの子どもに対して任命された法定代理人および後見人の人数、法律上および出入国管理上の地位(たとえば庇護希望者、難民、一時在留許可等)、生活の手配(たとえば施設、家族と同居または自立生活等)、就学または職業訓練への参加、家族再統合、ならびに出身国に帰還した人数が含まれるべきであるが、これに限られるべきではない。これに加えて、締約国は、たとえば保護者のいない子どもおよび養育者から分離された子どもの失踪ならびに人身取引の影響といった、十分な対応が行われないままの問題の分析を可能とする質的データの収集も検討するべきである。

(訳：平野裕二／ARC代表)

※本文中（　）は原文のまま、〔　〕は訳者による補足・訂正等。
※平野裕二の子どもの権利・国際情報サイトhttp://homepage2.nifty.com/childrights/より再掲。

資料5

人種差別撤廃委員会 一般的勧告31（2005）
刑事司法制度の運営および機能における人種差別の防止

2005年6月17日第67会期採択
A/60/18 pp.98-108

人種差別の撤廃に関する委員会は、

あらゆる形態の人種差別の撤廃に関する国際条約第1条が定める人種差別の定義を想起し、

締約国が、とくに裁判所その他のすべての裁判および審判を行う機関の前での平等な取扱いについての権利の享有にあたり、人種、皮膚の色または民族的もしくは種族的出身による差別なしに、すべての者が法律の前に平等であるという権利を保障する義務を有するとする、条約第5条(a)の規定を想起し、

条約第6条が、締約国に対して、自国の管轄の下にあるすべての者に対し、権限のある自国の裁判所および他の国家機関を通じて、あらゆる人種差別の行為に対する効果的な保護および救済措置を確保し、ならびにその差別の結果として被ったあらゆる損害に対し、公正かつ適正な賠償または救済を当該裁判所に求める権利を確保することを求めていることを想起し、

「刑事法制度の機能および法令の適用、ならびに法令の執行に責任を有する機関および個人の行動や態度においていくらかの国で存続している人種主義、人種差別、外国人排斥および関連する不寛容、とくに、それらが原因となって、被拘禁者に占める一定の集団の割合が不均衡に多い場合には、それらを完全に否認する」と表明した、「人種主義、人種差別、外国人排斥および関連する不寛容に対するダーバン世界会議」が採択した宣言第25項に言及し、

刑事司法制度における差別に関する、「人権委員会」および「人権の促進および保護に関する小委員会」の作業（E/CN.4/Sub.2/2005/7）に言及し、

現代的な形態の人種主義、人種差別、外国人排斥および関連する不寛容に関する特別報告者の報告書に留意し、

1951年の「難民の地位に関する条約」、とくに、「難民は、すべての締約国の領域において、自由に裁判を受ける権利を有する」と規定する第16条に言及し、

締約国から提出された報告書に関する委員会の結論、ならびに、「ロマに対する差別に関する一般的な性格を有する勧告27」、「世系に基づく差別に関する一般的な性格を有する勧告29」および「市民でない者に対する差別に関する一般的な性格を有する勧告30」における裁判制度の機能に関する見解に留意し、

裁判制度が公平であり、人種主義、人種差別または外国人排斥の影響を受けていないとみなされうる場合であっても、裁判制度の運営および機能において人種差

別または民族差別が存在するときには、司法制度のまさにその役割としてその保護の対象となるべき集団に属する者に対して当該差別がもつ直接的な効果により、当該差別が、法の支配、法の前の平等原則、公正な裁判の原則、および独立かつ公平な裁判を受ける権利のとくに重大な侵害となることを確信し、

適用される法令の形態、および現行司法制度の形態（弾劾的であると、糾問的であると、またはその混合的であるとを問わない）にかかわりなく、刑事司法制度の運営および機能において人種差別のない国はないことを考慮し、

住民の一定の部分および一定の法執行官の間に偏見および外国人排斥または不寛容の感情を助長する、一定の移民および人の移動の増大の結果を理由の一部とし、また、とくに反アラブ感情または反イスラム感情の発生を助長しつつある、多くの国が採用した安全保障政策および反テロリズム措置の結果を理由の一部とし、さらに、多くの国における反ユダヤ主義的感情に対する対応として、刑事司法制度の運営および機能における差別の危険性が、近年、増大しつつあることを考慮し、

社会において排除、周縁化および非統合にとくにさらされている、世界のすべての国における人種集団または民族集団に属する者、とくに、市民でない者（移民、難民、庇護申請者および無国籍者を含む）、ロマ／ジプシー、先住民族、避難民、世系を理由に差別を受けている者、ならびにその他の脆弱な集団が被っているおそれのある、刑事司法制度の運営および機能におけるあらゆる形態の差別と戦うことを決意し（その際、人種とともに、性または年齢を理由に複合的な差別を受けやすい、上記集団に属する女性および子どもの状況に特別の注意を払うものとする）、

締約国に宛てて、以下の勧告を策定する。

I. 一般的措置

A. 刑事司法制度の運営および機能における人種差別の存在および範囲をよりよく評価するためにとられるべき措置、当該差別の証拠となる指標の探求

1. 事実の指標

1. 締約国は、人種差別のありうる下記の指標に最大限の注意を払うべきである。

(a) 前文の最終項にいう集団に属する者であって、暴行傷害その他の犯罪（とくに、それらの犯罪が警察官その他の公務員によって行われる場合）の犠牲者であるものの数および割合。

(b) 国において人種差別行為の苦情、訴追および有罪判決が存在しないこと、またはそれが少数であること。そのような統計値は、いくらかの国の確信に反して、必ずしも肯定的なものとみなされるべきではない。そのような統計値が同時に示す可能性のあることは、犠牲者が自らの権利に関する不十分な情報しか得ていないこと、社会的な非難や報復をおそれていること、限られた資源しかもたない犠牲者が司法過程のコストや複雑さをおそれていること、警察当局および司法当局に対する信頼性が欠如していること、または、関係当局が人種主義を伴う犯罪に不十分にしか注意もしくは認識していないこと、である。

(c) 前文の最終項にいう集団に属する者に対する法執行官の行動に関する情報がないか、不十分であること。

(d) これらの集団に属する者が社会から

排除され、または統合されていないことの指標としての、当該者の犯罪(とくに軽微な路上犯罪、薬物および売春関連の犯罪)率が高率であること。

(e)拘禁センター、刑務所、精神衛生施設または空港の収容区画に拘禁され、または予防拘禁されている、これらの集団に属する者の数および割合。

(f)裁判所が、これらの集団に属する者に対してより厳しいまたは不適切な判決を言い渡すこと。

(g)警察、司法制度(裁判官および陪審員を含む)およびその他の法執行部門の上級官において、これらの集団に属する者が十分に代表されていないこと。

2. これらの事実指標が周知され、使用されるようにするため、締約国は、警察当局、司法当局および拘禁当局、行政当局から、秘密性、匿名性および個人情報の保護基準を尊重しつつ、定期的かつ公的な情報収集を開始するべきである。

3. とくに、締約国は、人種主義行為および外国人排斥行為に関する苦情、訴追および有罪判決、ならびに、かかる行為の犠牲者に支払われた賠償(当該賠償が犯罪の実行者によって支払われたと、公的基金から支出される国家賠償計画に基づいて支払われたとを問わない)に関する包括的な統計情報その他の情報を利用するべきである。

2.立法上の指標

4. 下記のものは、人種差別の潜在的な原因を示す指標とみなされるべきである。

(a)人種差別に関する国内法令におけるギャップ。この点で、締約国は、条約第4条の義務を十分に履行し、同条が規定するようにすべての人種主義行為を処罰するようにするべきである。とくに、人種的優越または憎悪に基づく思想の流布、人種的憎悪の扇動、暴力または人種的暴力の扇動、ならびに、人種主義的宣伝活動および人種主義的団体への参加である。締約国は、また、人種を理由として犯罪を犯したことが、一般に刑の加重理由となる旨の規定を刑事立法の中に組み入れるよう奨励される。

(b)一定の国内法令、とくに、テロリズム、出入国管理、国籍、市民でない者の国からの追放に関する国内法令、ならびに、一定の集団または一定の社会の構成員を正当な理由なく処罰する効果をもつ法令の、間接的な差別的効果。国家は、かかる立法の差別的効果を撤廃するよう努めるべきであり、いかなる場合においても、前文の最終項にいう集団に属する者への国内法令の適用における比例性の原則を尊重するよう努めるべきである。

B.刑事司法制度の運営および機能における人種差別を防止するために発展させられるべき戦略

5. 締約国は、次のことも含む目標をもつ国家戦略を追求するべきである。

(a)人種差別的効果をもつ法令を撤廃すること。とくに、一定の集団に属する者によってのみ実行されうる行為を処罰することにより、当該集団を間接的に標的とする法令、正当な理由なく市民でない者にのみ適用される法令、または、比例性の原則を尊重しない法令。

(b)適切な教育計画によって、法執行官、警察職員、司法制度関係施設、刑務所、精神衛生施設、社会サービスおよび医療サービス関係者に対して、人種集団または民族集団の間の人権、寛容および友好

関係ならびに文化間関係に対する鋭敏化に関する訓練を発展させること。

(c)偏見と戦い、信頼関係を創造するために、警察当局および司法当局と、前文の最終項にいう種々の集団の代表との間の対話と協力を促進すること。

(d)警察および司法制度において、人種集団および民族集団に属する者の適切な代表性を促進すること。

(e)国際人権法に合致した先住民族の伝統的な司法制度の尊重と承認を確保すること。

(f)前文の最終項にいう集団に属する受刑者の文化的および宗教的慣行を考慮に入れるため、これらの受刑者に対する刑務所制度に必要な変更を行うこと。

(g)人の大規模移動の状況において、避難民のとくに脆弱な状況を考慮に入れるために、司法制度の運用に必要な暫定的措置をとり、および取決めを行うこと。とくに、避難民が滞在する場所に裁判所を分散させること、または移動裁判所を組織すること。

(h)紛争後の状況において、とくに関連する国連機関が提供する国際的技術的支援を利用に供することにより、関係国の全領域に法制度の再構築および法の支配の再確立のための計画を設けること。

(i)構造的人種差別の撤廃を目的とした国家行動戦略または計画を実施すること。これらの長期戦略には、特定の目標および行動ならびにその進展を評価しうる指標を含めるべきである。当該戦略にとくに含まれるべきものは、人種主義的事象または外国人排斥事象の防止、記録、調査および訴追、警察および司法制度との関係に関するすべての集団の満足度の評価、さまざまな人種集団または民族集団に属する者の司法制度職への募集および昇進のためのガイドラインである。

(j)人種差別に対する国家行動計画およびガイドラインに基づいてみられた進展を追跡し、監視しおよび評価すること、人種差別の隠れた表現形態を確認すること、ならびに、改善のための勧告および提案を提出することを、独立した国家機関の任務に委ねること。

II. 人種主義の犠牲者に対する人種差別を防止するためにとられるべき措置

A.法令および司法の利用

6．あらゆる形態の人種差別の撤廃に関する条約第6条に従い、締約国は、自国の管轄の下にあるすべての者に対して、いかなる差別もなく、かつ、人種差別行為(私人によって行われる場合であると、公務員よって行われる場合であるとを問わない)の実行者に対する効果的な措置を受ける権利、ならびに、被った損害に対する公正かつ適正な賠償を求める権利を保障する義務を有する。

7．人種主義の犠牲者に対して司法の利用を促進するため、締約国は、しばしば自己の権利を認識していない、最も脆弱な社会集団に属する者に対して必要な法情報を提供するよう努めるべきである。

8．この点で、締約国は、かかる個人が生活する場所において、無料の法的援助センター、法情報センターならびに調停および仲裁センターなどの施設を創設するべきである。

9．締約国は、また、周縁化された集団の権利および差別の防止を専門とする法

律家団体、大学施設、法律支援センター、および非政府組織との協力を拡大するべきである。

B.苦情を受理する権限を有する当局への事象の報告

10. 締約国は、前文の最終項にいう集団に属する者からの苦情が迅速に受理されうるようにするために、それらの者が居住する地域、地方、集団施設、キャンプまたはセンターにおいて、警察サービスが十分かつ利用しやすい形で存在することを確保するために必要な措置をとるべきである。

11. 苦情が迅速に登録され、調査が遅滞なくかつ効果的に、独立して公平に行われ、人種主義事象または外国人排斥事象に関するファイルが保持され、データベースに組み入れられるようにするために、権限のある当局に対して、警察施設において、人種主義行為の犠牲者を満足のゆくような方法で受け入れるように指示されるべきである。

12. 人種主義行為に関する苦情の受理を警察職員が拒否することは、懲戒上のまたは刑事上の制裁の対象となるべきであり、かかる制裁の程度は、腐敗が含まれている場合には、重罰化されるべきである。

13. 逆に、人権侵害、とくに人種差別に基づく人権侵害を実行するよう要求する命令または指示に従うことを拒否することは、すべての警察職員または公務員の権利であり義務であるべきである。締約国は、すべての職員が処罰のおそれなしにこの権利を援用する自由を保障するべきである。

14. 拷問、虐待または処刑の申立の場合には、「超法規的、恣意的および略式処刑の効果的な防止および調査に関する原則」1)および「拷問および他の残虐な、非人道的なまたは品位を傷つける取扱いまたは刑罰の効果的な調査および証拠資料に関する原則」2)に従って調査が行われるべきである。

C.司法手続の開始

15. 締約国は、検察官および訴追機関の構成員に対して、人種主義的行為の訴追の一般的な重要性を想起させるべきである。人種的な動機で行われたすべての犯罪は、社会の団結および社会全体を害するから、この人種主義的行為には、人種主義的動機をもって行われた軽微な犯罪も含むものとする。

16. 手続の開始に先立って、締約国は、犠牲者の権利を尊重するため、人種主義行為の犠牲者にとっての選択肢となり、かつ汚名や恥辱がより少ないものとなりうる、紛争解決のための準司法的手続（人権と両立する伝統的手続、仲裁または調停を含む）の使用を奨励することができる。

17. 人種主義行為の犠牲者が裁判所に訴訟をより提起しやすいようにするためにとられるべき措置は、次のものを含むべきである。

(a)人種主義および外国人排斥の犠牲者ならびにそれらの犠牲者の保護のための団体に対して手続上の地位を与えること。たとえば、これらの犠牲者と団体とが、刑事訴訟手続において無料で自己の権利を

---

1) 1989年5月24日の経済社会理事会決議1989/65において、同理事会が勧告したもの。
2) 2000年12月4日の国連総会決議55/89において、総会が勧告したもの。

主張することができる刑事訴訟手続その他の類似の手続において相互に協力する機会である。

(b)犠牲者に対して、効果的な司法的協力および法律扶助(無料の弁護人および通訳者の援助を含む)を与えること。

(c)犠牲者が手続の進行に関する情報を得るよう確保すること。

(d)すべての形態の脅迫または報復から犠牲者または犠牲者の家族を保護することを保障すること。

(e)苦情の対象となった公務員について、調査の継続中にその職務を停止する可能性を規定すること。

18. 犠牲者に対する援助計画および賠償計画が存在する国において、締約国は、かかる計画が、差別なく、かつ、その国籍または在留資格にかかわりなく、すべての犠牲者の利用に供するよう確保するべきである。

D.司法制度の機能

19. 締約国は、司法制度が次のことを確保するようにするべきである。

(a)苦情を申し立てた者が、審査手続および聴聞期間中に裁判官から聴聞され、情報を利用し、敵性証人と対決し、証拠に異議を申し立て、および手続の進行について通知を受けるようにすることによって、手続の全期間を通じて、犠牲者およびその家族ならびに証人に対して適切な場を与えること。

(b)とくに審理、尋問または対決が、人種主義に関する必要な敏感性をもって遂行されることを確保することを通じて、人種差別の犠牲者の尊厳を尊重しつつ、当該犠牲者を差別または偏見なく取り扱うこと。

(c)合理的な期間内に犠牲者に対して判決が下されることを保障すること。

(d)人種差別の結果とした被った物質的および精神的損害に対する正当で十分な賠償を保障すること。

III.司法手続に服している刑事被告人に対する人種差別を防止するためにとられるべき措置

A.尋問および逮捕

20. 締約国は、尋問、逮捕および捜索であって、実際には、人の身体的外観、当該者の皮膚の色もしくは特徴または人種集団もしくは民族集団の構成員であること、彼または彼女の容疑をより深めるステレオタイプにのみ基づくものを、防止するために必要な措置をとるべきである。

21. 締約国は、前文の最終項にいう集団に属する者に影響を及ぼす暴力、拷問行為、残虐な、非人道的なまたは品位を傷つける取扱いおよびすべての人権侵害であって、公務員(とくに、警察職員、軍職員、税関当局、ならびに空港、刑務所、社会的サービス、医療サービスおよび精神衛生サービスに従事する者)によるものを防止し、かつ、最も厳格に処罰をするべきである。

22. 締約国は、「法執行官による有形力および火器の使用に関する基本原則」3)に従い、前文の最終項にいう集団に属する

---

3)1990年8月27日から9月7日までハバナで開催された第5回「犯罪の防止および犯罪者の処遇に関する国際連合会議」が採択したもの。

者に対する有形力の使用において、比例性および厳格な必要性という一般原則の遵守を確保するべきである。

23．締約国は、また、逮捕されたすべての者に対し、その者が属する人種的、民族的または種族的集団がいかなるものであるかを問わず、関連する国際人権文書(とくに、「世界人権宣言」および「市民的及び政治的権利に関する国際規約」)が定める防御の基本的権利の享有を保障するべきである。とくに、恣意的に逮捕されまたは拘禁されない権利、逮捕の理由を告げられる権利、通訳者の援助を受ける権利、弁護人の援助を受ける権利、裁判官その他司法権を行使する権限を法律によって付与された当局の面前に速やかに連れて行かれる権利、「領事関係に関するウィーン条約」第36条が保障する領事の保護を受ける権利、ならびに、難民の場合には、難民高等弁務官事務所と接触する権利である。

24．行政拘禁センターまたは空港の拘禁地区に置かれている者については、締約国は、十分に相当な生活条件を享有することを確保するべきである。

25．最後に、前文の最終項にいう集団に属する者の尋問または逮捕について、締約国は、女性または未成年者の取扱いにおいては、その特別の脆弱性のゆえに、とくに注意を払うよう留意するべきである。

B．裁判前の拘禁

26．裁判前に拘禁されている者には、市民でない者および前文の最終項にいう集団に属する者が過度に多数含まれることを示す統計に留意し、締約国は、次のことを確保するべきである。

(a)人種集団もしくは民族集団または上記の集団の1つへの帰属という事実だけでは、その者を法律上または事実上、裁判前に拘禁する十分な理由とはならないこと。かかる裁判前の拘禁は、逃亡のおそれ、証拠隠滅もしくは証人への影響、または公の秩序の重大な障害のおそれなど、法令において規定された客観的な理由のみによって正当化されうる。

(b)裁判前に釈放されるために、保証措置または保証金を供託する義務が、上記の集団に属する者の状況に適した方法で適用されること。これらの者は、しばしば経済的に困窮した状況にあり、そのことによって、この義務が当該者への差別になるに至ることを防止するべきである。

(c)裁判前に釈放される条件として被疑者または被告人にしばしば要求される保証(定められた住所、雇用の告知、安定的な家族の絆)が、上記の集団の構成員であること(とくに女性および未成年者の場合)から生ずる可能性のある不安定な状況に照らして評価されること。

(d)裁判前に拘禁されている、上記の集団に属する者が、被拘禁者が関連する国際規範に基づいて享有するすべての権利、とくにそれらの者の事情にふさわしい権利を享有すること。とくに、宗教、文化および食糧に関してそれらの者の伝統が尊重される権利、家族と面接する権利、通訳者の援助を受ける権利、および、適切な場合には領事の援助を受ける権利、である。

C．裁判および判決

27．裁判前において、締約国は、適当な場合には、犯罪実行者(とくに、先住民族に属する者の場合)の文化または慣行の背景を考慮に入れて、犯罪を処理する非司法的または準司法的手続を優先する

ことができる。

28．一般に、締約国は、前文の最終項にいう集団に属する者が、他の者と同様に、関連する国際人権文書が規定する、公正な裁判および法の前の平等の保障をすべて享有することを確保しなければならない。とくに、次の権利である。

1.無罪の推定を受ける権利

29．この権利は、警察当局、司法当局その他の公の当局が、裁判所が結論に至る前に被告人の有罪について公然とその意見を表明すること、まして、特定の人種集団または民族集団の構成員であることに基づいて事前に疑惑を投げかけることが禁止されなければならないということを含む。これらの当局は、マス・メディアが、一定の種類の者（とくに、前文の最終項にいう集団に属する者）に汚名を着せるおそれのある情報を流布しないよう確保する義務を有する。

2.弁護人の援助を受ける権利および通訳を受ける権利

30．これらの権利を効果的に保障することは、締約国が、前文の最終項にいう集団に属する者への法律扶助または援助および通訳のサービスとともに、弁護人および通訳者が無料で割り当てられる制度を設置しなければならないということを含む。

3.独立かつ公平な裁判を受ける権利

31．締約国は、裁判官、陪審員およびその他の司法関係職員において、人種的偏見または外国人排斥的偏見がないよう確保するよう厳に努めるべきである。

32．締約国は、一定の集団に対して差別的効果をもつおそれのある、圧力集団、イデオロギー、宗教および教会による直接的な影響が司法制度および裁判官の決定に対して及ぶことを防止するべきである。

33．締約国は、この点について、2002年に採択された「司法の行動に関するバンガローレ原則」((E/CN.4/2003/65)を考慮に入れることができる。同原則は、とくに次のことを勧告する。

－裁判官は、社会の多様性、および背景（とくに人種的出身）と結合した相違を認識するべきであること。

－裁判官は、その言動によって、人種的その他の出身を理由として人または集団に対して偏見を表明するべきではないこと。

－裁判官は、すべての者（当事者、証人、法律家、裁判所職員および同僚など）に対して、正当化できない差別なしに適切な考慮を払ってその職務を遂行するべきであること。

－裁判官は、皮膚の色、人種的、民族的もしくは宗教的出身または性別その他の関連性のない理由に基づいて人または集団に対して、その指揮下にある者および法律家が偏見を表明し、または差別的態度をとることに反対するべきであること。

D.公平な処罰の保障

34．この点に関し、締約国は、被告人が特定の人種集団または民族集団の構成員であることのみに基づいて、裁判所がより厳格な刑罰を科することのないよう確保するべきである。

35．この点に関し、締約国は、一定の犯罪に適用される最低限の刑罰制度および義務的拘禁制度、ならびに死刑を廃止していない国における死刑に特別の注意を払うべきである。その際、特定の人種集団または民族集団に属する者に、より頻繁に死刑が科され、執行されているとする報

告に留意するべきである。

36. 先住民族に属する者の場合には、締約国は、先住民族の法制度に、より適合的な拘禁刑に代替する措置、その他の刑罰を優先するべきである。その際、とくに、「独立国家における先住民族および部族に関する国際労働機関第169号条約」に留意するべきである。

37. 市民でない者にのみ適用される刑罰（通常の法令に基づく刑罰に付加される、関係国からの退去強制または追放など）は、法令に規定され、公の秩序に関連する重大な理由に基づき、例外的な場合にのみ、かつ、比例するような態様においてのみ科されるべきである。また、これらの刑罰は、関係者の私的家族生活を尊重する必要性および享有する権利のある国際的保護を考慮に入れるべきである。

E.判決の執行

38. 前文の最終項にいう集団に属する者が拘禁刑に服する場合には、締約国は、次のことを行うべきである。

(a)当該者に対して、関連する国際規範に基づいて受刑者が享有することができるすべての権利、とくに、当該者の状況にふさわしい権利の享有を保障すること。とくに、宗教的慣行および文化的慣行が尊重される権利、家族と面接する権利、通訳者の援助を受ける権利、基本的な福祉を得る権利、および、適切な場合には領事の援助を受ける権利、である。受刑者に与えられる医療サービス、精神衛生サービスまたは社会サービスは、当該者の文化的背景を考慮に入れるべきである。

(b)権利が侵害されたすべての受刑者に対して、独立かつ公平な当局の前で効果的な救済を得る権利を保障すること。

(c)この点で、この分野の国連の諸規範に従うこと。とくに、「被拘禁者処遇最低基準規則」4)、「被拘禁者処遇基本原則」5)、および「すべての形態の拘禁の下になるすべての者の保護のための原則」6)である。

(d)適切な場合には、当該者が、その出身国において服役する機会を付与する、外国人被拘禁者の移送に関する国内法令および国際条約または二国間条約の規定から利益を受けることを認めること。

39. さらに、締約国において、刑務所を監視する責任を有する独立した当局は、人種差別の分野における専門知識を有する者、人種集団および民族集団その他前文の最終項にいう脆弱な集団の問題に関する健全な知識を有する者を含むべきである。適切な場合には、当該監視機関は、効果的な査察制度および苦情申立制度を有するべきである。

40. 市民でない者が、その領域から退去強制または追放される場合には、締約国は、難民および人権に関する国際規範に基づくノン・ルフールマンの義務を完全に履行するべきである。また、締約国は、当該者の人権の重大な違反を受けるおそれのある国または領域に送還されること

---

4) 1955年にジュネーヴで開催された第1回「犯罪の防止および犯罪者の処遇に関する国際連合会議」が採択し、1957年7月31日の経済社会理事会決議663 C (XXIV)および1977年5月13日の同理事会決議2076 (LXII)において、同理事会が承認したもの。
5) 1990年12月14日の国連総会決議45/111において、総会が採択し、宣言したもの。
6) 1988年12月9日の国連総会決議43/173において、総会が採択したもの。

のないよう確保するべきである。

41．最後に、前文の最終項にいう集団に属する女性および子どもについて、締約国は、当該者が刑の執行に関連して享有する権利のある特別の制度から利益を受けることができるよう確保するために、可能な最大限の注意を払うべきである。その際、家族の母、一定の集団、とくに先住民族集団に属する女性が直面する特別の困難性に留意するべきである。

（訳:村上正直／大阪大学大学院教授）

●アジア・太平洋地域の政府・NGOの動向

Towards Biwako plus 5

アジア太平洋第2次障害者10年
これまでを振り返って

1.はじめに

　2003年に口火を切ったアジア太平洋第2次障害者10年は今年で4年目を迎え、来年2007年には、中間年の評価と後半5年の戦略策定を主眼にしたハイレベル政府間会議が予定されている。今「10年」のはじめ、政策ガイドラインとして同意されたびわこミレニアム・フレームワーク（BMF）[1]は、①自助組織および家族・親の会、②女性障害者、③早期発見、介入および教育、④訓練および自営を含む雇用、⑤各種建築物・公共交通機関へのアクセス、⑥情報・通信および支援技術を含む情報通信のアクセス、⑦能力開発・社会保障・生計維持などによる貧困削減という7つの優先領域を定め、障害のある女性・男性が、これらの領域において、障害のない人と同等に、一個人としての権利を享受できる状態であることが望ましい、障害当事者は慈善の対象でなく、権利の主体であるべきだという姿勢を打ち出した。また、域内推定4億人の障害者の半数近くが絶対貧困（1日あたりの収入が1ドル以下）にあるとの現状判断から、開発にさらなる重点を置くことを主張し、その世界的枠組み、ミレニアム開発目標（MDG）[2]の貧困削減と教育普及を、障害の立場から書き直して、優先領域に入れた。

　国連アジア太平洋経済社会委員会（略称エスキャップ）[3]はこのBMFの実践を、会議や出版物、ウェブなどを通じて、域内政府、NGOに訴え続けてきた[4]。この間、とくに、障害をめぐる世界の動きが顕著になったことで、BMFのもともとの主張により説得力が増した。本稿では、まずその動きを文脈として捉え、次に、エスキャップの取組みやその域内の動きに視点を移し、紙面の許すかぎり報告してみたい。

---

[1]公式には「アジア太平洋障害者のための、インクルーシブでバリアフリー、かつ権利にもとづく社会に向けた行動のためのびわこミレニアム・フレームワーク」(Biwako Millennium Framework for Action towards an Inclusive, Barrier-free and Rights-based Society for Persons with Disabilities in Asia and the Pacific)。全文はhttp://www.unescap.org/esid/psis/disability/index.aspに掲載。
[2]開発目標は、①極度の貧困と飢餓の撲滅、②普遍的初等教育、③ジェンダー平等と女性の地位向上、④幼児死亡率の削減、⑤妊産婦の健康改善、⑥エイズ・マラリアその他疾病蔓延の防止、⑦持続可能な環境、⑧国際協力の推進の8つある。詳しくはhttp://www.undp.or.jp/mdgs/mdgs.htmlを参照。
[3]Economic and Social Commission for Asia and the Pacificの頭文字をとった略称。エスキャップは国連経済社会理事会のもとにある5つの地域委員会のひとつで、最大数の加盟国（62）によって成り立っている。
[4]これまでの活動についてhttp://www.unescap.org/esid/psis/disability/decadenew/newdecade.aspを参照。

2.障害をめぐる世界の動き

　世界の動きでまず取り上げたいのが、障害に特化した世界初の権利条約草案策定だ。2002年以降今年2006年3月まで、国連本部経済社会局主催のアドホック委員会が7回開催され、現段階では、34条からなる作業草案が次回第8回委員会（2006年8月）でのさらなる読込みを待つ。障害の定義、女性障害者や障害児に関する独立した条文を入れるか否か、障害者の法的能力や行為能力をどう解釈するか、強制介入についての立場の違い、代替雇用（作業所など一般の労働市場に位置づけられていない雇用の形態）の位置づけ、文化の違いの尊重、国内・世界各レベルでモニタリングをどう進めるのかなど、草案の内容や表現について、参加国の合意をとりつけるまでの議論はまだ残されている。が、草案策定作業は遅くとも2007年以内に終了させたいというのが現委員会の意向のようであり、条約の批准や国内適応もより現実的になってきた。これによって、慈善ではなく人権の課題として障害にアプローチすることが法的拘束力を持つ規範として政府に広められていく[5]。

　開発と障害の関連性がより多くの機関によって、アピールされるようになったことも目立つ。米国国際開発庁（USAID）や英国国際開発省（DFID）、国際協力機構（JICA）などが次々、従前の開発の事業方針やその実践に障害の視点を取り入れ、なおかつ障害に特化した事業を展開してくるようになった。世界銀行は2002年に障害者のアドバイザーを組織内に位置づけ、2003年には開発と障害のセミナーを開催。当時の総裁が、障害の問題に取り組まずして貧困削減は実現できないという趣旨の発言をし、この問題の重要性を訴えた。BMFが教育と貧困削減において試みたといえ、開発の世界的枠組みである8つのMDGは、障害については明確に言及していないし、それを行動規範とした開発機関などが、障害の視点をどこまで理解し、反映させているかは未知数だ。過去3年、この問題点がより指摘されるようになってきた。

3.エスキャップの取組みと域内の実態俯瞰

　エスキャップはこれまで年平均7回の会議を開催してきたが、毎年、権利条約に関してのワークショップを開催、2003年には、政府やNGOの意見の総意としてのバンコク草案を完成。これはBMFのニューヨークのアドホック委員会に提出され、初期草案のベースとなった。委員会には、この地域からタイの視覚障害者モンティアン・ブンタン氏などの当事者が政府団あるいはNGOの一

---

5) 詳しくはhttp://www.un.org/esa/socdev/enable/rights/adhoccom.htm、http://www.dinf.ne.jp/doc/japanese/rights/index.htmlを参照。

員として議論に積極的に参画し、当事者のもつ説得力を世界に披露した。開発に関しては、MDGの貧困削減や教育だけでなく、他の目標もすべて、障害者の視点から表現し直すとどうなるか、2005年のワークショップで明らかにし、その実践を訴えた。

BMF実践については、モニタリングを目的に、2004年、域内の政府に調査票を配布、関係法律の整備や統計、その他の取組みについての実態把握に取り組んでいる。これまで28政府から返答があり6)、その基本情報をまとめたカントリー・プロファイルがまもなく出版される予定だ。回答結果を見ると、先進国・発展途上国の違いなく、概して、障害者の権利向上、社会参加という概念は理解され、その概念を支柱にした法律や指針、活動計画などが急速に進められている（28回答中、21政府がこれらのいずれかがあると回答）。たとえば東ティモールでは、憲法に障害者の非差別の原則と権利擁護を明記し、各地で障害者当事者・開発関係者と協議した結果の行動指針案が2005年に策定され、政府の承認を待っている。また、この10年に入ってから、いわゆるオセアニア地域の急速な発展もうかがえる。2003年には、地域内の政府によってなる太平洋諸島フォーラムでBMFが承認され、以降クック諸島、バヌアツ、ソロモン諸島、パプアニューギニアなどで、障害者に関する包括的指針が策定され、法律の準備も進んでいる。

近い将来、権利条約が国内適応される際には、差別禁止法の果たす役割は大きい。エスキャップ域内で、アメリカの「障害のあるアメリカ人法（ADA）」のような差別禁止法があるのは、オーストラリア、香港（中国）、ニュージーランドだ。日本でその制定に向けた運動が高まっているのはいうまでもないが、韓国でも準備が進められている。タイでは、当事者のグループがその制定に向けた動きを2005年以降に開始。政府内の理解者を得、調査・研究を進めるそうだ。また、タイでは最近精神障害者の当事者団体ができ、この動きに参画していると聞いた。

一方、フィリピンではすでに1991年に非差別の原則を明文化した包括的な法律が成立したが、知るかぎりでは、訴訟自体がもたらされた報告がない。インドの包括的障害法も雇用における非差別を謳っているが、義務を負う側の経済力のある範囲でという条件が付加されている。両国の法律ともその実践や実効性の問題点を指摘されている。ただインドでは昨年、人権委員会が障害者の人権を国際法と国内法、あるいはBMFに照らし合わせて検討した報告書を発行、今後の動向が気になるところだ。

差別禁止法にかぎらず、法律や政策の実効性確保は、今後の課題だ。2004年エスキャップでは、そのモニタリング

---

6) 28政府はアフガニスタン、オーストラリア、バングラデシュ、ブータン、カンボジア、中国、クック諸島、フィジー、香港（中国）、インド、インドネシア、日本、カザフスタン、キリバス、ラオス、マレーシア、モルディブ、モンゴル、ネパール、パキスタン、フィリピン、韓国、シンガポール、ソロモン諸島、タイ、東ティモール、トルコ、ベトナムである。

の手法を検討するワークショップを開催したが、今2006年にはその経験をもとにしたマニュアルを発行する予定だ。

域内の具体的な取組みとして調査結果が明らかにしたのは、28回答国のうち15政府で雇用の割当て制度が設けられていること、13政府に建造物のアクセスに関する基準があり、8政府が現在策定中であることなどだった。また、14の政府では国内統一手話が確立されているが、ニュージーランドでは、現在国会で、手話公用語化法案の審議が進められている。フィリピンでは中央政府、地方自治体各々、行政機関内にて、予算の1％を障害者のために割り当てることが義務づけられた。

障害者の人口と、全人口比率に関しては、24カ国から回答があり、0.7％（クック諸島）から20％（オーストラリア）と、格差は大きい。これは障害の定義、データ集積の手法・資源の点でばらつきが激しいことを示している。

また、障害者の雇用率や学校入学率のデータを国として持っているところはごく少数に過ぎなかった。こうしたデータは、非障害者との格差を社会に示し、政策策定を促すのに説得力をもつ。国レベルもさることながら、村や地域単位でこのような指標を確立していくことは、かなり重要なことと思われる。こういったデータの広範な集積は今後の課題のひとつである。また、当事者の団体（開発の団体等）などがそのデータ集積の積極的担い手としても活躍できるのではないか。

4.おわりに

以上、ごく簡単ではあるが、ここのところの目立った動きをまとめてみた。域内政府には財政や人材、ノウハウなどの資源不足により、国際機関やNGOの協力なくしては、政策も実現できないところが少なくない。マクロなレベルで政策を促していくことと、ミクロなレベルでその実践・実態を確保していくことは引き続き課題だ。また、人権の観点が世界や地域で市民権を得てきているといいつつも、多くの障害当事者が農村地域に住み、ここで述べられていることの概念や動きを知らない状態にある。この意味でも、ミクロなコミュニティ・レベルでの当事者の生活と意識両面のエンパワメントがより重要であると思える。

エスキャップでは、引き続き、政府やNGOにBMF実践を促し、2006年は、本格的な中間評価と、2008年以降の戦略草案策定に本腰を入れていきたいと思う。

※本稿の見解は筆者個人のもので、国連あるいはエスキャップを代表するものでないことをご了承いただきたい。

（秋山愛子／国連アジア太平洋経済社会委員会（エスキャップ）障害プロジェクト専門家）

資料6

アジア・太平洋国内人権機関フォーラム最終声明

2005年8月24日〜26日第10回年次会合
モンゴル・ウランバートル

イントロダクション

1．モンゴル、アフガニスタン、オーストラリア、フィジー、インド、インドネシア、ヨルダン、マレーシア、ネパール、ニュージーランド、パレスチナ、フィリピン、カタール、韓国、スリランカ、タイ、そして東ティモールの国内人権機関により構成されるアジア・太平洋国内人権機関フォーラム（フォーラム）は、2005年8月24日〜26日にモンゴルのウランバートルにおいて第10回年次会合を開催した。

2．フォーラム評議員は会合を主催したモンゴル国家人権委員会、共催の国連人権高等弁務官事務所（OHCHR）および財政支援を提供したすべてのドナーに謝意を表明した。フォーラム評議員は、会合を組織したモンゴル国家人権委員会の委員、スタッフならびにフォーラム事務局に謝意を表明した。

3．フォーラムは法律家諮問評議会の参加をとくに歓迎し、彼らの働きを高く評価し謝意を表明した。フォーラムはモルディブ、イラン、ウズベキスタンおよびサウジアラビアの人権機関、35の国際、地域および国内のNGO、オーストラリア、カナダ、フランス、モンゴル、ニュージーランドおよび台湾、ならびにOHCHR、UNHCR、UNESCO、UNICEF、ILOからの各代表のオブザーバー参加を歓迎した。

4．モンゴル大統領であるEnkhbayar Nambar氏、モンゴル国家人権委員会のチーフコミッショナーでフォーラムの議長であるTserendorj Suren氏、国連人権高等弁務官であるルイーズ・アルブール氏の代行である国連のモンゴル常駐コーディネーターのPratibha Mehta氏の各氏が開会の辞を述べ、フォーラムの10周年を祝福した。

結論

フォーラムは、非公開のビジネス・セッションにおいて、

5．フォーラムの非公開のセッションにおいて「オブザーバー」の問題を議論し、フォーラム評議員の検討と決定のために事務局に対してこの問題に関するガイドラインを作成し提出することを要請した。

6．前回の年次会合以降のフォーラムの活動の報告を留意しフォーラム事務局の働きに謝意を表明した。フォーラム評議員はフォーラムの財政と管理に関する事務局の報告書を検討し2005年3月31日を最終期限とする財政報告書および監査報告書を採択した。フォーラム評議員は①

メンバー機関、②オーストラリア、インド、ニュージーランド、韓国、タイ、英国およびアメリカの各政府、③ブリティッシュ・カウンシル、ブルッキングズ研究所、マッカーサー財団および民主主義のための国家基金を含むドナー機関、ならびに④コモンウェルス本部および国連機関(OHCHR、UNDP、UNESCO、UNICEF)を含む政府間機関からの財政支援に謝意を表明した。

7．第11回年次会合においてフォーラム評議員が検討し決定するために、国内人権機関のメンバー認定およびメンバー資格の保証について国連総会において採択され通常「パリ原則」と称される国内機関の地位に関する原則(決議49/134)の適用を強化するガイドライン案を作成するための作業部会を設置することを合意した。

8．フォーラムの2006年の年次計画を承認し第11回年次会合の非公開セッションにおいてフォーラム評議会が検討する2007年～2009年の新規3カ年計画を作成するためにフォーラムの作業部会を設置することを合意した。

9．国内人権機関の訓練の必要を考慮し、訓練のニーズに関する分析結果を歓迎した。フォーラム評議員は評議会での検討と承認のために事務局に対して分析結果に基づく訓練計画の作成を要求しその実行に対して資金提供者を探すよう要求した。

10．国内人権機関の構成および責任が「パリ原則」に基づくべきことを再確認した。メンバーシップの公式申請とそのパリ原則への準拠を検討し、アフガニスタン独立人権委員会のステイタスを準メンバーから正式メンバーに修正し、東ティモール人権および正義プロヴェドールをメンバー候補として、カタール国家人権委員会を準メンバーとして承認した。よってフォーラム全体のメンバーシップは17機関となった。

11．フォーラム評議員はアジア・太平洋地域の国家に対して国内人権機関を設置しパリ原則に完全に準拠するように強化することを要請した。

12．法律家諮問評議会に対して経済的、社会的および文化的権利の実施における国家の法的義務について付託することを決定し、事務局に対してフォーラム評議員の検討と承認のための草案を作成するよう要請した。

13．国内人権機関国際調整委員会(ICC)の下部委員会でのフォーラム認証の代表である、フィジー人権委員会の報告書を歓迎し、フォーラムの代表としての働きに謝意を表明した。フォーラム評議員はICCへの代表に現行のフォーラム代表を再任命した。

14．フォーラムとOHCHRとの「持続的なパートナーシップ」に基づき、2005年8月30日から9月2日に中国の北京にて開催される第13回アジア・太平洋地域における人権の保護と地域協力のフレームワークに関する国連ワークショップでの共同アプローチに同意した。

15．国連人権委員会での議論への国内人権機関の参加拡大の様式を作成することを決定した国連人権委員会第61会期決議(2005/74)を歓迎した。フォーラム評議員はパリ原則とのコンプライアンスを定期的に審査することを支持した。フォーラム評議員は国連人権委員会の改革を含む、国連改革の議論について留意し、その経過をモニターし進展を議論することを合意した。フォーラム評議員は国連改革の議

論において国内人権機関の重要な役割が組み込まれ国連人権委員会を継承するいかなる機関においても、国内人権機関の参加と関与が適切に維持拡大されるよう政府およびOHCHRとともに取り組むことに合意した。

16. 国連の新しい障害者条約の作成に対するフォーラムメンバー機関の継続的な役割を歓迎し予定される条約の実行と監視の両面において国内人権機関が公式の役割を担うことを保証する必要について合意した。フォーラム評議員はこの点に関して国内人権機関が成しえる役割について各政府と交渉し2006年1月に開催される国連総会の特別委員会第7会期においてそれらの提案について各政府が支援するよう促すことを合意した。フォーラム評議員はまたフォーラムの障害作業部会に対して障害者の権利事例の収集と分類の手法を開発するためにDisability Rights Promotion Internationalと連携するよう要求した。

17. 国内人権機関の効果的かつ効率的な機能のためにアシストするSenior Executive Officersの尽力を賞賛した。フォーラムはSenior Executive Officersによりいっそうの協力を要請しフォーラムの第11回年次会合においてSenior Executive Officersの仕事と協力プロジェクトについて報告書を提出することを要請した。

18. 全会一致でモンゴル国家人権委員会を(本年次会合のホスト機関として)フォーラムの議長に選出した。同じく全会一致で韓国国家人権委員会を(昨年の年次会合のホスト機関として)ならびにフィジー人権委員会を(次年次会合のホスト機関として)副議長として選出した。

フォーラムは、公開セッションにおいて、

19. OHCHRのフォーラムとの持続的パートナーシップを強化する継続的な関与に謝意と賞賛を表明しOHCHRとフォーラム事務局に対してフォーラムの戦略プランと国連の枠組みの文脈においてアジア・太平洋地域における人権の促進と保護のための地域的協力をどのように実現するかについて共同で探求し第11回年次会合において報告するよう要求した。フォーラムはメンバー機関の国に対して、とくに国内人権機関と関連する、OHCHRの重要な仕事に対して、財政支援を含む、よりいっそうの支援を要求した。

20. NGOのフォーラムの活動への建設的な貢献に感謝した。フォーラムは会合におけるNGOの提案、団体参加およびアドヴォカシーに感謝した。NGOによって提出された諸提案はフォーラムの新しい3カ年計画の策定においてフォーラム評議員によって慎重に検討されるであろう。フォーラムはNGOに対してフォーラムの活動の実行における協働を継続するよう要請した。

21. フォーラムメンバー、人権の保護と促進という使命(measures)を共有する関連機関ならびに政府の報告を歓迎した。フォーラムは政府との建設的かつ現実的な関わりの必要を強調し本年次会合への積極的な参加と建設的な貢献に感謝した。フォーラムはフォーラムメンバーの今後の報告がテーマ別、ベストプラクティスまたは"主要なチャレンジ"に焦点を当てるべきことを合意した。

22. 人権教育プログラムを開発および実行する際に国内人権機関が教育機関と効果的なパートナーシップを構築するべき

ことを議論し奨励した。教育への権利の完全なる保障において社会において不利益を受けているセクターと遠隔地または農村部に住む人々を含む、すべての人が人権教育を受ける権利（human rights education for all）の規定が含まれるべきである。

23．パリ原則に従い、人権を促進し差別を根絶することが、国内人権機関の責務であることを確認した。国内人権機関は人権教育のための強力な手段としてメディアを利用すべきであり、この意味において、事務局に対して人権教育プログラムの開発および実行を奨励した。フォーラム評議員はまた事務局に対してSenior Executive Officersがメディアおよびコミュニケーション戦略や人権教育のベストプラクティスの方策を共有するためのイントラネットの活用を調査するよう要請した。

24．地域内における国内避難民の増加現象を深く憂慮し、フォーラムのメンバーに対して国連の国内避難民に関するガイドラインに従い国内避難民の権利を促進および保護するための効果的な方策をとることを要求する。それゆえにフォーラム評議員はフォーラムとブルッキングス研究所の国内避難民に関するプロジェクトを評価し、フォーラムがこの問題に関して努力を続けることを要請した。フォーラムはとくに自然災害時における国内避難民の権利を保護するガイドラインの草案作成を歓迎した。

25．死刑、人身売買およびテロリズムに関する法律家諮問評議会の勧告の実行について報告した。多くのフォーラム評議員が諮問評議会の勧告の成功事例について言及した。

26．フォーラムメンバー機関の政府にメンバー機関の独立、適切な財政および所轄事項をより効果的に実施することを可能とする組織能力の保障を引き続き要求する。

27．国際的な専門家とNGOの見解、ならびに法律家諮問評議会の中間報告書を含んで、拷問の問題を検討した。フォーラムは法律家諮問評議会の専門知識とその報告の包括的な視点を心から感謝した。フォーラムのメンバー機関は拷問等禁止条約の選択議定書における国内人権機関の潜在的な可能性について慎重に検討しならびに政府に対して条約および議定書の双方に署名批准するよう勧告するであろう。

28．その直面している特別な挑戦に注目し、フォーラム評議員は人権の保護と促進においてイランとモルディブの機関への支援を表明した。

29．フィジー人権委員会からの2006年の第11回年次会合を主催するという親切な申し出を感謝して受け入れた。

（訳：野澤萌子／ヒューライツ大阪研究員）

※この最終声明の仮訳はヒューライツ大阪ホームページhttp://www.hurights.or.jp/database/index.htmlからの転載。

第Ⅲ部

Part 3 Other Issues

個別研究

Challenges for Education Policy of Cambodia

カンボジアの教育政策の今後の課題
量から質への転換をめざして

前川実（ヒューライツ大阪総括研究員）

1. カンボジアの歴史と教育制度の変遷

　カンボジアにおける近代教育制度の導入は、旧宗主国フランスの教育システムに見習いながら、1955年からのシハヌーク政権下（人民社会主義共同体）において行われた。1965年当時には、すでに粗就学率が82％に達したといわれている[1]。しかし、その後は30年にわたり内戦が続くこととなり、教育制度が崩壊した。すなわち、1970年にベトナム戦争を遂行するアメリカの後押しを受けたロン・ノル将軍によるシハヌーク追放クーデターでロン・ノル政権（1975年まで）が誕生。その後、クメール・ルージュ（カンボジア共産党）を中心とする反ロン・ノル政権の三派連合が1975年に民主カンプチア政権を樹立。その後、ベトナムの支援を受けたヘン・サムリン政権が1993年まで実効支配したが、日本やアメリカはこの政権を承認せず、ポル・ポト派を中心とする民主カンプチア政権を承認して国連での議席を保障したため、長い内戦の時代が続いた。とくにポル・ポト政権は、独自の社会主義理論から知識人を敵視したため、75％の教員が職を失いその多くが死亡・行方不明となり、教科書やカリキュラムが廃止され、学校は倉庫や政治犯収容施設に転用されていった[2]。このような教育制度の大規模な破壊は、カンボジアのその後の教育復興に大きな足かせとなり、現在でも深刻な影響を及ぼしている。

　1993年に国連（UNTAC）主導で総選挙が実施され、カンボジアは国際社会からの支援によって立憲君主制国家として新たな国づくりに着手した。その後の国家の復興と開発において、教育は最重要・重点項目に挙げられ、とくに基礎教育分野での小学校校舎の建設は急務とされ、NGOや国際援助機関が積極的に援助を行ってきた。カンボジア政府の発表によれば、人口（約1,142万人）の42.8％を14歳以下の子

1）JICA編『カンボディア国別援助研究会報告書──復興から開発へ』（2001年）所収の若林満・加藤徳夫論文「第2部第2章第5節　人的資源開発」を参照。
2）デーヴィット・チャンドラー『ポル・ポト──死の監獄S21』（白揚社、2002年）参照。また小林知「カンボジア、トンレサープ湖東岸地域農村における集落の解体と再編──一村落社会の1970年以降の歴史経験の検証」東南アジア研究43巻3号（2005年）も農村における強制移住の変遷を詳しく実証している。

どもが占め、人口増加率も2.4％と高い数字となっている。このために、とりわけ小・中学校の絶対数、教材、備品の不足が深刻化し、基礎教育の量的拡充が政策的優先課題となってきた。教育省の1998年度調べでは、全国で不足する小学校の教室は12,288教室とされている。このため、各小学校では2部制・3部制で授業を行い、なかには1教室100人で授業が行われていた例もあった。学校建設を中心とした教育の量的拡大は、2006年時点では、初等教育（小学校）では大きく改善された。

2. カンボジアの教育政策のあゆみ

　1995年に作成された教育青年スポーツ省（以下、教育省）策定の「教育省投資フレームワーク1995－2000」3)では、初等教育の普遍化と前期中等教育（中学校）の強化が優先課題とされた。初等教育レベルでは、①初等教育年限を5年から6年に延長し、6・3・3制の教育システムに拡張すること、②初等教育純就学率を90％に高めること、③男女間の教育格差を解消すること、④留年率を10％程度に抑えること、⑤少なくとも85％の児童が6年間の初等教育を終了できるようにすること、が目標として掲げられた。この目標は、①のみがほぼ達成されたが、残りは未達成のままである。依然、都市と農村の格差は大きく、農村での不就学者、未修了者（6年生を修了しないもの）も多く存在する実情にある。

　その後、2000年になってこの目標は、同国のミレニアム開発目標（MDG's）達成計画に組み込まれ、2015年までに達成すべき目標として再設定された。そして2005年11月、教育省は、これまでのさまざまな教育計画を統合して「教育長期計画（Education Strategic Plan）2006－2010」を策定し、2010年までの教育政策の達成目標を明確化し、同時に学校教育の質を高めるため、日本政府の支援を得て2009年を達成目標とするカリキュラム開発のための新政策を策定し、従来の国語（クメール語）、算数、理科、社会、体育に加え、Life Skillを教えるための生活科（総合学習）をスタートさせ、カリキュラム開発とともに教員トレーニングを重視することを明確にした4)。

　一方、教員の確保と養成はなかなか進まず、教員免許を持たない人々が初等・中等教育の現場を担わざるをえない状況が長く続いたが、あと2年するとこれらの教員の退職がピークを迎え、転換点となる。

3. 学校教育システムの問題点

　学校教育制度や目標は、政権の交代に伴ってたびたび改変されてきた。現

---

3)"Education Investment Framework 1995-2000," Ministry of Education, Youth and Sport (2000).
4)"Education Strarregic Plan 2006-2010," Ministry of Education, Youth and Sport (2005).

行の学校教育制度は、就学前教育（幼稚園）、小学校、中学校、高等学校、技術職業学校、高等専門学校（高等学校卒以上）、大学、大学院で構成されている。初等・中等教育の就学年限は日本と同じ6・3・3制で、小学校および中学校の就学の権利が保障され、中等教育段階で進路が分岐することのない単線型教育である。中学校および高等学校の修了時には全国統一卒業試験が課される。この試験に合格すると、それぞれの段階で修了証が授与される。高等学校には入学試験はなく、中学校修了証が入学資格となる。2002年度からは、大学も入学試験を行わずに高等学校修了証が入学条件となった。ただし、高等学校卒業試験の場合、合格者は試験の結果により5段階にランクづけられ、その結果が大学入学査定の基準になった[5]。

教育の実態を純就学率で見ると、初等教育である小学校は全国平均87.0%、前期中等教育の中学校は18.9%、後期中等教育の高等学校は7.4%である[6]。就学者数の増加率を見ると、過去10年間（1993年～2002年）で、小学校は66.8%、中学校は56.8%、高等学校は84.4%の増加をみた。義務教育である小学校および中学校のみならず、高等学校の就学者数の上昇は教育需要の高まりを示しており、一方、小学校段階の就学率は都市と地方の格差は僅少であるが、中学校段階では都市は地方の2倍強、高等学校段階では5倍強となる。また、中等教育および高等・専門教育は、この国では伝統的にエリート育成のための教育とみなされ、就学の機会はごく一部の人々に限られてきたため、就学率はあまり向上しないままの状況が続いている[7]。

このようにカンボジアの教育制度は、初等教育の普及面では成果を上げたものの、さまざまな格差を内包したまま解決の糸口が見出せない状況にある。

4. 教育政策の今後の課題——量的拡大から質的転換をめざして

1993年の総選挙の実施後に発足したカンボジア新政府は、紆余曲折を経ながらも、国家予算の過半数を超える巨額な海外からの援助と投資によって平和な国づくりが進められつつある。「法の支配」の徹底をめざし各国が法整備支援を進め、日本政府も民法と民事訴訟法の整備に協力し、成果を上げつつある[8]。その一方で、都市と地方の格差は広がり、貧富の格差は80年代の社会主義の時代に比べて天文学的

---

5) Leang Ngunnly教育省次官へのインタビューによる。2006年3月。
6) "Education Strategics & Indicators 2004/2005," Ministry of Education, Youth and Sport (2004).
7) 1997年の粗就学率は小学校94.5%に対し、中学校30.5%、高校7.2%である。前掲注6)資料。
8) 坂野一生「カンボジアにおける『法の支配』の現状と課題」『アジア・太平洋人権レビュー2005』（現代人文社、2005年）所収。四本健二「カンボジアにおける社会問題と法——トラフィッキング取締法制の展開を中心に」天川直子編『カンボジア新時代』（日本貿易振興機構アジア経済研究所、2004年）。

な数字に上っているとされ、また、政府内では汚職が蔓延し、汚職撲滅や行政改革などの「グッド・ガバナンス」の促進はカンボジア政府が緊急に取り組まなければならない最重要課題となっている9)。教育制度の拡充による人材育成政策を、今後の国づくりの中心的課題としなければ、この国の未来はないものと筆者は考えているが、教育分野への国家予算の配分は、わずか17％台にとどまっている点は、早急に改善されなければならない政策的課題である10)。

以上のことから、カンボジアの新しい国づくりの柱に教育制度の拡充による人材育成政策を据え、量から質への教育政策の転換を図る課題について、戦後の日本の復興に果たした教育政策の教訓を踏まえ、以下に政策課題を列挙したい。

第1の課題は、国家予算に占める教育予算のシェアを20％以上確保し、30％をめざすことである。前述のとおりカンボジアの政府予算に占める教育支出は17％台であり、2000年～2002年の平均支出は15％にとどまっている11)。戦後の日本の復興に教育政策が大きな役割を果たしたことについては、国内外で高く評価されているが、日本は戦後の10年間（1945年～1955年）に国家予算に占める教育予算は、最大で33％を超え、平均でも20％を上回る教育投資がなされ、教育委員会制度の発足とともに、学校給食の確保、教科書無償配布などの就学援助措置、教員の確保がなされた。内戦からの復興10年を迎え、豊かな自然環境と観光資源以外に有益な地下資源を持たないカンボジアは、この経験に大いに学ぶべきである。

第2の課題は、中等教育（中学校・高校）の拡充に向けた就学援助措置・奨学金制度の確保である。カンボジアは前述のとおり、初等教育の就学率は87.0％と高いが、前期中等教育の中学校は18.9％、後期中等教育の高等学校はわずか7.4％である。また都市と農村の格差も大きく、たとえばプノンペン市の高校就学率は21.8％（女子18.3％）で、中学校段階では都市は地方の2倍強、高等学校段階では5倍強となる。公平で公正な社会を実現するためには、教科書や給食の無償措置、政府による就学援助措置・奨学金制度の早急な新設が必要である。国際協力分野でも権利基盤アプローチが重要視されているが、この点でも日本の教育政策に学ぶ点が多く、日本育英会奨学金や同和対策奨学金が被差別部落をはじめ厳しい立場にある多くの子どもたちに教育の機会均等を保障し、学習権と社会参加の機会を提供した施策は、とくに参照されるべきである。

第3の課題は、初等教育、中等教育での2部制授業の解消、中等教育（中

---
9)手束耕治「プノンペンの今──急増するスラムと人々の取組み」国際人権ひろば62号（2005年）。
10)前掲注6)資料。またUNDP『人間開発報告書2005』では、中等教育への公的支出は15.3％とされている。出典はUNESCO Institute for Statistics 2005。
11)前掲注8)『カンボジア新時代』「アジア諸国の初等・中東教育修学者状況」によると、ラオスの25％、ミャンマーの30％よりも低い。出典はユネスコ教育年鑑1998年。

学校・高校)の授業時間数の延長と教育カリキュラムの充実、教員の研修強化による質の向上策である。小学校での2部制授業は、当面、やむをえないとしても、中学校や高校では、年次計画で授業時間を延長し、社会科(歴史・政治経済)、理科(物理・化学・生物)、総合学習や実学教育などの教育内容(授業科目の増加)の充実に取り組むべきである。前述のとおり、教育省は、2005年に策定した「教育長期計画2006－2010」でカリキュラム開発のための新政策を策定し、従来の国語(クメール語)、算数、理科、社会、体育に加え、Life Skillを教えるための生活科(総合学習)をスタートさせたが、新しいカリキュラムを担う教員の確保と研修の充実は、早期に解決すべき課題である。

第4の課題は、教員養成策の抜本的改革である。教員の現状として、多数の無資格(無免許)者が存在し、この改善策の策定が急務である。95年当時、急ごしらえで無資格のまま教員として採用されたものの多くが、今後2、3年で定年退職の時期を迎える。現制度でも、資格を越えて、たとえば中学校教員免許で高校を教えることは認められていないが、政権交代に伴って教員養成課程も改編されてきた背景から、教員の訓練内容や年限および採用基準は曖昧なままである。一方、多くの高校は中学校と同じ敷地内に設置されており、中・高の教員は相互の授業を担当することが容易で、両課程を担当しているケースは稀ではない。とくに都市郊外や農村地域では、教員不足から、資格を越えて専門外の科目を担当することがしばしばみられる。また、教員の都市への偏在(農村部の忌避)も激しく、その是正策が求められている。プノンペン都市部への異動を希望する教員は多く、郊外地域への赴任は敬遠され、農村部で教員不足を生じている。

優秀な人材を教員として確保するため、教員免許法を制定し、教員の資格認定の明確化とともに、研修の強化による質の向上策が必要不可欠である。また、日本の教育公務員特例法や人材確保法を参照に、一般公務員よりも一段高い待遇を保障する措置も検討すべきであり、農村部や山間僻地での教員確保のため、日本の僻地教育振興法や離島教育振興法などを参照した特別奨励策の創出が不可欠である。

From Policy to Awareness: Human Rights Education at Ground Level

政策から意識へ
現場における人権教育

ジェファーソン・R・プランティリア（ヒューライツ大阪主任研究員）

「人権教育のための国連10年」の9年目の2003年、ヒューライツ大阪は正規教育において人権教育プログラムを実施しているとされる国の状況を調査することとした。アジア諸国における既存の学校プログラムの人権教育に関する状況の独立した批判的評価を行うために比較調査を行うというこの企画は、国連10年の終了にあたり、その取組みの評価につながるものである。また、新しい国際的取組みとなる「人権教育に関する国連世界プログラム」の開始にあたり、正規教育制度に焦点を当てる世界プログラムの第1段階にも結びつくものでもある。

1. 研究計画

本研究企画の目的は、学校における人権教育に対する政府の支援を明らかにすること、学校のプログラムにおいて人権教育を実施する際の課題を明らかにすること、実効的な人権教育のための措置を特定する（教員エンパワメントに対する支援など）ことである。

また、企画は2つの要素で構成される。1つは人権および人権教育に関する教育政策や人権問題および人権教育に関連する教育目標、人権カリキュラムなどを含む政策枠組みの分析であり、2つ目の要素は調査票を使った生徒と教員の人権意識のフィールド調査である。

研究企画の対象となる国は学校における人権教育のプログラム／取組みが存在すること、（人権教育プログラムを持つ）教育大学、国内人権機関、学校が存在すること、地域内のバランスがとれていること、などに基づいて選出され、最終的にインド、スリランカ、フィリピンおよび日本を対象とすることになった。

ヒューライツ大阪は企画のコーディネーターとして、研究計画の確定、共通調査票の作成、研究パートナーの選出、および資金の準備に取り組んだ。

実際の研究作業は2004年、4カ国において研究パートナー[1]がそれぞれ研究チームを組織することから始まった。各国で学校において調査を行うための許可を教育当局に申請する制度が

---

[1] インドの教育およびトレーニング研究国家委員会の歴史部元部長Arjun Dev教授、フィリピン教育大学教育研究開発センター所長Lolita Nava博士、スリランカのコロンボ大学大学院学長Laksiri Rernando博士、大阪市立大学人権問題研究センターの鍋島祥郎助教授。

異なること、調査票を数カ国語に翻訳する必要があったこと、対象となる学校の地理的位置などのため、フィールド調査を4カ国同じ日程で行うことはできず、2004年と2005年に行われた。また、学校の年度の違いも予定に影響を及ぼした。

フィールド調査は中等教育における少なくとも2,000人の平均年齢15歳の生徒を対象とすることを予定していた。日本を除いて、調査では対象国の複数の地域を対象とした。インドでは、国立、州立校をあわせて29校2)、生徒2,039人（男子1,060人、女子979人）、フィリピンでは、公立、私立校をあわせて26校3)、生徒2,001人（男子805人、女子1,160人、回答なし36人）、スリランカでは農村部、都市部において32校4)、生徒2,080人（男子924人、女子1,156人）を対象とした。

調査票の質問は人権に関する知識の一般情報源、人権文書に関する知識、人権一般原則、とるべき行動、人権侵害とそうでないものの区別などに関して69項目にわたる。

調査票は4カ国の状況に応じて作成され、質問によっては、国によって文言が変えられているものもある。日本（とくに大阪）で使用された質問票は企画に参加することを同意した学校の要請により、もっと短く（29項目）なっている。また調査票はインドとスリランカの場合、現地で使用される言語に翻訳された。大阪では日本語版を使用し、フィリピンではもとの英語版を使った。

2.主な成果

政策の分析では学校における人権教育を支える法的およびカリキュラムに関する措置を検討した。すべての国で、憲法規定には国際人権基準が反映され、市民的、政治的権利および文化的、経済的、社会的権利が権利のリストに含まれている。インドはさらに、一連の「基本的義務」を含み、すべての市民が、「憲法を遵守し、この憲法の理念と制度を尊重すること」、「自由をめざすインドの国民的闘争を鼓舞する高貴な理念を育み、守ること」、「宗教的、言語的および地域的または地方的な相違を乗り越える、インド全人民の調和と共通の友愛の精神を促進し、女性の尊厳を損なう慣行を否認すること」と規定する。スリランカの憲法にも同様の規定がある。

フィリピン憲法だけがあらゆるレベルおよび種類の教育における人権の教授に関する明示規定を持つ。憲法上の権利／人権に関する教育は他の3カ国の憲法に示唆されている。

日本とフィリピンは、法律または行政令および国内行動計画の形で人権教育を支える具体的な措置を有している。

2)対象となった地域は、西ベンガル、およびオリッサ、ラジャスタン、タミル・ナドゥ、ケララ、ウッタル・プラデシュ、パンジャブの各州、デリー。
3)対象となった地域は、マニラ、ケソン・シティ、（南タガログ）ラグナ州、サン・パブロ・シティ、（東ビサヤス）セブ州、セブ・シティ、（ミンダナオ・イスラム自治地域）マギンダナオ州、コタバト・シティ。
4)対象地域はコロンボ、カルタラ、ラトナプラ、ケガレ、パトラム。

他の国も特定の分野（女性や子どもなど）に関する国内行動計画を有する場合もあるが、フィリピンだけが学校においてそれぞれの権利について教育を行う基礎となる女性、子どもと先住民族に関する国内行動計画を有する。

人権教育に対する支援の程度はそれぞれの国で異なる。4カ国とも人権教育について統合アプローチをとり、人権を社会科、歴史や言語などの科目で教える。日本とフィリピンはさらに特定の一般学習分野、日本では総合学習、フィリピンではマカバヤンといわれる科目を活用する。フィリピンではマカバヤンの下で社会科や価値教育が人権に関する内容を含むとされる。

政策の分析は学校における人権教育のプログラムの弱点も明らかにする。「権利」は実際に憲法の一部として教えられているが、国際人権基準は必ずしも参照されていない。フィリピンの初等教育カリキュラムでは権利は取り上げられるが、人権は取り上げられない。「権利」という言葉は国際法に関係なく、国内法に基づく権利ととられているともみられる。スリランカの場合、人権は5年生から教えられるが、社会科の授業計画には人権または権利が言及されていない。中等教育の市民教育に関する新しい授業計画では、ガバナンス、参画および民主的生活などのような概念が人権の観点から解釈されるのであれば、人権の学習により適していることになるが、逆に人権が無視されるという可能性もある。

フィリピンでは、行政命令により人権教育、人権に関する教員トレーニングおよび教材開発が明文で求められるなど、学校における人権教育を直接および間接的に支える法的および行政的措置がとられている。学校において人権週間を祝うことを義務づける法律や人権教育および特定の分野に関する行動計画もある。しかし、学校における人権教育をより包括的に維持可能にするために、さまざまな法的および行政的措置を直接つなぐものがないことが主な課題である。

政策分析は人権教育における国内人権機関の役割についても触れる。インド、フィリピンおよびスリランカの場合、これら機関はそれぞれの教育省と協同し、教員トレーニングに利用できる教材を制作する。

フィールド調査の結果は興味深いが、下記に挙げるのはそのほんの一部である。

4カ国すべてにおいて、回答したほとんどの中等教育の生徒は人権について知っていると答え、主な情報源として学校を挙げた。次の情報源としては家族（スリランカ）やメディア（インド、日本とフィリピン）が挙げられている。日本とフィリピンでは、メディアは（テレビ・ラジオと新聞・雑誌の2種類を合わせて）学校に匹敵する、あるいはそれ以上の情報源となりうる。しかし、インターネットは、すべての対象国で十分な情報源とはされなかった。インド、フィリピンおよびスリランカにおいてはインターネット設備の不足がその理由である一方、インターネットのアクセスが高い日本で

もその結果は同じであった。このことは、インターネットの人権促進のための利用法を考えなければならないことを示す。

世界人権宣言と子どもの権利条約を比較すると、後者のほうがよく知られている。

生徒が人権について学んだり聞いたりしても、必ずしも理解しているとはかぎらない。人権はあらゆる国のあらゆる人に適用される（普遍性の原則）と答えた割合は高くない。インドでは、人権の普遍性について肯定する回答者は、より進んでいるとされるデリーやケララ州、または英語使用の中等学校で56％から61％いたが、かなりの数が無回答であった。日本では回答者の4分の1が普遍性を肯定せず、かなりの割合が無回答であった。フィリピンでは60％しか人権が普遍的であると答えなかった。回答者のなかに質問の意味を、あらゆる人々の人権が現実に尊重されているかととった人もいる可能性はありうるが、さらに調査が必要である。同じような傾向がスリランカでも見られる。

人権が学校で教えられると答えている生徒は多いが、人権が既存の科目で教えられているのか、個別の科目として教えられているのか全般的な混乱があるようである。4カ国のいずれにも個別の科目としての「人権」はない。理由のひとつはインドの報告で説明されるように、人権問題はカリキュラム内の科目においてよりも、課外活動において活発に取り上げられており、課外活動が「個別の科目」として捉えられていることもある。あるいは、さまざまな科目において個別の事項として論じることが個別の科目として捉えられることになっているのかもしれない。

学校環境に関連して、日本とスリランカの回答者のうち40％から47％が学校は「時々」人権を尊重すると答えている。フィリピンでは平均56.5％が同じように答えている。インドはしかし、61％が学校が「頻繁に」人権を尊重すると答え、「時々」と答えたのは平均28％である。

インド、日本とスリランカの回答者は（平均40％から42％）生徒が「時々」公然と人権に関して意見を述べると回答し、フィリピンでは63％と高かった。しかし、インドとスリランカは「頻繁に」と答えた割合もわずかながら高く、インドでは46％、スリランカでは41％であったが、日本とフィリピンでは平均27％であった。

人権教育の影響について、インドのほとんどの回答者は（平均70.8％）およびフィリピンの過半数（平均58.7％）が人権の行使につながると答えた。しかし日本とスリランカではそれぞれ37.6％と40.9％とその割合は低い。

人権教育が人権侵害の削減につながるかどうかということに関し、日本の回答者の50％は「時々」、21.6％が「頻繁に」そうなると答えた。インド、スリランカおよびフィリピンでは「時々」と答えたのは36％から42％で、「頻繁に」と答えたのは39％から45％であった。

ほとんどの報告は女子生徒の正解率の方が高いことを指摘し、「開発途上」とされる地域の生徒のほうが高い人権

意識（スリランカの場合は人権に関する関心）を示す場合もあることが報告されている。

3.若干の考察

本研究の参加者も承知しているとおり、この研究、とくにフィールド調査には限界がある。たとえば、それぞれの国で、その国のすべての地域、州を対象としない、2,000人強の回答者のサンプリングがどれだけその国を表すものであるか、あるいは調査票についても、質問が十分であったか、明確であったかという疑問が生じるだろう。政策分析についても批判を免れえない点もある。

これらの技術的な問題にもかかわらず、本フィールド調査の結果は4カ国の学校における人権教育の現状を示唆するものとして貴重である。調査の結果は人権教育プログラムの実施に関して、取組みの成果や課題などを示し、さらなる調査の基盤となり、できるだけ多くの生徒を対象とし、人権の行使をその日常生活の一部とするために現実的に何ができるかということの評価の基盤を提供するものである。

（訳：岡田仁子）

The State of Emergency Declaration in 2005 and the National Human Rights commission in Nepal

ネパールにおける2005年の非常事態宣言とネパール国家人権委員会

野澤萌子（ヒューライツ大阪研究員）

1. 2005年の非常事態宣言

　ネパール王国のギャネンドラ国王は2005年2月1日、内閣を解散し憲法115条[1]に基づき非常事態を宣言した。国王は政治家らを、権力のために権威を悪用し、個人的な利益を満たすために国と国民を犠牲にしたなどと批判し、非常事態宣言の理由として1990年の民主化運動の最大の成果である複数政党制による議会政治の失敗と、ネパール共産党毛沢東主義派（以下、マオイスト）との間で激化している武力紛争を食い止められなかったことを指摘した。さらに国王は、自身が新政府を代表し3年以内に平和と治安を取り戻し、複数政党制民主主義を復活させることを最大の優先事項とすることを表明し、翌2日には90年の民主化以前のパンチャヤット体制下[2]の議員など親国王派を中心とする新内閣を組閣した。

2. 非常事態宣言後の人権侵害

　非常事態宣言直後から、国王率いる政府はあらゆるメディアを検閲下に置き、インターネットや国際電話、携帯電話などの通話も制限した。軍はネパール全土で数千人ともいわれる民主主義政治家を検挙し、今回の国王による「軍事クーデター」や報道の自由の制限に異議を唱えるジャーナリスト、権利の回復を求める人権活動家など数百人が拘禁や自宅軟禁下に置かれ、失踪者も多数にのぼった。カトマンドゥ盆地外では、治安部隊による大規模なマオイスト掃討作戦が実行され、対抗するマオイストによる道路封鎖やゼネストなどにより物価の高騰や移動の自由が制限されるなどの影響も出た。

---

[1] 憲法115条（非常事態権限）1項「戦争、外部からの侵略、武装反乱または著しい経済的混乱のいずれかによりネパール王国の主権もしくは統合にとって、またはネパール王国のいずれかの地域の安全にとって重大な非常事態が生じたときには、陛下は布告により、ネパール王国全土またはその特定地域に対して非常事態の宣言または命令を発することができる。」
[2] 1960年に全権を掌握したマヘンドラ国王が62年憲法で規定した行政制度。全国パンチャヤット（国会）をはじめとして、郡、町、村落のそれぞれのレベルにパンチャヤットを行政組織として配置した。委員は間接選挙によって選ばれ、村落パンチャヤット以外には官選の首長が配置された（「ネパール」『南アジアを知る事典』（平凡社、2002年）842頁）。90年の民主化運動、続く90年憲法制定まで政党や議会制民主主義が否定された。

第Ⅲ部　個別研究

非常事態が発令されると、言論や集会結社の自由、移動の自由、報道出版の自由などの基本的権利が制限されるが、憲法23条に基づく人身保護令状の請求権は停止されない[3]。ジャーナリストや人権活動家らの不法逮捕や拘禁下での拷問などを受けて、弁護士協会が最高裁に人身保護令状を請求したが、最高裁は当初、非常事態宣言下では基本的権利が停止されることや、令状請求の手続が明文で規定されていないという理由で人身保護令状の請求を受理しなかった。

弁護士協会や前最高裁長官らの批判を受けて、最高裁は3月31日の特別法廷において、非常事態宣言下であっても基本権に関連する令状請求を受理することを決定した。しかしながら、令状請求に基づいて最高裁命令により釈放された人権活動家らが、釈放直後に裁判所の前で再度不法に逮捕されるなど[4]、裁判所の権威は著しく低下した。

3.非常事態宣言下におけるネパール国家人権委員会の機能

ネパールでは、1997年に人権委員会法が可決され、2000年よりネパール国家人権委員会（以下、人権委員会）が機能している。人権委員会は常勤の5名の委員から構成され、首都カトマンドゥの本部のほか4つの地域オフィスがある（2005年7月現在）[5]。他の国家機関からの独立性や委員の多様性などの国内人権機関の条件を定めた通称パリ原則[6]に準拠する機関として認知され、2000年からアジア・太平洋国内人権機関フォーラムにメンバーとして加盟している。

人権委員会は、人権侵害についての申立を受理し、調査、勧告を行うことができるが、軍事法の管轄下にある事項については調査権限を持たない。したがってマオイストが武装闘争を開始した1996年以降、治安部隊とマオイスト双方による誘拐、略奪、不法逮捕、拷問、殺人などが多発するネパールにおいて、最大の懸案である軍による人権侵害に取り組む権限がないという欠点を持つ。しかしながら人権委員会は、マオイストと治安部隊双方の人権侵害を批判し、真相究明の調査を進めると同時に、両者を停戦合意に導くことでネパール最大の人権侵害の防止に結びつけようと努めてきた[7]。

---

3) 憲法115条8項「陛下は、第1項により非常事態の宣言または命令を行うとき、この憲法の12条2項(a)(b)(d)および(e)、13条1項、15条、16条、17条、22条および23条を宣言の実行中に停止できる。ただし、23条による人身保護法上の救済への権利は停止されない」。
4) たとえばKarna Bahadur Thapa Magarの事例。The Kathmandu Post (June 20, 2005), http://www.kantipuronline.com/kolnews.php?&nid=43525 (visited, 20 June, 2005).
5) 中西部のネパルガンジ、東部のビラトナガル、西部のポカラ、極西部のダガンディ。
6) 国家機関（国内人権機関）の地位に関する原則。1993年12月20日に国際連合総会決議48/134によって採択。日本語訳は以下参照。http://www.hurights.or.jp/database/J/HRI/pariprinciple.htm (visited, March 6, 2006).
7) 詳しくはニラジ・ダワディ「ネパールの平和促進における国家人権委員会の役割」国際人権ひろば58号（ヒューライツ大阪、2004年）8～9頁参照。

今回の非常事態宣言について人権委員会は、非常事態宣言そのものに対する意見は表明しなかったが、政府に対しては非常事態であっても1990年憲法のエッセンスである複数政党制民主主義と人権の保護に対する責任に配慮し、主要な人権条約の締約国としてネパールの人々の人権を保護する責任を果たすよう求めた。また憲法上の権利である平和的な政治活動に参加する権利の行使や人権活動家の安全を確保することを要求した。

4.モニタリングの強化

非常事態宣言後、国王率いる政府は、国外やカトマンドゥ盆地外への移動を禁止する対象者リストを作成した。その中には人権委員会の2名の委員も含まれていたため、委員の支部への移動や人権侵害事件の現地調査が阻止されるなどの制約を受けた8)。しかしながら人権委員会は、カトマンドゥ盆地内での拘束された政治家や人権活動家の処遇に関するモニタリングを集中して行うなど、可能な範囲での活動を強化した。とくに非常事態宣言前には、軍の関係する拘置施設には立入調査をすることは一切できなかったが、軍との交渉により一定の軍の拘置施設への訪問を可能とし、今までその生死さえ確認できなかった政治家や人権活動家が拘束されている軍施設へのモニタリングも実施している9)。

5.NGOからの批判

非常事態宣言後の人権委員会にはアムネスティ・インターナショナルなどの内外のNGOが訪れ、人権の保護を求める動きもあった。しかしながら3月下旬頃から国内NGOからの委員会批判が急増した。その理由として、委員会が非常事態宣言や不法逮捕の違法性そのものを問うことはせずに、拘置施設のモニタリングや被拘禁者の処遇改善の勧告などの対症療法的で強制力を伴わない活動しかしていないことに対する不満が挙げられる。また、国連によるモニタリングを実現させるために、人権委員会の不機能を国際社会に印象づけるなどの思惑が絡んでいたとも指摘される10)。

---

8) The Kathmandu Post, March 5, 2005, http://www.kantipuronline.com/kolnews.php?&nid=33463 (visited, March 6, 2006).
9) ネパール軍は4月6日に、人権委員会や国際赤十字を含む国内外の人権グループがネパール内の拘置施設を訪問することは可能であると表明したが、実際にはすべての軍関連施設への立入調査が許可されたわけではなく、現地で調査が拒否された事例もある。Nepalnews.com, 6 April, 2005. http://www.nepalnews.com.np/archive/2005/apr/apr06/news13.php (visited 7 April, 2005).
10) たとえば複数のNGOによる人権委員会に対する反対意見書、"Objection to the NHRC's Press Statement", April 3, 2005. ネパール内外のNGOらは、2月1日の国王による民主主義の停止と治安部隊による人権侵害の増加に抗議して、第61会期国連人権委員会(2005年3月14日〜4月22日、ジュネーブ)において、ネパールの人権侵害状況について国連機関によるモニタリングを求めた。一方、人権侵害に関して国内外からの批判を受けていた政府は、4月11日に国連人権委員会との間でネパールの人権状況の調査と監視を行う国連の人権監視事務所の設置に合意し、29日にはイアン・マーティン氏(Ian Martin)が国連人権高等弁務官ネパール事務所(the Office of the High Commissioner for Human Rights in Nepal)の代表として着任した。

6.1997年国家人権委員会法の改正とその影響

 2005年4月末、ギャネンドラ国王は非常事態宣言の解除を宣言したが、検閲やメディア規制は続けられ、議会制民主主義の復活を求めるデモ隊を厳しく取り締まるなど、非常事態宣言下と変わらない人権侵害が続いている（2006年1月現在）。

 人権委員会の第1期委員の任期が切れる5月25日、人権委員会の委員長および委員（以下、委員と略）の候補を推薦する委員会の構成の改正を目的として、国王政府は1997年国家人権委員会法の4条2項の改正条例を公布した。改正前の同法に基づく任命方法では、首相を委員長とし、最高裁判所長官と下院の野党のリーダーを委員とする推薦委員会の勧告に基づき、国王が任命するものとされていた。しかしながら、今回の非常事態宣言でデウバ首相と内閣が解任され、下院も2002年10月に解散されたままであったことから、最高裁判所長官以外のポストが空席のため推薦委員会が設置できず、今回の改正条例が導入されたと考えられる。

 今回の条例により推薦委員会の構成は、最高裁判所長官、下院議長、そして外務大臣に改正となった。しかしながら今回の改正については、国王主導の政府に対する不信に加えて推薦委員会の3名が2月1日の国王による全権掌握を支持していることから、人権委員会への政府からの干渉の増大のおそれがあり、また、人権委員会の独立性や任命手続の透明性を要求する「パリ原則」に違反するものであるとして、国内の人権NGOやヒューマンライツ・ウォッチなどの国際NGOから批判を受けた[11]。

 5月27日、国王政府は第2期（5年間）の委員として、委員長にNayan Bahadur Khatri氏を再任し、4名の新たな委員を任命した。新しく任命された委員は、ジャーナリストのGokul Pokhrel氏、前最高裁判事のSushila Singh Silu氏、ネパール人権機関（HURON/NGO）代表のSudip Pathak氏、そして選挙委員会の高官であるRam Dayal Rakesh氏の4名である。

 今回の委員の任命に対して、20を超えるネパール内外の人権NGOが、1997年人権委員会法を不法な手続によって改正し設置した推薦委員会によって任命されたことで人権委員会の独立性が侵害されたこと、また選任の基準が人権の専門家としての能力ではなく、国王による全権掌握を支持するかどうかが主たる基準であると批判し、国内人権機関の国際調整委員会（ICC）に対して委員のメンバーシップの審査を求めた[12]。

11）たとえばSouth Asia Media Net, "NHRC term ends, speculations begin" (25 May 2005), http://www.southasianmedia.net/index_story.cfm?id=208812&category=Frontend&Country=NEPAL (visited, 25 May 2005), Human Rights Watch, "Nepal: King Stifles Human Rights Commission" (25 May, 2005), http://hrw.org/english/docs/2005/05/25/nepal11012.htm (visited, 25 May, 2005).

7.小括

　2000年から活動を開始したネパール人権委員会は、国連人権高等弁務官事務所からの技術支援やデンマークやカナダなどの国内人権機関による調査スタッフのトレーニングなどの支援を受けながら、その機能を強化してきた。しかしながら2005年2月1日の非常事態宣言は、ネパールの民主主義だけでなく、人権委員会にとっても大きな挑戦となった。それは1つには設立以来の優先課題としてきた政府とマオイスト間での停戦合意と平和構築の試みが決定的に破綻したこと。もう1つには非常事態宣言の解除後に、1997年人権委員会法が正式な手続を経ずに改正されたことで、政府からの独立というその正統性を維持するうえで最も重要な要素を失ったことである。

　乏しい財源や人的資源にもかかわらず、第1期の人権委員会が本部のあるカトマンドゥから離れた地域でも人権侵害事件のモニタリングを実行できたのは、現地NGOからの情報提供やモニタリング協力に基づく成果でもあった。同時にマオイスト勢力下の地域でも人権委員会だけが人権侵害事件のモニタリングを実行できたのは、政府から独立した公平な機関であるとマオイスト側が認識していたからである。つまり、第1期の人権委員会が支持されていた根拠はとりもなおさずその独立性であり、そしてその根拠は、国内人権機関の独立性を要請するパリ原則に合致した国内人権機関として国際社会からも承認され、支援を受けていたからである。恣意的な任命手続の改正により独立性に疑問を付されたまま始動した第2期の人権委員会は、主要な人権NGOから不支持を表明されただけでなく、今後の活動の方向性によってはパリ原則に基づく国内人権機関としての国際社会からの承認をも失うおそれがある13)。

(2005年12月記)

---

12)たとえばSouth Asia Media Net, "Khatri leads NHRC with new team" (28 May, 2005), http://www.southasianmedia.net/index_story.cfm?id=209541&category=Frontend&Country=NEPAL (visited, 28 May, 2005). Nepalnews.com, "Rights groups ask ICC to review NHRC's membership" (3 June, 2005) http://www.nepalnews.com.np/archive/2005/jun/jun03/news01.php (visited, 3 June, 2005).

13)人権委員会の加盟するアジア・太平洋国内人権機関フォーラム (APF) や国際調整委員会は、人権委員会の国内人権機関としての資格について意見をしていないが (2005年6月24日段階)、国際法律家協会 (International Commission of Jurists (ICJ)) は新委員の任命手続がパリ原則違反であると批判している。The Kathmandu Post, (22 June, 2005), "NHRC no longer independent", http://www.kantipuronline.com/kolnews.php?&nid=43697 (visited, 22 June, 2005). また、国連人権高等弁務官・ネパール事務所の代表であるイアン・マーティン氏は、第2期委員の選任過程に社会の参加がなかったと批判している。"NHRC Lacks Public Inclusion", The Kathmandu Post, 3 June, 2005, http://www.kantipuronline.com/kolnews.php?&nid=41855, (visited, 7 June, 2005).

㈶アジア・太平洋人権情報センター
（ヒューライツ大阪）

　国連憲章や世界人権宣言の精神にもとづき、アジア・太平洋地域の人権の伸長をめざして、1994年に設立されました。ヒューライツ大阪の目的は次の4点です。
⑴アジア・太平洋地域における人権の伸長を図る
⑵国際的な人権伸長・保障の過程にアジア・太平洋の視点を反映させる
⑶アジア・太平洋地域における日本の国際協力・貢献に人権尊重の視点を反映させる
⑷国際化時代にふさわしい人権意識の高揚を図る
　この目的を達成するために、情報収集、調査・研究、研修・啓発、広報・出版、相談・情報サービスなどの事業を行っています。資料コーナーは市民に開放しており、人権関連の図書や国連文書、NGOの資料の閲覧や、ビデオの観賞ができます。

センターの開館時間●平日（月〜金）の9：30より17：00

〒552-0007
大阪市港区弁天1-2-1-1500　オーク1番街15階
（JR環状線・地下鉄「弁天町」駅下車すぐ）
TEL.06-6577-3577〜8　FAX.06-6577-3583
E-mail●webmail@hurights.or.jp
Web●http://www.hurights.or.jp

アジア・太平洋人権レビュー2006
人身売買の撤廃と被害者支援に向けた取組み

2006年6月1日　第1版第1刷発行

編者●㈶アジア・太平洋人権情報センター（ヒューライツ大阪）
発行人●成澤壽信
編集人●西村吉世江
発行所●株式会社 現代人文社
　　　　〒160-0016 東京都新宿区信濃町20 佐藤ビル201
　　　　電話03-5379-0307　FAX03-5379-5388
　　　　daihyo@genjin.jp（代表）　hanbai@genjin.jp（販売）
　　　　http://www.genjin.jp
発売所●株式会社 大学図書
　　　　電話03-3295-6861　FAX03-3219-5158
印刷●株式会社シナノ
装丁●スタジオ・ポット
検印省略　Printed in JAPAN
ISBN4-87798-297-3 C3030
©2006 by Asia-Pacific Human Rights Information Center

(財)アジア・太平洋人権情報センター 編
アジア・太平洋人権レビュー●バックナンバー

アジア・太平洋人権レビュー1997
国連人権システムの変動
アジア・太平洋へのインパクト
武者小路公秀／フィリップ・アルストン／金 東勲／米田眞澄／馬橋憲男／上村英明
人間居住に関するイスタンブール宣言●社会権規約委員会一般的意見4●国家機関（国内人権機関）の地位に関する原則（パリ原則）●ララキア宣言　ほか
4-906531-28-8 C3030　　定価2200円（本体）＋税

アジア・太平洋人権レビュー1998
アジアの社会発展と人権
西川 潤／阿部浩己／山崎公士／川村暁雄／金 東勲／ジェファーソン・プランティリア＋横山正樹／ラダワン・タンティウィタヤピタック／アリフ・ブディマン／津留歴子／斎藤千宏
人種差別撤廃委員会一般的勧告23●社会権規約委員会一般的意見7●女性差別撤廃委員会一般的勧告23　ほか
4-906531-48-2 C3030　　定価2800円（本体）＋税

アジア・太平洋人権レビュー1999
アジアの文化的価値と人権
ジェファーソン・プランティリア／武者小路公秀／バシル・フェルナンド／オ・ビョン・ソン／ジョハン・フェルディナンド／ディエゴ・G・クエジャダⅡ＋ロメリノ・オビナリオ／バンシダル・プラダハン／ササンカ・ペレラ／ビナイ・スリニヴァサン
アジア・太平洋人権教育国際会議大阪宣言●社会権規約一般的意見8・9・10●自由権規約委員会一般的意見26●女性差別撤廃条約選択議定書案●子どもの権利に関する委員会によって採択された結論と勧告●拷問禁止委員会一般的意見1　ほか
4-906531-78-4 C3030　　定価2800円（本体）＋税

アジア・太平洋人権レビュー2000
アジア・太平洋地域における社会権規約の履行と課題
申 惠丰／釜田泰介／竹崎 孜／金 東勲／中井伊都子／米田眞澄／岡田仁子／野沢萌子
キャンディー行動計画●社会権規約委員会一般的意見11・12・13●自由権規約委員会一般的意見27●女性差別撤廃条約選択議定書●社会権規約委員会一般的意見24●人種差別撤廃委員会一般的勧告24　ほか
4-87798-030-X C3030　　定価2500円（本体）＋税

アジア・太平洋人権レビュー2001
ドメスティック・バイオレンスに対する取組みと課題
戒能民江／金 在仁／リタ・セレナ・コリボンソ／ビラダ・ソムスワスディ／アイヴィ・ジョサイアー＋ショーバ・アイヤー／サイラ・ラフマン／ファリダ・スルタナ
ラディカ・クマラスワミ報告（抜粋）●女性に対する暴力の撤廃に関する宣言●社会権規約委員会一般的意見14●自由権規約委員会一般的意見28●武力紛争への子どもの関与に関する子どもの権利条約の選択議定書●子どもの売買、売買春およびポルノグラフィに関する子どもの権利条約の選択議定書●人種差別撤廃委員会一般的勧告25・26・27●人種差別撤廃委員会最終見解・日本　ほか
4-87798-056-3 C3030　　定価2500円（本体）＋税

アジア・太平洋人権レビュー2002
人種主義の実態と差別撤廃に向けた取組み
武者小路公秀／丹羽雅雄／リ・クミョン・セシリア／クイニー・イースト／クァ・キァ・スーン／ジャッキー・テ・カニ／八木久美子
子どもの権利委員会一般的意見1●自由権規約委員会一般的意見29●社会権規約委員会総括所見・日本　ほか
4-87798-094-6 C3030　　定価1800円（本体）＋税

アジア・太平洋人権レビュー2003
障害者の権利
ヴィーナス・M・イラガン／川島 聡／秋山愛子／池田直樹／蛭川涼子／山本深雪
人種差別撤廃委員会一般的意見29●自由権規約委員会一般的意見30●社会権規約委員会一般的意見15●子どもの権利委員会一般的意見2●札幌宣言・札幌プラットフォーム●障害者の権利実現へのパートナーシップに関する大阪宣言　ほか
4-87798-165-9 C3030　　定価1800円（本体）＋税

アジア・太平洋人権レビュー2004
企業の社会的責任と人権
山崎公士／香川孝三／川本紀美子／稲場雅紀／薗 巳晴／菅原絵美／岩附由香＋白木朋子／岩谷暢子
人権に関する多国籍企業およびその他の企業の責任に関する規範●労働における基本的原則及び権利に関するILO宣言●アジア・太平洋国内人権機関フォーラム最終声明●子どもの権利委員会一般的意見3・4・5●女性差別撤廃委員会総括所見・日本●子どもの権利委員会総括所見・日本　ほか
4-87798-209-4 C3030　　定価2800円（本体）＋税

アジア・太平洋人権レビュー2005
国際人権法と国際人道法の交錯
ステュウート・ゴードン／北村泰三／新井 京／二村まどか／松野明久／工藤正樹
女性差別撤廃委員会一般的勧告25●自由権規約委員会一般的意見31●人種差別撤廃委員会一般的勧告30　ほか
4-87798-258-2 C3030　　定価2000円（本体）＋税